SECURITIES TRADING ANALYSIS
——CORE STRATEGY AND SKILL ANALYSIS

证券交易分析
——核心策略与技巧解析

周晓光 著

经济管理出版社

图书在版编目（CIP）数据

证券交易分析——核心策略与技巧解析/周晓光著.—北京：经济管理出版社，2018.7
ISBN 978-7-5096-5911-3

Ⅰ.①证… Ⅱ.①周… Ⅲ.①证券交易—研究 Ⅳ.①F830.91

中国版本图书馆 CIP 数据核字（2018）第 167346 号

组稿编辑：丁慧敏
责任编辑：丁慧敏　张莉琼
责任印制：黄章平
责任校对：张晓燕

出版发行：经济管理出版社
（北京市海淀区北蜂窝 8 号中雅大厦 A 座 11 层　100038）
网　　址：www.E-mp.com.cn
电　　话：（010）51915602
印　　刷：三河市延风印装有限公司
经　　销：新华书店
开　　本：720mm×1000mm/16
印　　张：13.25
字　　数：217 千字
版　　次：2018 年 9 月第 1 版　2018 年 9 月第 1 次印刷
书　　号：ISBN 978-7-5096-5911-3
定　　价：38.00 元

·版权所有　翻印必究·
凡购本社图书，如有印装错误，由本社读者服务部负责调换。
联系地址：北京阜外月坛北小街 2 号
电话：（010）68022974　邮编：100836

前　言

　　大部分股民怀着雄心壮志投奔股市，都想在股市中大赚一笔，然而到头来，股民中十人只有一人赢，二人平，剩下的七人输。输了的或者没赢的大多数人会给自己找理由，例如，没有掌握K线技巧，没有学好波浪理论，没有用好炒股工具，等等。的确，有人能在股市中挣钱，而且能挣很多钱，实现无数人梦寐以求的财务自由。但对于90%的股民而言，实现财务自由谈何容易！即使你掌握了全部K线的相关理论和波浪理论又能如何？股市中唯一不变的就是变化，没有哪一种理论或哪一种策略可以让你一直盈利。成功者有成功的理由，失败者也有失败的理由。失败的理由千千万万，成功的理由却只有一个，那就是建立了自己的交易策略。交易策略因人而异，别人能成功的交易策略全部教给你，你也不一定能成功，因此，我们必须得建立属于自己的交易策略。交易策略是什么？它是解决你在股市中生存的一揽子方案，包括交易理念、自选股管理、选股、持股、仓位管理、风险管理等。交易策略的建立，需要自己的亲身实践，在实践中不断总结和完善自己的交易策略，才是最为实用的。本书的目的就是帮助打算建立自己交易策略的人去建立属于自己的交易策略。

　　北京科技大学周晓光设计了全书的体系结构，北京科技大学王未卿老师负责主审。全书共十一章，包括科学与股市、股市中的逻辑、成交量分析、均线分析、筹码分析、分时图分析、高送转分析、证券研究报告分析、投资者情绪分析、构建投资组合和风险管理。在本书的撰写过程中，北京科技大学崔雅嫡、谢宗霖、杨玉洁和周韵致帮忙收集资料，整理案例，在此表示感谢。

　　本教材配套有电子教案，可为选用本书的教师免费提供。

　　本书被列入北京科技大学"十三五"教材规划并获北京科技大学教材规

划基金资助。

本书可以作为金融工程、金融学等专业的本科生、硕士生和工商管理硕士（MBA）的证券交易分析教材，也可以作为投资者提升投资决策能力以及建立自己交易策略的参考书籍。

在编写过程中，作者参阅了相关著作和资料，在此一并致以衷心的感谢！

本书若有不当之处，欢迎读者指正。在以后改版时，作者会做出相应修正。

目 录

1 科学与股市 / 1
  1.1 中国股市的特点 / 3
  1.2 科学与股市 / 10
    1.2.1 长期资本管理公司的崛起与没落 / 10
    1.2.2 科学在投机领域的无能为力 / 11
  1.3 交易策略 / 12
    1.3.1 什么是好的交易策略 / 12
    1.3.2 市场交易最重要的因素 / 12
    1.3.3 建立自己的交易策略 / 14
  1.4 模拟实验 / 15

2 股市中的逻辑 / 17
  2.1 利好与利空 / 17
    2.1.1 分清利好与利空 / 17
    2.1.2 利好与利空的转换 / 18
    2.1.3 案例分析 / 19
  2.2 板块和个股之间的逻辑 / 21
    2.2.1 板块之间的联动与对立 / 21
    2.2.2 个股与个股之间的联系 / 23

2.2.3 案例分析 / 24
    2.3 顺势而为 / 26
    2.4 自选股管理 / 28
        2.4.1 自选股概述 / 28
        2.4.2 选股技巧 / 28
        2.4.3 自选股操作步骤 / 30
    2.5 模拟实验 / 31

3 成交量分析 / 33
    3.1 成交量基本知识 / 33
        3.1.1 成交量概述 / 33
        3.1.2 成交量的表现形态 / 35
        3.1.3 量价关系 / 38
    3.2 如何根据成交量进行操作 / 40
    3.3 模拟实验 / 46

4 均线分析 / 47
    4.1 移动平均线与成本平均线 / 47
        4.1.1 移动平均线 / 47
        4.1.2 成本平均线 / 48
        4.1.3 移动平均线与成本平均线的区别 / 49
    4.2 常用的均线技巧 / 50
        4.2.1 多头排列与空头排列 / 51
        4.2.2 强势股与弱势股 / 52
        4.2.3 葛兰碧均线法则 / 53
    4.3 一阳穿三线战法 / 59
        4.3.1 一阳穿三线概述 / 59
        4.3.2 一阳穿三线案例分析 / 60
    4.4 模拟实验 / 61

5 筹码分析 / 63

5.1 筹码 / 63

5.2 流动筹码与非流动筹码 / 64

5.3 筹码图 / 66

5.4 筹码图分析 / 67

    5.4.1 静态分析 / 68

    5.4.2 动态分析 / 77

5.5 模拟实验 / 80

6 分时图分析 / 83

6.1 竞价规则 / 83

    6.1.1 集合竞价 / 84

    6.1.2 连续竞价 / 85

6.2 分时图三要素 / 86

6.3 分时图策略 / 88

    6.3.1 分时突破 / 89

    6.3.2 爆量 / 91

    6.3.3 冲击峰 / 91

    6.3.4 分时联动 / 92

    6.3.5 接刀子 / 94

    6.3.6 水下低吸 / 95

    6.3.7 打板 / 96

6.4 模拟实验 / 99

7 高送转分析 / 101

7.1 高送转的含义与动机 / 101

    7.1.1 高送转的关键时间节点 / 102

    7.1.2 上市公司实施高送转的动机 / 102

7.2 如何寻找高送转潜力股 / 105

    7.2.1 指标的选择及其相互关系分析 / 105

7.2.2　甄选高送转上市公司的 ANP 模型 / 107

7.2.3　结果分析 / 111

7.2.4　案例研究 / 112

7.2.5　启示与建议 / 117

7.3　高送转的机会与陷阱 / 118

7.4　模拟实验 / 123

8　证券研究报告分析 / 125

8.1　证券研究报告的定义与分类 / 125

8.1.1　证券研究报告的定义 / 125

8.1.2　证券研究报告的分类 / 127

8.2　宏观经济分析 / 129

8.2.1　全球经济分析 / 129

8.2.2　国内宏观经济 / 132

8.3　行业分析 / 135

8.3.1　行业分类 / 135

8.3.2　外部因素 / 137

8.3.3　需求分析 / 138

8.3.4　定价因素 / 139

8.3.5　竞争分析 / 139

8.4　上市公司分析 / 142

8.5　模拟实验 / 145

9　投资者情绪分析 / 147

9.1　投资者情绪的定义与度量 / 147

9.1.1　投资者情绪的定义 / 147

9.1.2　投资者情绪的度量 / 148

9.1.3　投资者情绪与市场的关系 / 151

9.2　媒体报道对投资者情绪的影响 / 152

9.2.1　投资者情绪综合指数构建 / 153

9.2.2 投资者情绪影响股票收益率分析 / 154

9.3 基于直觉模糊网络分析法的投资者情绪综合指数 / 156

9.3.1 情绪指标的选择与处理 / 156

9.3.2 基于直觉模糊网络分析法的综合情绪指数构建 / 160

9.3.3 投资者情绪综合指数与上证指数对比分析 / 164

9.4 模拟实验 / 165

10 构建投资组合 / 167

10.1 马科维茨投资组合理论 / 169

10.1.1 基本假设 / 170

10.1.2 单一证券的收益和风险 / 171

10.1.3 投资组合的收益和风险 / 171

10.1.4 发现有效投资组合的集合 / 173

10.2 其他投资组合理论 / 176

10.2.1 Black-Litterman 模型 / 176

10.2.2 模糊投资组合理论 / 178

10.3 投资组合的收益与风险 / 178

10.4 模拟实验 / 181

11 风险管理 / 183

11.1 收益和风险 / 183

11.1.1 收益 / 183

11.1.2 风险 / 184

11.1.3 收益与风险的关系 / 186

11.2 仓位与资金管理 / 186

11.2.1 仓位管理 / 186

11.2.2 资金管理 / 188

11.3 止损与止盈 / 190

11.3.1 止盈 / 191

11.3.2 止损 / 192

11.4 自我评价 / 193
    11.4.1 收益率评价法 / 193
    11.4.2 风险调整收益的评价方法 / 193
    11.4.3 选股和择时能力评价 / 194

11.5 模拟实验 / 196

参考文献 / 197

1 科学与股市

自从1990年上海证券交易所、1991年深圳证券交易所相继成立以来，中国股票市场作为中国资本市场的核心，在这几十年期间，经历了从无到有、从小规模到大规模、从窄范围到宽领域的一系列改变，改革与创新并重，取得了一系列令人瞩目的成就。回顾改革开放以来中国股票市场的发展历程，大致可以划分为四个阶段。

第一阶段：中国股票市场的建立（1980~1992年）。

1980~1992年是我国股票市场的起步阶段。1980年，中国人民银行抚顺支行代理企业发行股票211万元，这是中国民间尝试发展股票市场的开始。1984年11月14日，上海飞乐音响公司发行"小飞乐"股票，这是改革开放后我国公开发行的第一只股票。1986年11月，邓小平在接见美国纽约证券交易所董事长约翰·凡尔霖的时候，赠送其一张面额为50元的上海飞乐音响股票。此后，上海"老八股"、深圳"老五股"相继发行，我国股票市场正式开始发展。在股票发行之初，股票的私下交易情况盛行。1990年9月28日，经中国人民银行批准，中国证券交易自动报价系统成立。此后，上海证券交易所和深圳证券交易所分别于1990年12月和1991年4月相继成立。我国的股票交易由"暗"转"明"，中国股票市场开启了新的篇章。

第二阶段：中国股票市场的成长（1992~1999年）。

1992~1999年是我国股票市场的成长和扩容阶段。在此期间，我国曾出现第一次全国性的炒股热潮。股民对于股市的盲目狂热给股市带来巨大波动的同时，也推动了我国股票市场监管体系的发展。1992年10月，原国务院证券管理委员会和中国证券监督管理委员会（以下简称中国证监会）成立，中国证券市场的全国监管框架正式建立，这标志着我国的股票市场成为了一个全国性的市场。此后，证券监督的一系列法律文件和规章制度陆续出台，我国证券市场的法规体系初步建立。随着我国股票市场的活跃，与证券相关的机构也不断壮大，得到了快速发展。由于赚钱效应和投机心理的带动，当时的中国股市吸引了越来越多的股民，截至1999年底，沪、深两市的投资者开户总数达到4481.97万户。1999年5月19日，上证指数从1057点起步，掀起了一波长达两年的牛市行情。

第三阶段：中国股票市场的规范（1999~2008年）。

1999~2008年是我国股票市场不断规范和完善的阶段。1999年7月1日，《中华人民共和国证券法》正式实施，这是我国第一部规范证券发行和交易行为的法律。到1999年底，我国正式建立了全国监督体系的股票市场。2004~2008年，我国股票市场的法律体系得到不断规范和完善，与证券相关的机构得到综合治理和净化，股市开启股权分置改革。2004年，中国证监会在证券监管系统内全面部署和启动了综合治理工作，制定了创新类和规范类证券公司的评审标准，处置了31家高风险证券公司，同时支持优质公司在风险可控、可测、可承受的前提下拓展业务空间。2005年4月，经国务院批准，中国证监会发布《关于上市公司股权分置改革试点有关问题的通知》，这也是我国股市开展股权分置改革开始的标志。2005年10月，全国人民代表大会修订了《中华人民共和国公司法》和《中华人民共和国证券法》，并对相关法律法规和部门规章进行了梳理和调整，基本形成了与"两法"配套的规章体系。

第四阶段：中国股票市场的深化改革（2009年至今）。

2009年至今是我国股票市场不断深化改革的阶段。从2009年开始，我国股票市场经过了一系列改革，不断完善和向多层次资本市场方向发展，投资者信心得到恢复，资本市场出现转折性变化，沪深股指纷纷创出历史新高。为鼓励新兴行业，扩大企业的融资渠道，2009年10月，我国股票市场推出创业板。创业板的推出，标志着我国多层次资本市场体系框架的基本建成。此后，新三板准入条件不断放开，正式扩容至全国。2015年2月9日，上证50ETF期权合约正式上市交易。作为我国股票期权的首个试点品种，该产品的推出标志着我国资本市场期权时代的来临。如今，股票发行注册制的改革正在进一步推行，这必将给我国股票市场带来更加深刻的影响。2016年3月12日，在十二届全国人大四次会议记者会上，中国证券监督管理委员会主席刘士余表示，注册制是不可以单兵突进的。这意味着中国股票发行注册制的改革是一个缓慢、长期的过程。

1.1 中国股市的特点

我国股票市场成立以来，虽然取得了一系列的成就，但是从根本意义上来说仍然属于不完全成熟的市场，还存在不少问题。我国是在计划经济体制下建立的股票市场，在这种经济体制下，在最初的股票市场上，上市公司的股东主要是国家。因此，我国股市在创立之初，便走上了一条具有中国特色的发展之路。从整体上来说，中国股票市场的特点可以归结为以下六点：

（1）个人投资者占投资者总数的比例较大。放眼全世界成熟的资本市场，都是以机构投资者为主要市场力量的，但在我国股票市场中，个人投资者占投资者总数的比例较大。

从投资者账户数量来看，1993~2009 年，投资者总开户数翻了约 22 倍，但其中绝大多数是个人投资者，个人投资者的比重一直在 90%以上。如图 1-1 所示，根据中国证券登记结算有限公司 2016 年 12 月发布的结算统计月报数据显示，2016 年末投资者账户数为 11811.04 万户，其中，自然人账户 11778.42 万户，非自然人账户 32.62 万户，个人投资者占比高达 99.72%。从持仓数量来看，截至 2016 年底，持有 A 股流通市值在 1 亿元以上的有 4680 人，仅占 0.01%；持有 A 股流通市值在 1000 万~1 亿元的投资者占比约 0.12%；持有 A 股流通市值在 500 万~1000 万元的投资者约有 9.78 万人，占比约 0.12%；持有 A 股流通市值在 100 万~500 万元的投资者占比 2.42%；持有 A 股流通市值在 50 万~100 万元的投资者占比 3.63%；持有 A 股流通市值在 10 万~50 万元的投资者，占比 21.32%；持有 A 股流通市值在 1 万~10 万元的占比最高，为 47.92%；持有 A 股流通市值在 1 万元以下的投资者占比 24.37%。从交易占比来看，考察 A 股的交易占比，其中散户的交易占比较大，虽然散户的交易占比自 2007 年起处于下降趋势，但是截至 2013 年，个人投资者的交易占比仍达 82.2%，一般法人交易占比仅 2.5%，以公募基金为代表的专业机构交易占比为 15.3%，散户交易占比处于绝对优势状态。

非自然人账户 0.28%

自然人账户 99.72%

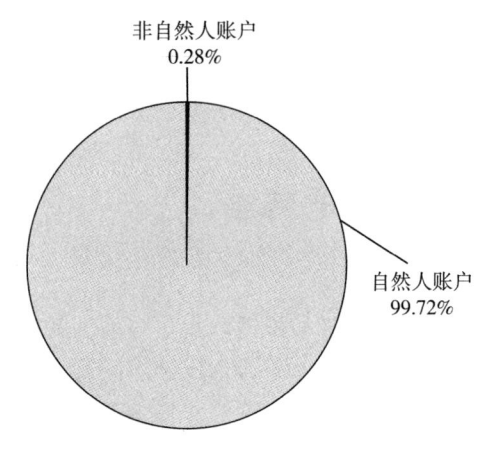

图 1-1 个人投资者在股市投资者中的账户数量占比

由此可见，个人投资者在我国股票市场投资者中占据绝对优势。虽然主导中国股票市场的活跃投资者主要由这些个人投资者构成，但是个人投资者，也就是散户也带来了一系列问题。在由散户主导的中国股票市场中，如短视、羊群效应和非理性特征等问题较为明显。大部分机构投资者只能顺应市场特征，它们在我国股票发行审核机制和目前的市场环境下并未起到市场稳定器的作用，机构投资者的投资行为也呈现短期化的特征。以主动型股票和混合公募基金为例，基金经理们在短期考核的压力下，投资风格逐渐有散户化的特点，换手率从 2004 年的平均 113% 提高到 2013 年的 334%，而美国股票型基金 1980~2013 年的平均换手率仅为 61%，2013 年的换手率仅为 41%，2013 年中国股票基金的换手率约为美国的 8.14 倍。

（2）政策对我国股市的影响巨大。我国股票市场从建立之初便与中国政府的政策紧密联系，再加上受到政策体系、制度规则、管理体制等因素的影响而形成了"政策市"。回顾中国股票市场几十年的历史，不难发现，中国股市的大部分剧烈震荡几乎都与政府政策方面的因素有关，中国股市受政府干预的影响要比海外成熟市场大得多。因此，把握政策的主导风向和最新消息，有助于把握我国股票市场的主要动向。据相关数据显示：1992~2000 年初在我国沪市的 52 次异常波动中，由政策性因素引起的一共约有 30 次，约占总数的 60%。例如，1995 年 5 月，股市受到管理层关闭国债期货消息的影响，全面暴涨，三天时间股指就从 582 点上涨到 926 点。该轮行情充分反映了我国股市对相关"政策"的敏感程度。1996~1997年，中国政府为了防止金融风险，对当时过热的股市实行强压政策，在《人民日报》的特约评论员的文章发表当日，沪、深两市几乎跌停。此后在短短三个交易日，上证指数从当年最高的1256点下跌到890点。此外，在1999年和2001年，政府一改原来强压股市的政策，强调要积极利用股市来刺激国内需求和解决国有企业问题。2001年10月23日，中国证监会出台停止国有股减持的规定，此后在政府一系列政策引导下，中国股市出现了大牛市行情。

在认识中国股市具有"政策市"特性的同时，也应该认识到"政策市"带来的负面影响。在经济全球化的今天，随着国际政治经济环境对中国经济的影响，有利因素与不利影响并行，中国政府对股市采取相应的政策，进而利用股市来化解中国经济面临的各种问题的同时，也带来一系列问题。有时政策的调整与变化并不能改变市场的基本趋势。"政策市"往往会造成投资者对政府的过度依赖以及对估值背后高风险意识的淡化。当指数低迷、交易清淡时，政府采取的利好"救市"措施，往往促使机构、券商及其他各方面的资金短时间大举入市，导致股市出现炒消息、炒题材的现象，甚至有的机构大户与券商凭借自身优势轮炒个股，坐庄刻意拉抬与打压股价，导致了股票市场结构性泡沫的产生。

（3）中国股市的"晴雨表"功能并不明显。我国的宏观经济与中国股票市场虽然存在一定相关度，但是中国股市不是西方国家成熟市场中经典意义上的实体经济、宏观经济的晴雨表。在中国股票市场中，当宏观经济上升时，股市可能涨也可能不涨。在过去30多年，中国的实体经济总体每年增长约9%，但是股票市场并不是按照这个上涨的，我国GDP增长达到几十倍，而股市却只有几倍。1992年，中国的股票市场上证指数高点为1500点，当时的GDP大约为2.7万亿元，而2017年中国GDP突破80万亿元，大约是1992年的30倍，而2017年上证指数高点为3400多点，仅是1992年的两倍多。由此可见，从长期来看，经济增长与股价变化之间的相关性较小，而这样的情况无论是在成熟市场，如美国、欧盟、日本等，还是在新兴市场，如韩国、中国台湾地区、印度等，都比较罕见，这表明我国股票价格长期波动的主要原因不是宏观经济走势的变化。例如，1999年5月，股市从1050点开始上涨，并且迅速出现了牛市，但是当时经济其实并不好。当时，亚洲金融危机对中国的影响仍然存在，在这种情况下中国股市却形成牛市，迅速上涨，最后冲到2245点。此外，2013~2015年的牛市，就发生在中国经济呈现下滑"破8""破7"的时期，这次从1800点向5100点冲击的大牛市与实体经济也基本无关。在这几年，深化改革的政策连续推出，股市投资者信心高涨，情绪激昂，这一阶段的股市暴涨可以称作"情绪性牛市"。

中国股票市场成立仅20多年，尚未发展成熟，而且我国仍然处在发展中国家行列，存量资产不够，国民经济仍有较大的发展空间，我国股市的"晴雨表"功能并不明显。因此，利用宏观经济的发展情况对股市进行预测的指导意义有限，仍然需要结合其他方面进行预测。

(4) 中国股市"熊长牛短"。中国有句古话，"病来如山倒，病去如抽丝"，放在中国股票市场上也具有实用价值，正是"牛来如山倒，熊去如抽丝"。自1990年12月19日上海证券交易所开市至今，"牛短熊长"一直是中国股市挥之不去的阴影。

为了划清牛熊市，本书定义熊市为上证指数下跌幅度至少为30%，定义牛市为上证指数上涨幅度至少为30%。由此判断，在中国股市20多年的历史中，中国股市经历近九次牛市，以及随之而来的九次熊市，且牛短熊长、暴涨暴跌，涨起来是"气冲斗牛"，跌起来都是"熊途漫漫"。

根据表1-1的统计结果，中国股市牛市平均持续13个月，熊市平均持续20.7个月，熊市是牛市持续时间的1.6倍，呈典型的牛短熊长。牛市时，上证指数的平均涨幅约为343%，熊市时，上证指数的平均跌幅约为55.2%，呈典型的暴涨暴跌。也就是说，如果投资者持续性地长期投资于我国股票市场的A股，为了等到13个月的牛市阶段，投资者平均需要经过漫长的20.7个月的等待，而严重的一次是2009年8月至2014年7月长达55个月的寒冬期。

表1-1 1990~2016年中国股市牛市熊市统计结果

时间	类别	时长	幅度	范围
1990年12月至1992年5月	第一次牛市	17个月	1380%	96.05~1429点
1992年5月至1992年11月	第一次熊市	6个月	-73%	1429~386点
1992年11月至1993年2月	第二次牛市	3个月	303%	386~1558点
1993年2月至1994年7月	第二次熊市	17个月	-79%	1558~325点

续表

时间	类别	时长	幅度	范围
1994年7月至1994年9月	第三次牛市	2个月	223%	325~1052点
1994年9月至1995年5月	第三次熊市	8个月	-45%	1052~577点
1995年5月至1995年5月	第四次牛市	3天	58%	582~926点
1995年5月至1996年1月	第四次熊市	8个月	-45%	926~512点
1996年1月至1997年5月	第五次牛市	17个月	194%	512~1510点
1997年5月至1999年5月	第五次熊市	24个月	-33%	1510~1025点
1999年5月至2001年6月	第六次牛市	25个月	144%	1047~2245点
2001年6月至2005年6月	第六次熊市	48个月	-55.5%	2245~998点
2005年6月至2007年10月	第七次牛市	28个月	513%	998~6124点
2007年10月至2008年10月	第七次熊市	12个月	-73%	6124~1664点
2008年10月至2009年8月	第八次牛市	10个月	109%	1664~3478点
2009年8月至2014年3月	第八次熊市	55个月	-44%	3478~1947点
2014年3月至2015年6月	第九次牛市	15个月	162%	1974~5166点
2015年6月至2016年2月	第九次熊市	8个月	-49%	5166~2638点

与中国股票市场牛短熊长的特点相比，美国股票市场的显著特征是牛长熊短。由于美股涨跌幅度没有A股那么巨大，本书将熊市定义为标普500指数下跌幅度至少20%，牛市为标普500指数上涨幅度至少20%。根据统计数据，从1929年开始，美国股市一共经历了25次熊市和25次牛市。美国熊市平均持续10个月，牛市持续时间更长，平均为32个月，牛市持续时间是熊市的3.2倍，呈现明显的牛长熊短特征。在美国股票市场，熊市时，标普500指数的平均跌幅为35.4%，牛市时，标普500指数的平均涨幅为106.9%，呈涨多跌少的特征。

A股最近一次的牛市是2014年3月至2015年6月，持续时间为15个月，涨幅为162%；美国最近一次的牛市是2009年3月至2015年7月，持续时间为66个月，涨幅为220%。对比美股和A股最近一次的牛市，可以看出美国股市牛市的持续时间远超中国股市。此外，再看此次牛市期间的月平均涨幅，A股牛市期间的月平均涨幅达到10.8%，而标普500指数只有3.3%。

因此，作为一名理性的投资者，在中国股票市场中交易时，应该积极对市场的底部和顶部进行判断，或者是在趋势刚刚发生变化时，快速地进场或者离场，把握住短暂的牛市，时刻警惕"寒冬将至"，以规避漫长的熊市。

（5）部分上市企业很少分红。中国股市成立的初衷是为了解决国有企业的融资困难问题，其根本目的是为企业融资服务，然而在20多年后，中国股市却成为部分上市公司圈钱造富的工具。部分企业股东采取"熬过限售期进而减持套现"的方法来进行牟利。据统计，2016年共有225家公司通过IPO实现上市，募集资金1488.5亿元，但是期间有1106家上市公司的重要股东通过二级市场进行减持，累计套现金额约2830亿元。数据显示，2016年A股上市公司通过定增和配股合计募资9571.89亿元。如果加上IPO所募集到的1488.5亿元，2016年上市公司在A股市场共圈走1.11万亿元，据了解，这一融资规模不仅是2010~2013年的总和，更创出了历史新高。

此外，由于中国股市是散户主导的市场，而大多数散户股民追求的是股票价格变化产生的资本利得，而非长期持有获得的红利及价值增值，这样一来就导致上市公司从最初就没有利用分红来吸引股民的概念。与大手笔圈钱不同的是，A股上市公司对中小股东的回报却颇为吝啬。据统计，截至2015年年报披露，A股有210家公司连续10年未发过"红包"，其中，连续20年未派现的有34家，绿景控股、神州高铁、浪莎股份、华建集团、上海凤凰等公司更是连续22年"一毛不拔"。

在企业通过首次公开上市的过程中，我国采取审核制，但是审核制也带来一系列问题。因为市场机制的欠缺，中国股市缺乏有效的供求平衡调节系统，上市公司的供给很大程度上受到审批制的限制，不能通过新股有效扩大市场的供给，进而无法应对高涨的股票需求。此外，在IPO过程中，监管层直接进行干预，造成道德风险大增，新上市公司身价大涨，形成"新股神话"，使得市场投机盛行。

目前，在我国股市中受到较大关注的是IPO核准制转为注册制这一改革。IPO审核放宽后，取消持续盈利判断，会让更多中小企业有资格通过上市向社会公开募集资金，申请上市企业的数量增多，供应增加，股价定价也会越来越合理。此外，中小上市公司估值会大幅降低。目前，A股大盘蓝筹股的估值基本上已经与国际接轨，但中小盘股的估值仍远超过国际水平。注册制实施以后，主要增加的都是中小盘股票，供给增加将使平均估值水平大幅降低。有了上市预期，A股的高估值将会吸引大量的资金进入股权投资市场，进入中小微企业，投资和服务于新经济。这种市场化的资金导流，打通了股市和经济的"任督二脉"。虽然IPO实行注册制有利于自由市场的形成，但是在我国，IPO注册制还有很长一段路要走。

（6）发展前景非常好。最近五年，我国股市总市值增长近1.5倍，总市值稳居世界第二位。近五年来，证券行业服务企业完成股权融资6万亿元、债权融资15万亿元、并购重组交易3.5万亿元。资本市场在促进资本形成、优化资源配置、服务实体经济和投资者方面发挥着越来越重要的作用，我国股票市场的发展前景非常好。

巴菲特曾提出一个判断市场估值高低的原则："市场总市值与GDP之比的高低，反映了市场投资机会和风险度。如果所有上市公司总市值占GDP的比值在70%~80%，则买入股票，长期而言可能会让投资者有相当不错的报酬。100%时则要警惕风险，超过120%时可能会发生泡沫破灭。"

2017年10月24日，党的十九大胜利闭幕。按照规划，到2020年，我国战略性新兴产业增加值将占GDP的15%，服务业占GDP比重提升至56%，最终消费率达到55%左右，消费对经济增长的年均贡献率稳定在60%以上。在经济总量稳步增长、结构持续优化的进程中，股票市场将扮演重要角色。过去五年，我国股市市值增长近1.5倍，总体与经济增长同步，但从实体经济对直接融资的需求来说，这一增长是不够的。2016年我国GDP总量约为74.4万亿元，2016年底A股总市值约为50.6万亿元，占GDP的比值大概为68%，处于靠近中轴的位置。2017年，股市市值占GDP的比值为72%。其一，当前这个比值不算高。其二，中国人民大学副校长吴晓求在2016年9月提出，2020年中国经济证券化率一定能超过90%，接近100%。如果按照这个比例，2020年中国的GDP总量约为90万亿元，届时A股市值将会达到72万亿元以上，还有20多万亿元的上涨空间。由此可见，从股市市值与GDP的比值来看，我国股市还有很大的发展空间。

1.2 科学与股市

韦特曾经是技术分析指标的推崇者。作为最古老的技术指标之一的强弱指标（RSI）就是由韦特提出的，此外，如动力指标（MOM）、市价波幅和抛物线指标等也是他的杰作。这些指标沿用至今，仍受到广大投资者的欢迎。但是奇怪的是，韦特后来的思想却发生了翻天覆地的变化，发表的一些文章，彻底地推翻了先前这些指标，取而代之的是崭新的亚当理论。

亚当理论认为，在投机市场中，没有任何一个技术分析指标可以相当准确地推测后市的趋向。每一套技术分析工具都有其固有的内在缺陷，依赖这些并不完善、也无法完善的技术分析指标和工具去推测去向不定、变化莫测的后市趋向，肯定会出现许多失误。没有人能够准确地预料到市场涨、跌何时结束，而盲目地、主观地逃顶或抄底，在事后被证明不是逃得过晚就是抄得过早。由此可见，科学在股市面前也有着力所不能及的时候。

1.2.1 长期资本管理公司的崛起与没落

长期资本管理公司（LTCM）（以下简称长期资本）作为国际四大对冲基金之一，创立于1994年，主要活跃于国际债券和外汇市场，利用私人客户的巨额投资和金融机构的大量贷款，专门从事金融市场炒作。其主要成员有：LTCM的掌门人梅里韦瑟，被誉为能"点石成金"的华尔街债券套利之父；美联储副主席莫里斯；1997年诺贝尔经济学奖获得者罗伯特·莫顿、马尔隆·斯科尔斯等。长期资本只用四年时间就震撼了华尔街。1994年2月，长期资本成立时基金净值为12.5亿美元。在华尔街的四年里，长期资本的投资回报率分别为28%、59%、57%、25%，到1997年12月，长期资本的基金净值已经达到48亿美元。1996年，长期资本管理公司一共赚了21亿美元，但是这家对冲基金总共只有一百多名雇员，他们所依靠的正是翻开任何一本主流的金融学期刊都能找到的那些模型，而长期资本管理公司的长项是在股市中运用这些模型。然而，到长期资本成立第五年时，基金净值却下降为5亿美元，最后面临破产而被原美林和摩根收购。长期资本所犯的错误不仅导致自身面临破产，更引发了华尔街的危机。

天才们不是不会犯错误，但是他们却不一样，他们犯的错误通常是致命的错误。长期资本的人们忽略了被他们的数学模型掩盖起来的市场的不确定性和风险。在罗伯特·莫顿和马尔隆·斯科尔斯效率市场学说的影响下，长期资本管理公司的教授们，坚信市场价格将根据模型所显示的方向和水平进行变动。他们认为，模型确实可以对市场行为的极限做出预测。但是实际上，模型只是从市场的历史数据来进行合理预测的。教授们忽略了在股市中由投资者所带来的变化，人的情绪多样，所带来的风险也是多样的。

在投机市场中不存在百战百胜的法宝，任何科学的分析方法与操作系统都有缺陷与误区。长期资本的故事就是最有说服力的证据。因此，在股票市场中，股市投资者运用任何方法或工具进行操作和预测股市时，必须认识到科学有时会出错，还可能会使你错失一些机会，尽管有时出错只是一个小概率事件。

1.2.2 科学在投机领域的无能为力

在股票市场中，很多市场参与者都有一种认识误区：为了追求交易的确定性，常常把科学的思维方式简单地运用到投机交易中，以为预测就是市场交易的全部，希望找到一种科学的预测理论。但是，科学方法论所主张的严密和精确，在投机市场中很多时候不但英雄无用武之地，而且还可能成为成功的障碍。科学在投机领域往往是无能为力和悲哀的。

世上没有任何一个人、任何一种工具，可以准确地预测市场的未来变化。牛顿被公认为最伟大的英国科学家，身兼物理学家、天文学家和数学家多职，是近代经典力学的开山祖师，提出了著名的万有引力定律和牛顿运动三定律。但这么伟大的人物也有失算的时候，他在股市中折戟沉沙，在南海泡沫中损失惨重，最后不得不感慨地说："虽然我能计算出天体的运行轨迹，但我却估计不出人们疯狂的程度。"由此可见，股市的运行虽然有迹可循，但是科学绝不是决定股市的关键因素。投机事业的成败，有时未必和一个人付出的努力成正比。市场交易中，有数不胜数的理由，会使你遭受惨重的损失，偶然的、必然的、客观的、主观的、外在的、内在的，等等，其中很多问题是投资者自身不能控制的。市场中唯一确定的事就是不确定性。任何决策，都是均衡几率的结果。所以，要在实际交易中取得成功，如果不能深刻地理解和把握市场价格偶然性和必然性之间的关系，就会是一件非常困难的事情。

投机领域充满了辩证法。成功的投资者离不开辩证思维的大智慧。从长远看，保守、谨慎、稳健无疑是证券交易者的立身之本。从预测制胜到重视资金和仓位的风险管理，再到提升投资者的心理以及人生修养，是一条漫长的成长之路，并不是每个人最终都有缘走到这一步的。股票市场是有经验的人获得很多金钱。虽然没有理论指导的实践是盲目的实践，但是对于投资者来说，比较明智的态度是，相信市场价格不能被准确预测，把不确定性作为市场的本质，在此基础上再构建自己的交易策略。

1.3 交易策略

1.3.1 什么是好的交易策略

股票交易不是赌博，不能盲目地靠运气，需要运用机会、知识、智慧以及技巧的有机统一和相辅相成。股票市场的价格变化是复杂的，投资者在市场上进行投资时，需要制定或者选择一套适合自己的交易策略。投资者在不同的交易条件下，站在什么角度看待市场，决定了其采取的策略。

就像没有从不失败的金牌交易系统一样，也不存在最好的交易策略。所有的交易策略都有好的一面和坏的一面，优势和劣势总是共存的。所以说，最重要的不是找到最好的交易策略，而是找到最适合自己的交易策略。你的交易策略应该最适合你的性格，能够帮助你达成交易目标。这种交易策略需要能与你自己的时间相互协调，并且符合你的性格、风险承受力和账户资金量。在股市投资中，投资者应当减少对交易策略的过度期望，一般而言，好的交易策略应该是很多时候挣小钱，很少时候挣大钱。了解自己是什么样的人，适合什么样的投资风格，做自己擅长的交易，赚自己能赚的钱，不要去羡慕别人，也不要轻易改变投资策略，要相信适合自己的就是最好的。

1.3.2 市场交易最重要的因素

市场交易中最重要的因素是趋势。

利弗摩尔曾经说过："跟随趋势走，趋势就是你的好朋友。"他认为，对价格运动背后的所有原因都非常好奇，并不是什么好事。只要了解到趋势在什么时候出现，顺着潮流驾驭你的投机之舟，就可以从中获得好处，不要与市场争论，最重要的是，不要与市场争个高低。假如市场横向整理，就保持现金退居场外，一直到信号证实趋势朝某个方向走为止。

在技术分析中，趋势也是绝对的核心。对趋势的分析是首要的，运用其他分析技术的目的主要是辅助分析市场趋势，从而使自己的交易顺应趋势运动的方向。

趋势虽然是市场价格运动的方向，但价格运动也不会朝一个方向直来直去，它是曲折前进的。其轨迹宛如波浪，前仆后继，且具有明显的峰和谷。市场趋势正是由这些波峰、波谷依次向上或向下的方向所构成的。股票市场的趋势一般分为上升趋势、下降趋势和横向整理。不同的趋势有不同的操作手法，投资者在操作中更重要的是把握上升趋势，而遇到下降趋势更明智的举动是离场观望，不要盲目地买进卖出。

专业股市交易者最主要、最常用，也是最重要的交易工具是K线图。K线图源于蜡烛图，能够直观地反映市场行情的变化趋势。

在这里主要介绍两种形态的K线图。

（1）一根长阳线。长阳线（如图1-2所示）是指交易时段的开盘价位于最低价附近，而收盘价位于最高价附近。这属于一种看涨信号，它说明了多头在进攻时没有遭到任何抵抗力量。一般明显意义上的长阳线，它的实体长度必须是前一个交易时段阴阳线实体的三倍，此外，在实体长度很长的阴线后出现的同等或更长的阳线也算长阳线。一根长阳线出现在长期的下降趋势中是趋势有可能反转的早期征兆。

（2）一根长阴线。长阴线（如图1-3所示）是指交易时段的开盘价位于最高价附近，而收盘价位于最低价附近。这是一种看跌信号，它说明空头力量强劲，多头难以抵挡。一般明显意义上的长阴线，它的实体长度必须是前一个交易时段阴阳线实体的三倍，此外在实体长度很长的阳线后出现的同等或更长的阴线也算长阴线。一根长阴线出现在长期的上升趋势中是趋势有可能反转的早期征兆。

图 1-2　长阳线　　　　　　　图 1-3　长阴线

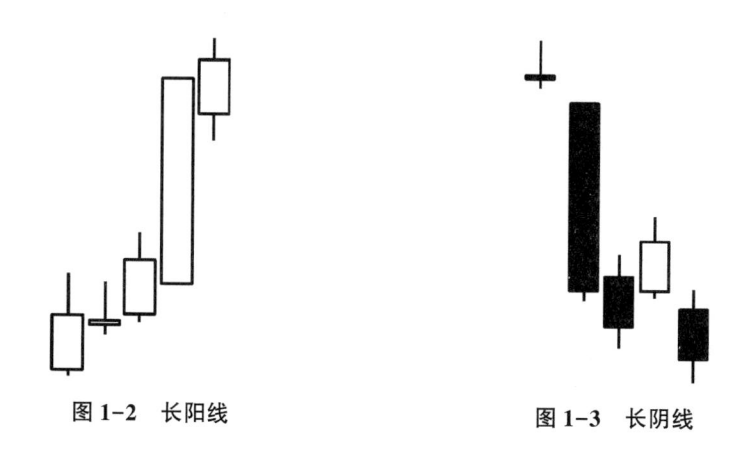

1.3.3　建立自己的交易策略

在股票市场中，每个投资者的风险厌恶等级、专业知识、时间充裕度、资金来源成本等都导致不同的投资者采取不同的投资策略。在股市分析中，常见的分析方法有基本面分析和技术分析；常见的投资策略有分散投资法、顺势投资法、保本投资法等；常见的交易方法有波段交易或趋势交易、套利交易、动量交易等。在实际情况中，投资者要根据自己的情况，选择适合自己的分析方法和投资方法，建立适合自己的交易策略。

在建立自己的股票交易策略之前，需要考虑以下几个方面：

（1）个人心态。心态在一定程度上是发挥股票交易策略功能的首要条件。构建属于自己的股票交易策略，首先要摆正自己的心态。在股票交易过程中，投资者情绪容易受到市场波动的影响，只有摆正心态，做到心形合一，才能发挥股票交易策略的最大效用。

（2）个人资金量。个人资金量决定着股票交易的规模和股票交易资金量的配置。此外，用来炒股的资金最好属于未来一段时间内不需要的资金，避免出现"铤而走险"的情况。此外，不同的资金起点，导致了不同期限的交易性质，资金量为几百万元的投资者很有可能看重中线交易，仅有几万元资金量的投资者很有可能看重短线交易。

（3）预期与得失。预期与得失在选股时有重要作用，此外，对于股票收益的不同预期也会影响股票交易策略中有关止损和止盈的构建以及技术要求等。

（4）其他个人因素。其他个人因素包括个人的交易时间、性格及技术等。例如，如果一个人的交易时间受限，那么他不能忍受太过短线的操作，只能进行中长线的操作；如果一个人的自制力比较差，那么一旦没有十分固定的交易策略，就容易受临时性的个人因素影响而导致投资失误。

此外，在建立自己的股票交易策略时，应该考虑以下几个方面：

（1）建立适合自己的股票池。股票市场共有几千只股票，需要建立适合自己的股票池。至于如何选择股票，还需要根据自身情况以及个人技巧，制定合适的选股原则。例如，选择具有良好基本面的股票，公司的主营业绩优良，连续三年业绩持续增长；具有一定话题性的股票，话题热点必须对主营业绩带来实质性增长，周期尽量大于半年，比如奥运会、世博会、股指期货、雄安新区等。

（2）技术指标选择。选取合适的技术指标也是构建适合自己的股票交易策略的一部分。目前，股票市场上的技术指标数量非常多。例如，相对强弱指标（RSI）、随机指标（KD）、趋向指标（DMI）、平滑异同平均线（MACD）、能量潮（OBV）等。这些都是很著名的技术指标，在股市应用中长盛不衰。而且，随着时间的推移，新的技术指标还在不断涌现，包括DMI（趋向指标）、DMA EXPMA（指数平均数）、TRIX（三重指数平滑移动平均）、OBV（能量潮）、ASI（振动升降指标）、EMV（简易波动指标）、WVAD（威廉变异离散量）等。

建立好自己的交易策略后，在实际的交易过程中，还应当注意以下几点：

- 不要把鸡蛋放在一个篮子里，要注意分散风险。
- 时刻掌控市场情况以及投资对象的状况。
- 股票交易不可过于贪心，不可轻信"马太效应"。
- 要用辩证的眼光对待股票投资。

1.4 模拟实验

当前，互联网股票分析软件十分流行，常用的有同花顺股票行情分析软件、大智慧365炒股软件、东方财富等。本书主要应用同花顺股票行情分析软件。

具体操作步骤为：

- 下载安装同花顺软件，并注册。
- 下载委托软件，进行模拟炒股。
- 每人初始模拟资金为20万元，注意观察收益，并总结经验教训和成功之处。

2 股市中的逻辑

2.1 利好与利空

2.1.1 分清利好与利空

在我国的股票市场中，流传着各种消息，如国家将要出台的经济政策、证券法规，国有股、法人股、新股的上市安排，以及上市公司经营状况、送配方案、收购动向等。对于投资者来讲，每一种消息的流传和证实，既可能带来机遇，也可能是"陷阱"，尤其是对于散户来讲，这种影响会更大。因此，如何对股市中的消息进行正确的分析、判断和利用显得尤为重要。

人们根据这些消息对股市产生的有利或不利的影响，把消息归纳为利好消息、利空消息两大类。对于投资者来说，除了要辨别消息的真伪以外，更重要的是要认真区分消息的性质是利好还是利空。

利好消息一般是指刺激股价上涨的信息，例如，上市公司经营业绩好转、银行利率降低、社会资金充足、银行信贷资金放宽、市场繁荣等，以及其他政治、经济、军事、外交等方面对股价上涨有利的信息。利好消息往往会导致股市大盘的整体上涨，大量的利好消息一般会造成股市价格的不断上涨，进而形成所谓的"牛市"。

利空消息一般是指能够促使股价下跌的信息，例如，股票上市公司经营业绩恶化、银行紧缩、银行利率调高、经济衰退、通货膨胀、天灾人祸等，以及其他政治、经济、军事、外交等方面促使股价下跌的不利消息。利空消息往往会导致股市大盘的整体下跌，大量的利空消息一般会造成股市价格不断下跌，形成所谓的"熊市"。

但是，这些所谓的利好、利空消息都是经过人们分析的，而且每个人对消息的判断都有自己的方法。事实上，一种消息的出现往往具有综合效应，利好和利空消息并没有完全的界限，也就是说，没有绝对的利好或利空。同样的消息对不同的投资者，在不同的时期，其性质也会有很大差别，两者在一定条件下也可以互相转化。例如，在中国 A 股的历史上，共有 7 次暂停 IPO 后的 6 次重启，对于 IPO 重启后的新股 IPO，有人说这是利空，因为会抽走市场的资金，有人说这是利好，因为市场恢复了本来就应该具有的融资功能。因此，投资者应当辩证地看待股市中的消息，千万不能主观臆断，要从市场大势上做出合理的判断。

2.1.2 利好与利空的转换

在我国股票市场中，对于突发性的消息，市场反应是比较常规的，影响是直接有效的，而且速度比较快。而人们所谓的利好或者利空消息，可能会对股价产生影响，但这种反应速度不会很快，一般来说，当消息得到证实的时候，就是影响结束并反转的时候。回顾中国股市 20 多年的历史，不难发现无论是大盘还是个股，在利好消息开始传播时，股市大都呈现一种向上的趋势，然而一旦这种利好消息被加以证实，股市的上涨行情往往会突然停止，变成所谓的"见光死"。反之，当利空传言隐隐约约在股市中传播时，股市大都呈现一种向下的趋势，然而一旦这种利好消息得到证实，股市的下跌行情常常会出现到底回升的戏剧性变化。所以在股市中人们常说，利好兑现是利空，利空兑现是利好。

在股票市场中，利好和利空的转换较为常见，有人说"做股票就是做预期"，所以当消息传出的时候可能是利好，但是消息一旦被证实就不再是预期而成为一种现实，此时，该利好消息对于市场就没有太大影响作用了。除此之外，消息对于股票市场的影响始终是有限的，对于可以预期的利好或者利空消息，市场往往提前进行炒作，当股价已经变动后，等到消息被证实的时候剩余的影响力也十分有限。

2.1.3 案例分析

(1) 案例一：中国中期 (000996)。

利好消息：股指期货松绑的消息对中国中期公司构成利好。

股价上涨：松绑股指期货的消息传出后，中国中期的股价开始上涨。如图2-1所示，2017年2月9日早盘中国中期高开后，一度快速拉升，5分钟内涨幅超过2%。下午开盘后虽然股价有小幅回落，但之后股价又有大幅度拉升，截至当日14点38分，报价13.1元，成交1.82亿元，换手率4.30%。此后，在2017年2月13日，中国中期的最高价又继续创阶段新高。

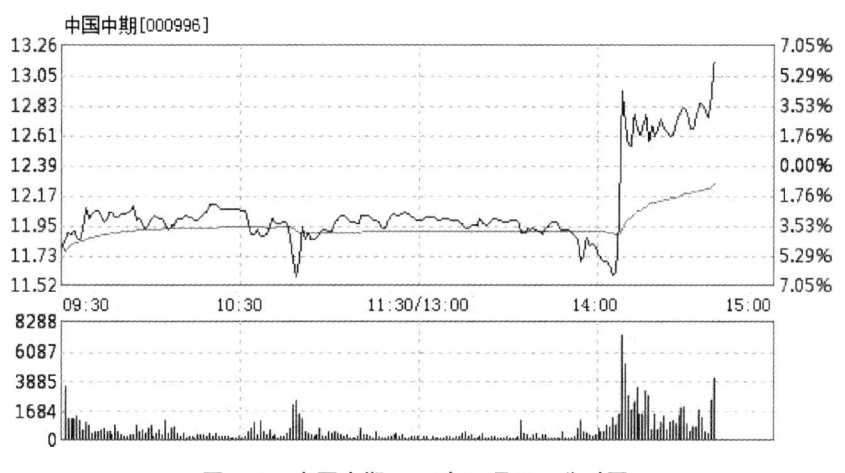

图2-1 中国中期2017年2月9日分时图

利好消息证实：中国金融期货交易所发布消息，自2017年2月17日起，将股指期货日内过度交易行为的监管标准从原先的10手调整为20手，套期保值交易开仓数量不受此限；自2017年2月17日结算时起，沪深300、上证50股指期货非套期保值交易保证金调整为20%，中证500股指期货非套期保值交易保证金调整为30%。

利好出尽：2017年2月17日，如图2-2所示，中国中期震荡走低，股价不断向下拓展空间，尾盘收报于25.69元，下跌5.97%。在2月17日前买入中国中期金额前五席位中仅有一家机构现身，买入1202.32万元，其余均为券商营业部，且买入金额较小。而前一交易日卖出中国中期金额前五席位中则有两家机构现身，分别卖出 8198.03 万元和 7091.66 万元，共计卖出逾 1.5 亿元。

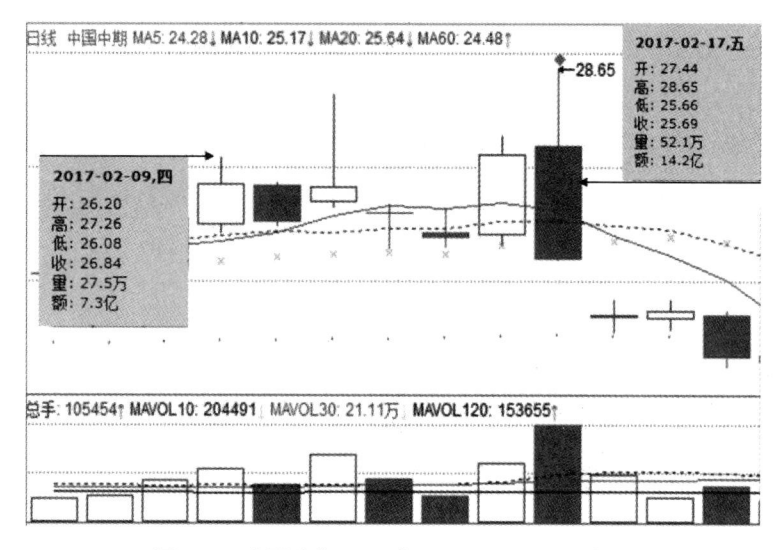

图 2-2 中国中期 2017 年 2 月 9~17 日 K 线图

（2）案例二：安硕信息（300380）。

利空消息：2015 年 8 月 14 日，因为涉嫌违反证券法规，安硕信息遭证监会立案调查。

股价下跌：2015 年 1 月 1 日至 5 月 13 日，安硕信息股价大涨 7 倍，此后接受证监会调查，受到此利空消息的刺激，安硕信息股价开始下跌。到 2016 年 3 月，安硕信息股价已经从 153.50 元（除权后价位）跌到了 48.21 元，下跌比例高达 69%。

利空出尽：2016 年 6 月 14 日晚间，安硕信息发布公告，公司已收到证监会下发的《行政处罚事先告知书》。证监会依法拟对安硕信息做出行政处罚——对安硕信息给予警告，并处罚款 60 万元，公司董事长高鸣、董事会秘书曹丰也分别被给予 30 万元和 20 万元的罚款。如图 2-3 所示，2016 年 6 月 15 日开盘后，安硕信息股价低开高走，开盘价为 42.1 元，收盘价为 47.19 元，并于上午封于涨停板。

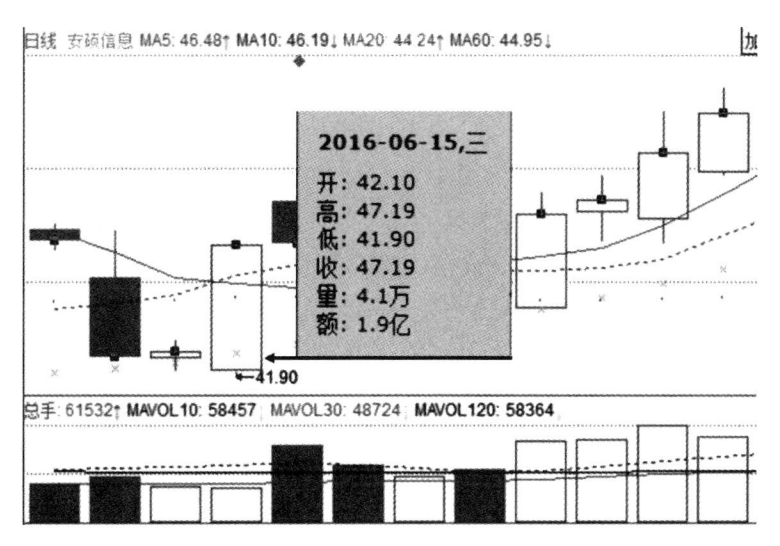

图 2-3　安硕信息 2016 年 6 月 8~27 日 K 线图

2.2　板块和个股之间的逻辑

利弗摩尔说："了解板块的表现对于成功的交易来说是极其重要的。"他认为，研究大盘远远不如研究板块与个股，大盘分析对交易者来说仅占 10% 的参考价值，弄不好还会起反作用，因此，必须重视对板块和个股之间逻辑的研究。

2.2.1　板块之间的联动与对立

所谓板块，就是同一类股票的集合，划分依据各有不同。常见的板块有：钢铁板块、券商板块、银行板块、电力板块、房地产板块等。板块指数则是用于反映整个板块综合表现的，例如，房地产板块指数可以反映房地产类个股的综合走势情况。

板块之间的联动，是指板块与板块之间出现联动，轮流推动大盘渐渐上涨。例如，地产板块率领大盘上涨，而后金融板块推动大盘上涨，这被称为地产板块与金融板块出现了板块联动效应。此外，联系紧密的板块还有钢铁与煤炭，水泥与基建，石油与化工，采掘与制造，高科技与生物制药，金融与房地产等。运用板块间的联动效应，在某板块的股票成为大众追涨对象的时候，立即购买联动性较好的同板块股票，是获得短线收益的一种重要方法。

板块与板块之间的对立，一般是指板块之间出现一个呈上升趋势，另一个则呈下降趋势的对立形式，比如我国股票市场的主板和创业板，权重股与次新股。

以我国股市的主板和创业板为例，在2018年初，我国股票市场的主板市场虽然有所回升，但是仍然处于不温不火的状态，但是创业板却有所突破，上涨势头强劲。2018年3月，创业板指继上涨6.18%后，继续大涨4.77%，特别是在2018年3月9日，创业板指收盘为长阳线，一举突破了1800点附近的整理区域。

同任何事物的运动一样，股价运动也是有一定规律的，高价股、中价股、低价股之间有密切的关系，在一轮多头行情中，一般遵循从高到低顺序，当某一板块热度炒过头之后，另一板块会很快接过领涨接力棒。掌握板块轮动的规律，有助于从一个胜利走向另一个胜利。

一般来讲，某一板块启动的信号主要有三点：

（1）看涨幅榜。如果在涨幅榜前30名中，某一板块的个股数量占据涨幅榜前30名的1/3以上时，并且连续一段时间都出现这样的情况，可以初步断定该板块在启动。

（2）看成交量。如果在成交量前30名中，某一板块的股票数量占据成交量前30名的1/3以上时，并且连续一段时间都出现这样的情况，可以证明该板块有主力资金在活动，继续上涨的可能性极大。

（3）看走势。从高价股、中价股、低价股中各选出部分具有代表性的个股，比较选出个股的走势强弱，如果某一板块走势强的个股数量比其他板块走势强的个股数量多，那么这个板块很有可能就是要找的启动板块。

而某一板块衰落的标志则主要有以下四点：

（1）看跌幅。如果在跌幅榜前30名中，某一板块的个股数量超过跌幅榜前30名总数的1/3，并且呈现递增的趋势，这时就要警惕该板块上涨空间已经很少，或者已经涨到位。

（2）看成交量。如果在成交量前30名中，某一板块的个股数量少于成交量前30名总数的1/3，并且出现递减的趋势，可以证明该板块即将进入整理状态。

（3）看上升空间。在一次级别较大的多头行情中，将主力从建仓到派发拉升的空间分为以下几种情况：涨幅小于50%，可视为低风险投资区；涨幅在50%~80%可视为风险投资区；涨幅超过80%，可视为高风险投机区。一般来讲，在某次大的多头行情中，主力拉升的空间应该有50%，所以当某一板块股价涨幅超过50%，进入风险投资区、高风险投机区时，就要警惕该板块上升动力已经不足，此时如果出现滞涨就应该意识到该板块已经涨到位。

（4）看走势。从原来涨势较强的板块中，选出具有代表性的部分个股，观察选出的个股均线，看均线是继续处于向上发散状态还是在逐渐收敛，如果其中大部分个股的均线都处在收敛状态，甚至有些个股的均线开始出现向下发散，则说明该板块即将涨到位，或者已经涨到位。

参与板块联动进行操作，一定要关注股市大势，关注领涨板块、先锋个股的走势，要有风险意识。例如，若龙头股大涨后回调，而且有量放出，此时很可能是主力开始出逃的情况，如果不看龙头股走势，还盲目地投入该板块或者关联板块股里，那么所承担的风险是巨大的。

2.2.2 个股与个股之间的联系

一般而言，单只股票跟自己所属的板块运动方向一致。当某一板块走强时，板块中的个股将整体走强；当某一板块走弱时，板块中的个股将整体走弱。当一只或几只股票成为龙头个股而领涨大盘时，该股所在板块中的其他股票也会联动走强；而当某只股票领跌大盘时，板块中的其他股票也将联动调整。这是市场跟风效应的最好体现，也是投资者心理变化在盘面上的真实写照。虽然一般来说，同一板块的个股会呈现出齐涨共跌的走势，但是并非完全一致，不同股票间也会有所差别，因此，应该抓住联动最紧密的个股。

对于核电板块，联动最紧密的是中广核技、中核科技、上海电气、江苏神通、东方锆业等。例如，2018年1月25日，核电板块异动明显，板块整体上涨0.36%，板块内有41只成份股实现上涨，占比近六成。其中，中广核技强势涨停，中核科技也大涨5.49%，兰太实业、宝钛股份、海默科技等个股涨幅也均超2%。

对于房地产板块，联动最紧密的是万科A、保利地产、金地集团、首开股份、华夏幸福、中南建设。例如，2018年1月17日，房地产板块整体涨幅达到5.51%，其中，万科A、保利地产、金地集团等个股股价盘中均创出历史新高。

对于有色金属板块，联动最紧密的是洛阳钼业、寒锐钴业、华友钴业、鹏欣资源、江西铜业、云南铜业、中金岭南、锌业股份、株冶集团、云铝股份、西部矿业等。例如，2018年2月22日，有色金属板块拉升走强，洛阳钼业、寒锐钴业、华友钴业、鹏欣资源等多股涨停，电工合金、合金投资、银泰资源、豫光金铅、华钰矿业、锌业股份等股跟风上涨。

2.2.3 案例分析

(1) 案例一：物流板块个股间的联动。

2018年2月26日，物流板块开始异动，早盘快递概念股全线走强，其中德邦股份与原尚股份快速涨停，并封板至收盘。在原尚股份、顺丰控股等龙头股的带领下，与物流板块联系紧密的快递概念股圆通速递、申通快递、韵达股份等股迅速跟风上涨，量价齐升，激活物流板块的上升行情。截至当日收盘，物流快递概念股中，除德邦股份与原尚股份外，上海雅仕收涨停，顺丰控股、欧浦智网分别收涨7.79%与7.74%，圆通速递涨4.21%，申通快递涨3.61%，韵达股份涨3.23%，天顺股份、象屿股份、华贸物流等均收涨。2018年2月26日后，物流板块开始了一波上升行情，此次多头行情中物流指数走势如图2-4所示。

利好消息面：

1) 顺丰机场正式获批，顺丰控股成为国内第一个也是目前唯一拥有自己机场的快递公司。

2) 2018年2月23日晚间消息，陕西省委书记胡和平来到位于西安的京东物流总部和"亚洲一号"项目施工现场，见证由京东自主研发的全球首个无人智慧配送站在陕西西安国家民用航天产业基地落成并投入使用，观看京东无人智慧配送站配送过程，听取京东无人机、无人仓项目汇报，了解京东物流"亚洲一号"建设进度及京东智慧物流布局规划情况。

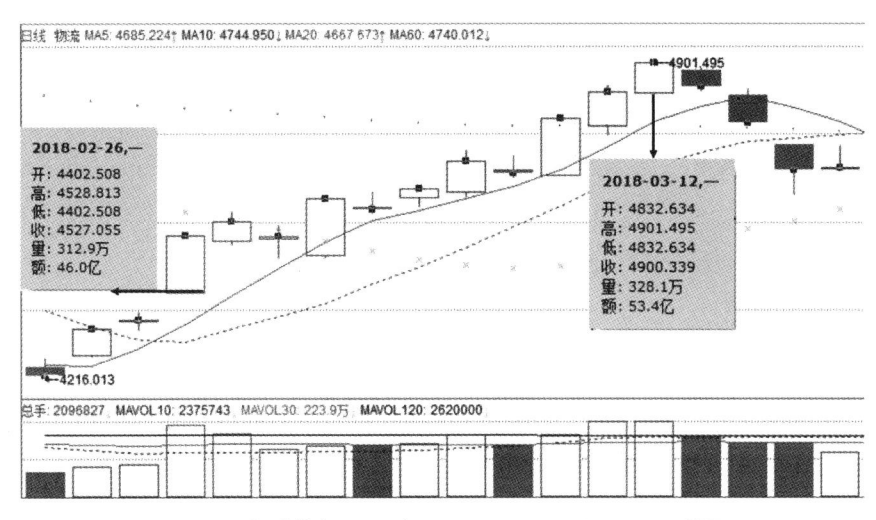

图 2-4　物流指数 2018 年 2 月 21 日至 3 月 16 日 K 线图

3）数家快递上市公司发布 2018 年 1 月经营数据，有关行业分析人士认为春节错期导致数据增速惊人，并表示快递行业仍处高速增长通道，邮政行业同比增速迅猛。

除了此次多头行情，物流板块的其他异动也多和快递概念股有关，从历史数据来看，每年的第四季度历来是快递行业的发展旺季，11 月和 12 月的"双十一""双十二"电商双节更是一年中快递业务量的峰值。在快递概念股中，与物流板块联动紧密的有：韵达股份（业绩增长+市场占有率不断提升）、顺丰控股（中高端领域的绝对龙头股+多元布局逐步发力）、圆通速递（战略清晰+业绩增长）、申通快递（估值较低+产业链整合符合预期）。

（2）案例二：主板震荡休整，创业板有望转强，板块轮动明显。

2018 年 2 月以来，主板整体处于震荡休整状态（如图 2-5 所示），而创业板却不断转强（如图 2-6 所示）。市场主流存在分歧，市场呈现轮动格局，而且板块轮动的速度较快。各大板块轮动领涨，食品安全、国产软件、全息技术、5G 概念、网络安全、移动支付、车联网、国产芯片、特斯拉等均有涨幅，但是板块出现连续走强的较少，各个轮动板块多次出现反复。以 5G 和芯片为例，5G 概念股和芯片股一直联系都比较紧密，2018 年 3 月 23～29 日，两个板块多次出现同涨同跌的情况。2018 年 3 月，我国股市虽然呈现板块题材普涨的情况，但是板块轮动较为频繁，人气板块和科技品类表现强势，在轮动过程中要把握主流，采取低吸的操作方式为主，避免损失。

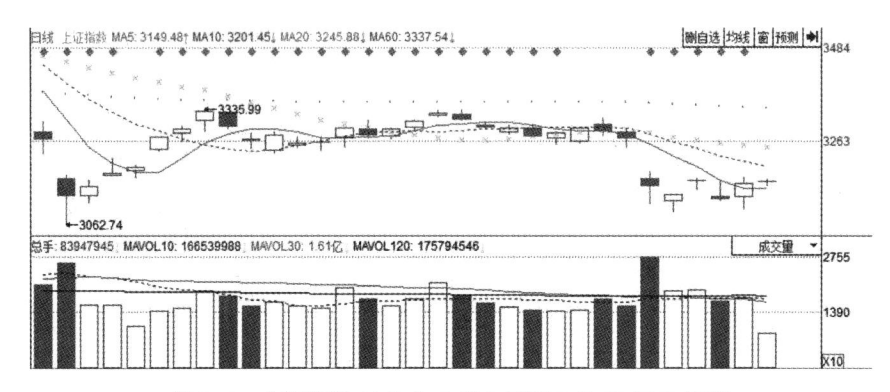

图 2-5　上证指数 2018 年 2 月 8 日至 3 月 30 日 K 线图

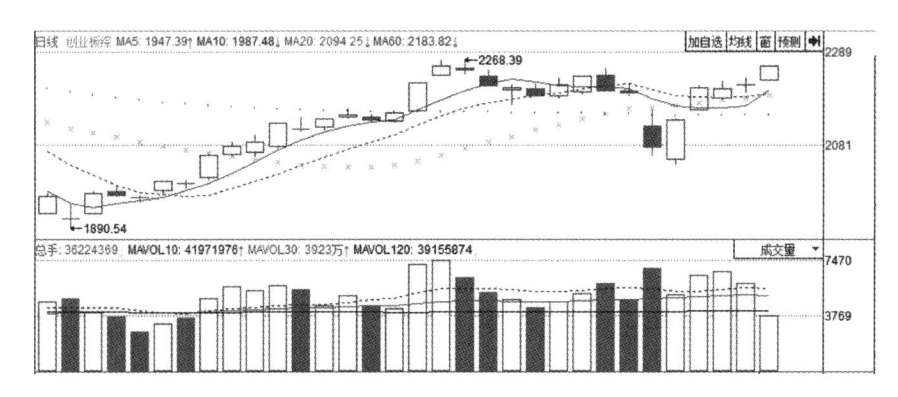

图 2-6　创业板综指 2018 年 2 月 8 日至 3 月 30 日 K 线图

2.3　顺势而为

利弗摩尔曾告诫投资者，在股票市场中要顺势而为，因为你可以偶尔战胜股价，然而你永远不能打败趋势。市场趋势对于投资者而言，永远站在正确的一面。趋势的力量是无比强大的，不尊重趋势注定要付出沉重的代价。假如投资者在多头市场中做空，看跌错误的比例将达到 99.9%；在空头市场中做多，看涨错误的比例将高达 99.9%，可见顺势而为的重要性。

在股票市场中，存在关于逆市思维的说法，但逆市思维里面的市，是市场的市，而非趋势的势。逆市思维是指逆大众心理，而不是逆市场趋势。逆向思维是可取的，但是任何企图逆反趋势的想法、做法都是不可取的。顺势而为，主要需要从以下方面考虑：

(1) 顺应市场环境的"势"。顺市场环境的势，需要对当前的政治和经济环境进行观望，顺应指数的趋势。当政治、经济等因素形成合力，指数的向上趋势形成时，就要一路做多，大胆做多，忽略小的波动，直到发生逆转；当合力消失，市场环境不再能强力支撑指数继续向上，趋势发生反转，变成大的下降趋势时，要懂得离开，放弃做多。

(2) 顺应板块轮动的"势"。股票市场是轮动的，其中有主板与中小板的轮动，也有各板块间的轮动，甚至会有同板块中个股的轮动，需要顺应板块和个股之间的轮动，获利后逐步止盈，进行转换。

(3) 顺应控盘主力的"势"。在股票市场中，具体到某只个股，要顺应控盘主力的"势"。此时的"势"主要指对个股控盘能力比较强的主力资金对股价的期望，其主力可能是"庄家"，可能是公司的大股东，也可能是市场上的游资。当主力资金完成吸筹、震仓等一系列动作或者当公司股东希望做大市值，开始释放利好时，此时可以顺势介入，利用股价上升赚取差价。而当基金需要拉升重仓个股做高净值排名时，也可以顺应基金拉升股价的势进行操作。而当大股东要认购增发进行压价时，也要因"势"而暂时回避，不要急于介入。

(4) 顺应自己的"势"。在股票市场中，投资者的个人因素对其操作有着重大影响，所以需要顺应自己的"势"，选取适合自己的投资模式和交易策略。在股票交易中，如果与个人的风险偏好、资金量或交易风格相悖，则很有可能会导致失败。假如投资者倾向低风险和确定性，则适合长线投资，需要暂时忽略短期大涨的暴利。

总之，在股票市场中，投资者需要顺势而为，内外兼顾，既要顺应市场环境的势又要顺应自己的势。要想更好地在股市中获得成功，就一定要准确地识别趋势的运行状态，并展开顺势而为的操作。当股价处于完整的上升通道，整体上升趋势尚未被打破，不宜过早地获利出局，应顺势吸筹并锁仓不动，以此才能最大限度地赚取牛市的利润。在上涨行情时，只要趋势不破，不要频繁交易和轻易出局。当股价处于下跌趋势中，应耐心地持币观望，不宜过早地抄底入场，以免出现买在下跌途中的不利境况。在横盘震荡趋势中，应以波段式的短线操作为主，且参与有热点支撑的短期题材股。

投资者应当吸取经验，认识到凡是顺势投资者，不仅可以收到事半功倍的效果，而且获利的机率也必然大大增高；反之，如果意欲逆势操作，往往会弄得焦头烂额。

2.4 自选股管理

2.4.1 自选股概述

所谓自选股，顾名思义，就是可以查看股票走势，由使用者自由选择形成的股票池或组合。它是同花顺股票投资分析软件里的一个常用功能，能把使用者常看的股票添加到自选股里，把持有或者关注的股票设定在同一个页面上，点击自选股时直接显示添加过的那些股票的信息，方便浏览。在投资决策前，可以利用同花顺软件的自选股功能，选择一系列股票构建组合并进行分析。

选股要考虑的有三点：

（1）自选股的数量。对于自选股的数量并没有限制，视个人情况而定，如果你每天只关注 30~50 只股票，精力就会更加集中，对个股的了解更加全面和彻底，操作成功的机会也会大大增加。

（2）自选股的来源。一般来自个人重点关注的股票或者最近股价有异动的股票，概念股以及热点题材板块的龙头股。

（3）自选股的构成。个人偏好不同，自选股的构成一般也不同。但是，同一板块的自选股最好不要超过三只。

2.4.2 选股技巧

沪、深两市的股票有上千只，股民不可能跟踪所有的股票，因此，必须选择有良好预期的个股，坚持对它们进行跟踪，在适当的时机采取行动。在众多的股票中，如何选股才能使收益最大化，这是一个非常重要的问题。选股直接影响着投资者的"钱"途命运，以下是本节总结的几点选股技巧：

（1）关注成交量放大的个股。成交量是一个极佳的选股指标。应重视成交量缩小之后的成交量放大，只有成交量放大才能反映出股票供求关系的改变，只有成交量放大才可能使该股具有上升的底部动量。"量为价先导"，量是价的先行者，股价的上涨，一定要有成交量的配合。成交量的放大，意味着换手率的提高，平均持仓成本的上升，上涨抛压因此减轻，股价才会持续上涨。因此，短线操作中一定选择带量的股票，对底部突然放量的股票尤其应加以关注。

例如，2017年1月6日的天山股份、北新路桥，2017年3月20日的东音股份，2017年9月7日的坚朗五金（如图2-7所示）。

图2-7　坚朗五金2017年8月30日至10月12日K线图

（2）关注股价有异动的个股。股价异动一般呈现在K线图上，比如一根长阴线或者一根长阳线，可能是股价下降或者上升的信号。

例如，2017年9月7日的万科A（如图2-8所示）和2017年6月15日的厦门港务。

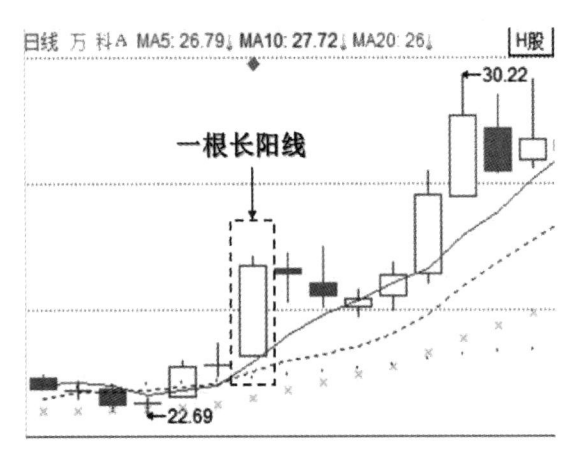

图 2-8　万科 A 2017 年 8 月 30 日至 9 月 19 日 K 线图

（3）关注突破的个股。利用日线 K 线图，首先，将 K 线图整体缩小，以此来判断该股票所处的整体位置，以及整体的走势，有底就会有顶，而近期的高点自然成为其突破的障碍，所以放量的突破也就代表着该股的强势，将顶变成底，从而开启新一轮的上涨行情。

例如，2017 年 2 月 9 日的酒钢宏兴和中国联通。

（4）关注均线多头排列的个股。观察股票的 K 线图，发现均线呈现多头排列，表明股票整体呈现上升趋势，且势头强劲，可以关注。

多头排列，一般是指在 K 线排列时，短期线在中期线之上，中期线在长期线之上，这说明过去买进的成本很低，做短线的、中线的、长线的都有赚头，市场一片向上。多头排列代表多方（买方）力量强大，后市将由多方主导行情，此时是中线进场的机会。所谓多头排列没有一个具体的量化的概念，所以需要根据自己平时的经验来取得一个比较有效的标准来衡量。例如，以 MA5>MA10>MA30，维持时间 3 天作为多头排列的定义。

例如，作为 5G 概念股中通国脉（603559），2017 年 9 月 20 日之后，5 日、10 日等均线处于多头排列情况，后续上涨势头强劲（如图 2-9 所示）。

2.4.3　自选股操作步骤

投资者可以通过"自选股设置"功能来添加自选股。在菜单栏中执行"工具>自选股设置"菜单命令，程序将弹出"自选股设置"对话框。在该对

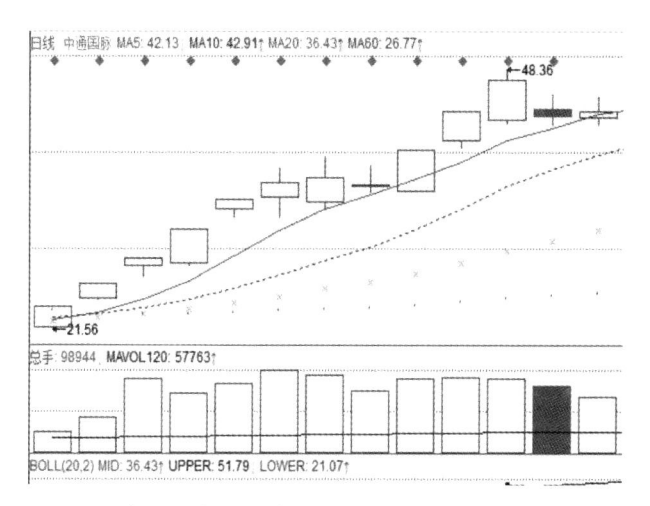

图 2-9　中通国脉 2017 年 9 月 20 日至 10 月 13 日 K 线图

话框中单击"股票"下的三角按钮可分类选择股票。在股票列表框中选择要添加的股票，然后单击"加"按钮，即可将所选的股票添加到自选股列表中。勾选"自动监控"复选框，在每次执行完自选股时，程序将及时监控自选股列表的变化。进入同花顺行情报价界面可以看到，在每只股票名称后面都带着若干个金黄色的星星，这就是同花顺金融研究中心为每只股票进行的评星评级。将光标停留在金黄色星星上，将会显示评星评级的详细信息。

2.5　模拟实验

（1）建立自己的股票池。要求：自选股中个股数不少于 50 只；同一板块中的个股不超过 3 只；每只股票都能说出选择的理由。

（2）对自己以前的操作进行评价，至少列出买入、卖出的 10 次交易数据，并附上买入、卖出的时间。

（3）思考和补充股市中的逻辑关系。

3 成交量分析

3.1 成交量基本知识

3.1.1 成交量概述

股票成交量,是指在某一时间段内,股票买卖双方达成交易的数量,其单位以某种股票的股数计算。股市的成交量是以单边计算的,例如,某只股票成交量为 20 万股,这是表示以买卖双方意愿达成的,在计算时成交量是 20 万股。然而计算交易量则是以双边计算的,例如,买方 20 万股加卖方 20 万股。值得强调的一点是,成交量并不等于买盘和卖盘之和,因为买盘和卖盘代表的是买入委托和卖出委托,而成交就是买和卖的成交,在成交量里有相应的买盘和卖盘,同时还有很多买盘和卖盘没有成交,成交量实际上是内盘和外盘之和。

股市中常见的成交量指标是 VOL,它是影响股票价格变动的重要指标,也是证券市场技术分析的一个重要参数。其图像(如图 3-1 所示)一般用一根立式的柱子来表示,其本质是成交量的条形统计图,左面的坐标值与柱子的横向对应处,就是当日当时的成交总手。如果当天收盘价高于当天均价,成交柱呈红色;反之,成交柱呈绿色。在绘制 VOL 曲线时,一般在时间参数的选择方面没有严格的限制,通常以十日作为采样天数,即在十日平均成交量基础上绘制,当然也可以选择二十日或三十日作为采样天数以反映更长周期的投资趋势。它适合于对个股成交量做纵向比较,即观察个股历史上放量缩量的相对情况，最大缺点在于忽略了各个股票流通量大小的差别，难以精确表示成交活跃的程度，不便于对不同股票做横向比较，也不利于掌握主力进出的程度。

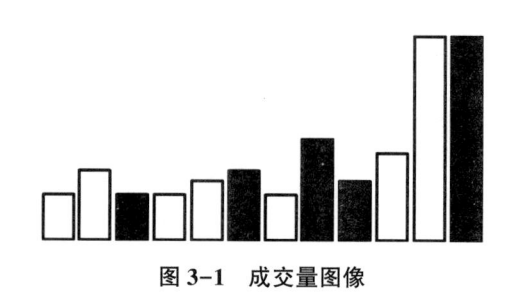

图 3-1 成交量图像

股票成交额，是指在某一时间段内，在股票交易所成交的某种股票的金额，其单位以人民币"元"计算。股票成交额也是以单边计算的。例如，卖方卖出 20 万股，买方向卖方支付 20 万股的价款，即为成交额。

股票换手率，是指在某一时间段内，在股票交易市场中股票转手买卖的频率，是反映股票流通性强弱的指标之一。根据选取的样本总体的性质不同，换手率可以分为不同形式，例如，基于交易所所有上市股票的总换手率，基于某机构持有组合的换手率，基于某单个股票发行数量的换手率，等等。

股票成交量、成交额、换手率在股票市场中所起的作用有一定的联系，它们有如下关系：

每股成交量的加权平均数＝股票成交额÷总成交量

换手率＝某时间段内的成交量÷流通股本×100%

一般来讲，股票成交额在股票市场上起的作用同股票成交量基本是一致的，所不同的是表现形式不同，在成交量相同的情况下，因为股价的不同会导致成交额不同的情况。例如，在股票交易中同时成交两笔成交量为 200 股的交易，若前者的股价为每股 10 元，后者的股价为每股 50 元，则后者的成交额是前者成交额的五倍。因此，可以基于买方买进的股票计算成交额，而基于卖方卖出的股票计算成交量，如果成交额数值和成交量数值都大，说明股票交易较为活跃，换手率也大，反之，如果数值小，则说明这段时间内的交易较为平淡。当然，在对个股进行研判时，目前最常用的还是成交股数。而成交额则直接反映了参与市场的资金量多少，常被用于大盘分析，因为它排除了大盘中各种股票价格高低不同的干扰，通过成交金额使大盘成交量的研判具有纵向的可比性。通常所说的两市大盘多少亿元的成交量就是指成交额。对于个股分析来讲，如果股价变动幅度很大，用成交股数或换手率就难以反映出庄家资金的进出情况，而用成交金额就比较明朗。

成交量的大小在一定程度上直接表明了多空双方对市场某一时刻的技术形态的最终认同程度，以及买卖双方对于某一股票和市场的热情程度。很多人会存在这样一个误解，那就是成交量越大，股价涨势就越明显。事实并非如此，股市是零和交易，有买入的投资者，对应的必然会有卖出的投资者。无论股价处于怎样的位置，都一定是这样的情形。而在某一价格区域，成交量很大，只能说明股市的投资者们此时对于股价所持的态度分歧比较大。相反，如果成交量很小，就说明股市的投资者们对于股价的走势判断较为一致。不过也不能把成交量的作用简单化、绝对化，由于国内股市中存在大量的对倒行为，成交量某种程度上也并不是全然和股票的价格走势相吻合的，因此还要结合实际情况具体分析。

3.1.2 成交量的表现形态

股市中有句老话："技术指标千变万化，成交量才是实打实的买卖。"股票价格除了由本身的价值决定外，还受到市场上多空双方力量相互作用的影响，即成交量的影响，有买有卖才有成交。成交量一般有以下几种表现形态：

（1）放量。一般成交量出现了增幅叫作放量。放量一般发生在市场趋势出现转折的转折点处，市场各方力量的博弈逐渐明朗化，当一部分人看空后市时，另一部分人对后市持看好态度，看空的投资者挂出卖盘，看好的投资者大手笔将卖盘接纳，从而造成成交量出现增幅。放量相对于缩量来说，通常具有欺骗性，因为控盘主力可以通过手中的筹码大手笔对倒放出天量，制造虚假繁荣的景象，因此并不能简单地通过放量这一证据就直接分析得出后市一定上涨的结论，还需结合其他指标进行分析。

大部分投资者都有一个错误认知，就是股票成交量越大，价格就越涨。但实际上，如果某一股票突然放量只能单纯地说明在这个价格区间，投资者对于该股票的未来走势具有极大的分歧，比如50个人看涨，50个人看跌。如果成交量非常小，则说明有分歧的人很少或者人们对该股票毫不关心，比如5个人看涨，5个人看跌，90个人无动于衷或在观望。

（2）缩量。缩量是指成交量萎缩，市场成交欲望不强，大部分股民对股票或者大盘的后期走势认识大致相同，意见基本一致。一般可以分为两种情况：一是市场人士都十分看淡后市，造成只有人卖，却没有人买，所以急剧缩量；二是市场人士都对后市十分看好，只有人买，却没有人卖，导致市场上实际成交量极小，所以急剧缩量。缩量较放量相比，反应的数据更为真实，更具有参考性。缩量一般发生在趋势的中期，投资者对后市走势判断的一致性较强，碰到缩量下跌时，投资者应考虑减仓或平仓，等放量上攻时再购入。同样，当股票缩量上涨时，应买入坐等获利，等有巨量放出的时候再卖出。

（3）堆量。堆量是指个股的成交量在持续平稳之后，出现一个类似"坡形"一样的缓坡连续温和放量形态。这种温和放量形态，也称作"量堆"。个股出现底部的"量堆"现象，一般就可以证明有实力资金在悄悄地介入。成交量温和放大的直观特征是量柱顶点的连线呈现平滑的反抛物线形上升，线路无剧烈的拐点。定量的水平应该在3%~5%换手率方为可靠，温和放大的原因是随着吸筹的延续，外部筹码日益稀少，从而使股票价格逐步上升。因为是主力有意识的吸纳，所以在其刻意调控之下，股价和成交量都被限制在一个温和变化的水平，以防止引起市场的关注。但这并不意味着投资者就可以马上介入，温和放量有可能是长线主力的试探性建仓行为，所以虽然也许会在之后出现一波上涨行情，但是一般还是会出现回调洗盘的走势；也有可能是长线主力的试盘动作，主力会根据大盘运行的战略方向确定下一步是反手做空打压股价以在更低位置吸筹，还是在强烈的大盘做多背景下就此展开一轮拉高吸货的攻势。因此，最好把温和放量作为寻找"黑马"的一个参考指标，寻低位介入，并在支持买进的理由没有被证明是错误的时候，用足够的耐心来等待。需要注意的是，当成交量呈现温和放量、股价上扬之后，其调整幅度不宜低于放量前期的低点，因为调整如果低于主力建仓的成本区，至少说明市场的抛压还很大，后市调整的可能性较大。

（4）无前兆巨量。无前兆巨量是指股票在没有利好或者利空等消息刺激的情况下，突然出现巨量，甚至是天量。对突放巨量走势的研判，应该分作几种不同的情况来对待。一般来说，上涨过程中放巨量通常表明多方的力量使用殆尽，后市继续上涨将很困难。而下跌过程中的巨量一般多为空方力量的最后一次集中释放，后市继续深跌的可能性很小，短线的反弹可能就在眼前。另一种情况是逆势放量，在市场大多数人喊空时放量上攻，造成十分醒目的效果。这类个股往往只有一两天的行情，随后反而加速下跌，使许多在放量上攻那天跟进的投资者被套牢。主力资金在吸筹的时候，成交量并不一定要有多大，只要有足够的耐心，在底部多盘整一段时间就行。而主力要出货的时候，由于手中筹码太多，总会想方设法，设置各种各样的陷阱。因此应该全面考察该股长时间的运行轨迹，了解它所处的量、价水平和它的基本面之间的关系，摸清主力的活动规律及个股的后市潜力，通过综合分析来确定介入或出货的时机。

认识成交量的不同形态，有助于判断股市的走势，以上介绍了成交量的四种表现形态，下面以逐步放量和逐步缩量为例，结合图形来简单分析成交量和股市走势的关系：

（1）如图 3-2 所示，这是成交量逐步放量的形态。成交量逐步放大，虽然有时会有忽大忽小的形态，但总体呈现成交量逐步上升的趋势。这可能出现在上涨行情中，也可能出现在下跌行情中。分以下几种情况进行讨论：如果出现在涨势的初期，可以看作是一种上涨信号，此时可以跟进做多；如果出现在上涨的途中，结合其他情况，若后市看涨，可以继续持股做多；如果出现在涨势的后期，这可能是一种转势信号，但是此时不可盲目跟进；如果出现在跌势的初期，可以看作是一种下跌信号，此时应该及时退出；如果出现在下跌的途中，结合其他情况，若后市看跌，应该及时做好止损；如果出现在跌势的后期，这可能是一种反转信号，此时可以持续关注。

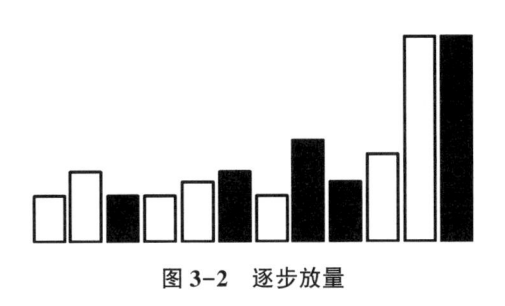

图 3-2　逐步放量

（2）如图 3-3 所示，这是成交量逐步缩量的形态。成交量逐步缩小，虽然有时会有忽大忽小的形态，但总体呈现成交量逐步下降的趋势。这可能出现在上涨行情中，也可能出现在下跌行情中。分以下几种情况进行讨论：如果出现在跌势的初期，结合其他情况，若后市看跌，应该及时止损退出；如果出现在下跌的途中，结合其他情况，若后市看跌，应该及时止损退出；如果出现在跌势的后期，这可能是一种反转信号，可以持续关注；如果出现在涨势的初期，在后市趋势不明朗的情况下，不可以盲目跟进；如果出现在上涨的途中，则要观察是否有下跌的可能，应谨慎考虑；如果出现在涨势的后期，这可能是一种转势信号，可以分批次卖出股票。

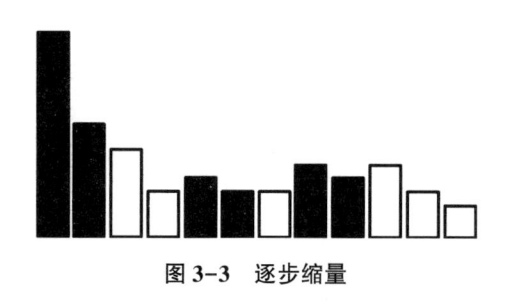

图 3-3 逐步缩量

3.1.3 量价关系

股票作为商品的一种表现形态，遵循商品经济的普遍规律。根据传统金融学理论，商品价格由价值决定又受到供求关系的影响。成交量，作为某只股票供求关系最直接的数字表现，一定程度上反映了价格变动的趋势。

量、价是技术分析的基本要素，一切技术分析方法都是以量价关系为研究对象的，其重要性可见一斑。但单日成交量（或成交额）往往受到偶然因素的影响，虽然能在一定程度上反映多空力量的真实情况，但不能反映多空力量的全部情况。这时候均量线就弥补了这方面的不足，它借鉴移动平均线的原理，将一定时期内的成交量相加后平均，在成交量的柱条图中形成一条较为平滑的曲线，反映了一定时期内市场的平均成交情况。

市场上常有"价变量先行"之说。量虽然是价格的先行导向，但这并不意味着成交量的变动趋势与股票价格的变动趋势完全重合，价格是股票交易时最基本的出发点，也是投资者进行投资决策的根本判断标准。首先要认识到，成交量作为影响价格变动的重要因素可以配合价格走势进行技术分析研究，但它并不从根本上决定价格的变化。成交量是供需关系最为直接的外在表现，当股票供不应求时，对股票的需求旺盛，投资者都在寻求买入机会，成交量自然放大；反之，股票供过于求时，市场冷清无人，对股票需求很少，成交量势必相应萎缩。投资者并不能仅仅根据成交量来判断个股趋势的变化，还要通过价格的变化趋势来确认。成交量是反映价格变化的一个重要因素之一，也是一个可能引起本质变动的因素，但是在更多时候，它只是起到一个加速催化的作用。

一般来说，投资者可以通过成交量变化分析某股票的价格是否达到了一个压力位，以及是否有足够的成交量来支撑价格上行。在一个价格区域，如果成交量很大，说明成交量能够为这个价格提供强有力的支撑，趋势有可能产生停顿或反转。具体后续的行情走势可以通过观察价格走出成交密集区域的方向来判断。当价格走出成交密集区时，说明多空分歧得到了暂时的统一，如果向上走，那价格倾向于上升；如果向下走，则价格倾向于下跌。可以观察成交量在不同价格区域的相对值大小，来判断趋势的健康性或持续性。随着某股票价格的上升，成交量应呈现阶梯性减弱，一般来说，股票相应的价格越高，从投资者心理变化上来说，感兴趣或敢于参与的人就相应越少。

市场上普遍达成的共识认为，个股或股指的上涨，必须要有量攻击的配合，如果是价升量增，则表示上涨动能充足，预示个股或股指将继续上涨；反之，如果缩量上涨，则视为无量空涨，量价配合不理想，预示个股或股指不会有较大的上升空间或难以持续上行。通常股价向上突破压力位或者颈线位需要放量攻击，即上涨要有成交量的配合；但向下破位或下行时却不需要成交量的配合，俗称"无量下跌天天跌"，直至再次放量，显示出有新资金入市抬高股价或抄底为止。一般来说，价涨量增、价跌量缩可以称为量价配合，否则为量价不配合。个股或大盘在大幅放量之后缩量阴跌，显然是坏事，显然预示着一轮跌势的展开。缩量阴跌表示市场处于弱势，极小的成交量就能打低股指，阴跌之后必然有放量大跌，这对于多方是极为不利的。反之，缩量上涨表示市场处于强势，较小的成交量就能推动股指上扬，之后必然会放量大涨，大盘如此，个股更是如此。

3.2 如何根据成交量进行操作

（1）成交量均线研判法。120日均线即半年均量线，是短线判断买卖信号的重要依据。虽然技术分析指标多不胜数，股票价格走势变幻莫测，但归根结底最基本的研判指标还是价格与成交量，其他指标无非就是这两个指标的变异或延伸。均量线是一种反映一定时期内市场成交情况，即交投趋势的技术性指标。均量线与常用的均价线的原理相同，均量线反映的是一定时期内市场成交量的主要趋向，研判时与股价均线相配合，对目前股价所处初升期、主升段，还是末升期，以及对股价未来变动的趋势起着重要的辅助作用。

均量线是根据成交量判断股价走势的技术分析工具，构成均量线的均量值计算很简单，同移动平均值的计算方法一样，只不过移动平均线用的是每日收盘价，均量线用的是每日成交量（或成交金额）而已，然后连点便可成线。在传统的技术分析中，均量线以5日或10日为采样天数，也有同时选用5日、10日和30日线绘制多条均量线，其中，5日均量线代表短期交投趋势，30日均量线代表中期交投趋势。常用的5日、10日均量线由于采样时间短，导致价格波动较为频繁。120日均量线能避免频繁的波动，较好地反映庄家的持仓成本。决定股票买卖的重要一点就是分析庄家的持仓成本。一些强势股之所以能一涨再涨，和其庄家收集筹码的成本有重要关系，而这些都能从均量线上找出蛛丝马迹。如果庄家成本较高且持仓量大增，则不易出局；如果均量线和股价出现明显背离，就要时刻防备庄家因低成本而随时可能出现的兑现。均量线的历史高点处，即巨量成交处通常为该股的成交密集区域，如果有成交的二次确认，即使是均量线没有创出历史新高，但均值较为接近，也可确认为庄家的加仓区域。

在判断股价趋势时，需观察120日均量线的走势，如股价持续站稳120日均量线，则可以判断趋势走好，走势安全；如股价持续落在120日均量线的下方，则需要提防顶部的形成。一般来说，在上涨行情初期，均量线随股价不断创出新高点，显示市场人气的聚集，行情进入尾声时，尽管股价再创新高点，均量线多已衰退疲软，形成价量分离，这时市场随着投资者意愿发生变化，股价接近峰顶区。在下跌行情的初期，均量线一般随股价持续下跌，显示市场人气涣散，有气无力。行情接近尾声时，股价不断跌出新低点，而均量线大多已经走平，也可能有上升迹象，这时股价已经见底，可以伺机买进。

（2）高位无量要拿住。高位无量就要拿，拿错也要拿。高位指的是股价处于或接近历史高位，高位无量横盘走势，是典型的上涨中继形态，此时不宜轻易出局。只有经过一段时间的观察，发现高位横盘时成交量萎缩严重，而且往往是上涨有量，下跌无量，到最后能够打破平衡再度向上时，才能真正确定新的行情开始。

如图3-4所示，以名家汇（300506）为例，2016年10月14~19日，名家汇股价4个交易日走出3个涨停，随后进入高位横盘。查看横盘阶段的量能发现，成交量仍未突破此前的水平，甚至低于此前涨停时的成交量，这便是高位的窄幅箱型振荡，后续仍有空间。在随后的三个交易日中股价涨幅近30%，在2016年11月3日创新高后，才开始放量回调。

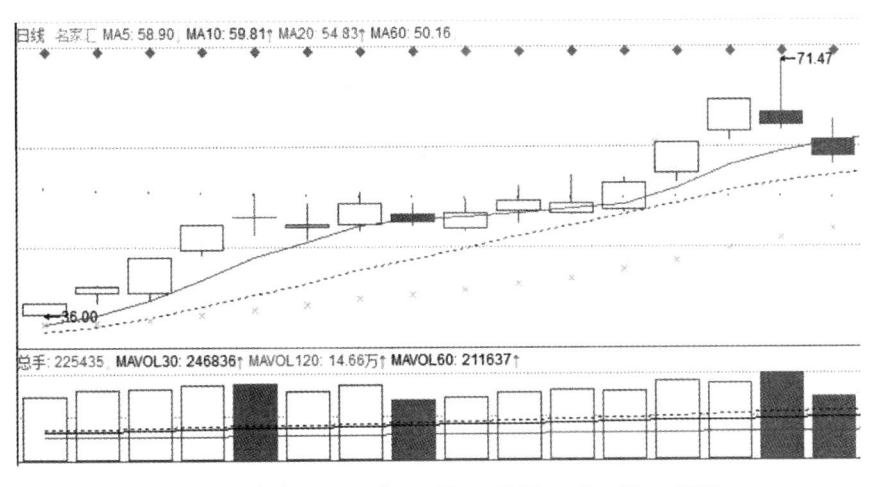

图3-4 名家汇2016年10月14日至11月4日K线图

（3）高位放量就要跑。高位放量就要跑，跑错也要跑。个股经历一波较大涨幅后，股价已经处于高位，但成交量不断增加，股价却一直停滞不前，表明此时已经出现高位量增价平的现象，大概率是主力开始出货，说明获利盘套现锁定利润的意愿已非常坚决，投资者应该及时离场。

如图 3-5 所示，以三江购物（601116）为例，自 2016 年 11 月 21 日至 12 月 15 日，三江购物股价在短短 17 个交易日中股价累计涨幅超 300%。2016 年 12 月 21 日三江购物较前两个交易日成交量明显放大，同时股价出现回落。12 月 22 日股价继续未能拉高，同时成交量放大，此时便应该出掉。12 月 23 日后三江购物开始呈现下跌趋势。

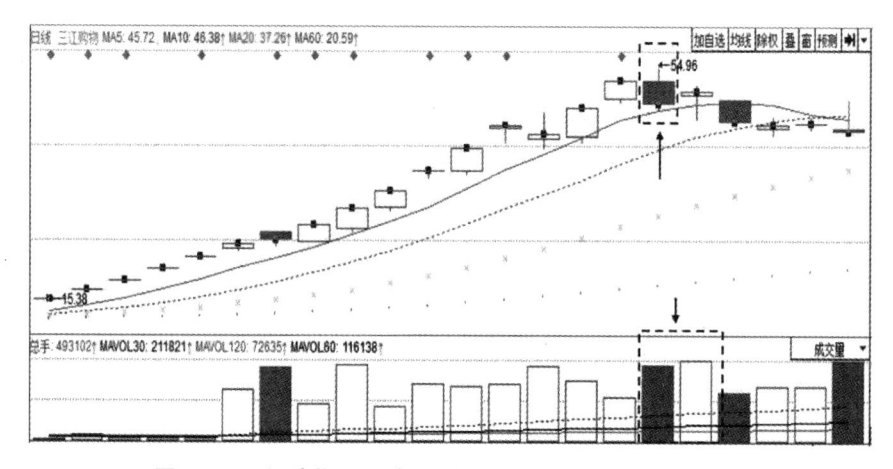

图 3-5　三江购物 2016 年 11 月 25 日至 12 月 27 日 K 线图

（4）低位无量要潜伏。低位无量就要等，等错也要等。低位指的是股价处于或接近历史低位，低位无量横盘走势，此时不宜轻易出局。无量是因为主力还未做好拉升准备，不断在吸取低位的大量筹码。一旦吸筹差不多，就会进行拉升，当股价放量就是大幅拉升的时候。

如图 3-6 所示，以中远海控（601919）为例，2014 年 6 月，中远海控股价小幅下跌，股价低位不断震荡，在此过程中，中远海控的成交量一直未突破 30 日和 120 日成交量均线，处于低位无量状态。2014 年 6 月 27 日和 2014 年 7 月 4 日，中远海控突然放量，且成交量大幅突破 120 日均线，股价呈现大阳线，此后中远海控一路走高，出现多头行情。

（5）低位放量大胆跟。低位放量就要跟，跟错也要跟。个股经历一波下跌行情后，股价已经处于或者接近低位，经过一段时间的震荡休整，此时出现低位放量是好事。因为此时出现放量说明资金已经开始介入，属于个股行情转好的迹象，通常是资金介入吸筹、主力试盘的迹象，如果后续继续放量或者股

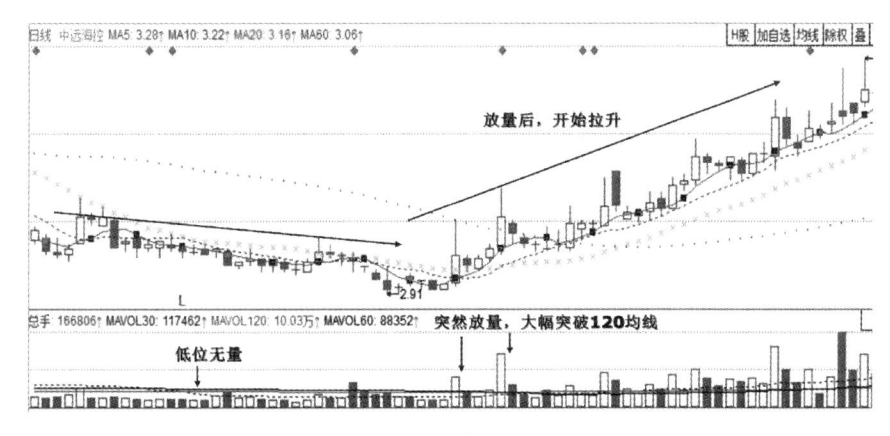

图 3-6 中远海控 K 线图

价出现异动,则说明后期上涨概率大。

如图 3-7 所示,以中国联通(600050)为例,中国联通在股价处于低位的情况下,出现放量,虽然第一次和第二次大幅放量后,中国联通的股价只有较小幅度的提高,但是,这两波放量都大幅突破了 120 日均量线。此时跟进,可以看到之后,中国联通继续出现放量,且股价上升,出现了多头行情。

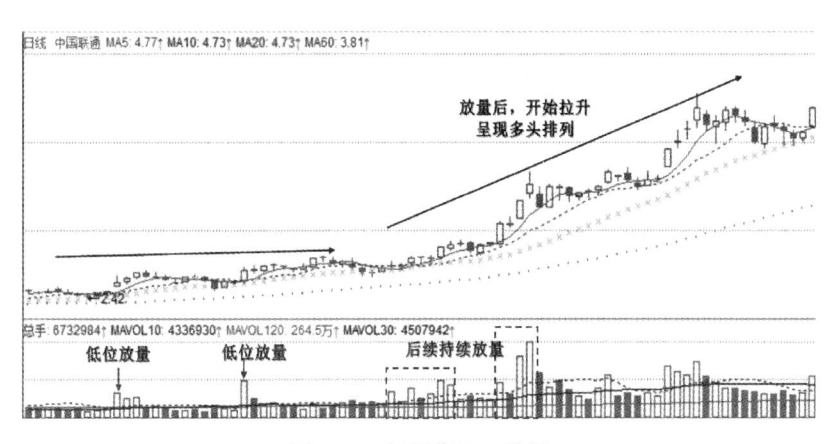

图 3-7 中国联通 K 线图

(6) 量增价平要转阴。成交量有效放大,但股价却不成比上涨,通常就是转阴的信号。如图 3-8 所示,以弘业股份(600128)为例,弘业股份在经历一轮上升行情后，股价不断上升，从11.05元上升至15.22元，从图中可以看出，股价出现最高价15.22元的当日，弘业股份成交量相比前几日明显增加，但是后续股价却不继续上升，量增价平，甚至价跌，这是明显的转阴信号，投资者应该适时离场，避免股价大幅下跌带来损失。

图 3-8 弘业股份 K 线图

（7）量增价升就买入。这是比较常见的积极买入信号。如果股价逐渐上升，成交量也增加，说明价格上升得到了成交量增加的支撑，后市将继续看好，特别是运用在大盘指数操作的情况下，当大盘指数开始涨升时，成交量要有一定配合性增加量，以推动指数的稳步上涨。

当成交量增加，价格上升时，将这个时间点看作短中线最佳的买入时机。

以田中精机（300461）为例，图3-9是田中精机在2017年9月27日至10月23日的走势，股价在拉出一根大阴线后逐渐向上拉升，同时伴随的是成交量的大幅放量，此时表明这只股票中有大量资金流入，增量资金帮助股票进一步攀升，这也是最常见的多头主动进攻模式，此时应适当吸筹买入，及时进场，获得收益。

（8）量平价平可加仓。当成交量平稳，价格平稳波动时，建议投资者在观察后市情况发展的基础上适当增加仓位。多空博弈下，一旦成交量出现快速放大，则表明在博弈中多方胜出，主力开始入场建仓。

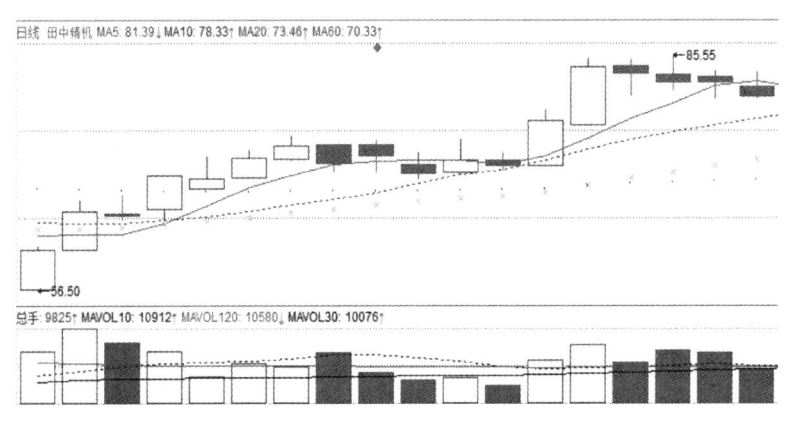

图 3-9　田中精机 2017 年 9 月 27 日至 10 月 27 日 K 线图

如图 3-10 所示，以宁波富邦（600768）为例，宁波富邦在 2017 年 8 月 25 日和 9 月 5 日拉出这波小阳线，此时股票的成交量走势较为平稳，而价格适当地攀升，此时可适当买入来压低成本线，增加收益。

图 3-10　宁波富邦 2017 年 8 月 1 日至 9 月 13 日 K 线图

（9）量平价跌要出局。当股票的成交量平稳而价格下跌时，应当及时卖出股票，此时大概率是主力已经开始出逃，投资者也应及时出局以防股价出现突然跳水造成损失。

如图 3-11 所示，以上海建工（600170）为例，上海建工在 2017 年 10 月 27 日至 11 月 9 日成交量呈现一个小幅波动的平稳状态，而股价一路下跌，跌幅高达 30%，面临这种情况时，当股票价格跌破设定的亏损线，成交量也未见增加时，应及时卖出股票来控制风险，以免遭受更大的损失。

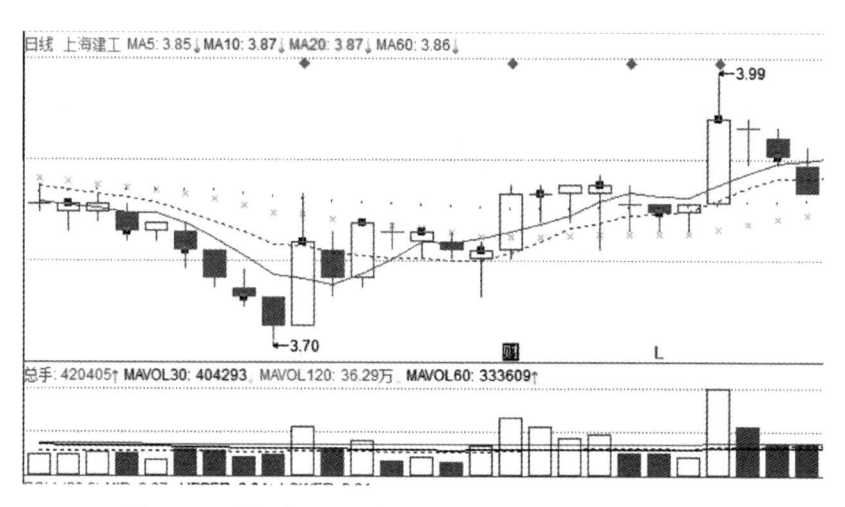

图 3-11　上海建工 2017 年 10 月 9 日至 11 月 13 日 K 线图

3.3　模拟实验

（1）请建立一个近两天放量的股票池，不少于 10 只。

（2）请大家从成交量角度检查自己找出的个股特点，成交量以 120 日均量线为参考。

4 均线分析

4.1 移动平均线与成本平均线

股票市场中常用的均线分为移动平均线与成本平均线。移动平均线代表的是股票价格在一段时间内的平均价格，而成本平均线则是股票买入成本的均线。K线图上显示的均线，一般是移动平均线而非成本平均线。

4.1.1 移动平均线

移动平均线，代表的是股票价格在一段时间内的平均价格，即 Moving Average，一般简称为 MA，原本的意思是移动平均，由于通常将其制作成线型图来表示，所以一般称之为移动平均线，简称为均线。它是将某一段时间的收盘价之和除以时间，如日线 MA5 指的是 5 天内的收盘价之和再除以 5。在 K 线图上，一般只显示移动平均线，不会显示成本平均线。移动平均线由著名的美国投资专家 Joseph E. Granville 于 20 世纪中期提出。均线理论是当今应用最普遍的技术指标之一，均线也是在证券投资策略和分析中最为常见的指标之一，它帮助交易者确认现有趋势、判断将出现的趋势、发现过度延生即将反转的趋势。移动平均线近似地表示了一段时间内的平均建仓成本，同时表示了过去一段时间的平均股价，反映了计算期间市场认可的股票价值和一只股票在人们心里的价位，也滤去了股价的短期波动，是对股价的平滑。

常用的移动平均线有 5 日平均线、10 日平均线、30 日平均线、60 日平均线、120日平均线和250日平均线。其中，5日平均线和10日平均线一般被看作短期移动平均线，供投资者进行短线操作时参照使用；30日平均线和60日平均线是中期均线指标；120日平均线、250日平均线是长期均线指标；250日平均移动均线是牛市、熊市分界线，站上了意味着进入牛市，没站上表示是熊市或者振荡市。股民朋友在选股的时候可以把移动平均线作为一个参考指标，移动平均线能够反映出价格趋势走向。通常投资者都是将日K线与移动平均线放在同一张图中进行对比分析。

移动平均线最常用的方法就是比较证券价格移动平均线与证券自身价格的关系。当证券价格上涨，高于其移动平均线，则产生购买信号。当证券价格下跌，低于其移动平均线，则产生出售信号。之所以产生此信号，是因为人们认为，移动平均线本身是支撑或阻挡价格的有力标准。价格应自移动平均线反弹，如果价格不能反弹突破，那么它应继续在该方向上发展，直至其找到能够保持的新水平面。

4.1.2 成本平均线

成本平均线是把成交量加在均线里粗略地估计市场成本的一种线。常用的成本平均线有5日、10日、13日、34日和无穷成本平均线。无穷成本平均线是指股票上市以来所有持仓者的平均成本。成本平均线也是分周期的，比如5日平均成本、13日平均成本以及34日平均成本，整个市场的平均成本就是无穷成本平均线，但这都只是粗略的估计。它的价值就在于你可以了解目前价位的上短线，以及中线投资者的获利或者亏损有多少，从而根据市场的抛压情况判断持股者的性质。比如获利幅度大而抛压不重则是机构持股的可能性比较大，而亏损很多却无人卖出，则是散户持股的可能性偏大。

在成本平均线中最重要的一条是股价无穷成本平均线，可以说它是区分市场牛、熊市的重要分水岭，股价在此之上，市场处于追涨过程，是牛市；股价在此之下，市场处于割肉过程，是熊市。股价无穷成本平均线的速率相当稳定，相比之下，有限时间的移动均线都有随行情波动不够稳定的特点。成本平均线的主要作用有：区别大盘的牛、熊市；根据主力在成本平均线之上或成本平均线之下吸货，判断后市行情发展的缓、急程度；预测股价上涨或下跌过程中的压力或支撑位；区别主力震仓、整理或出货；上升过程中，指示上涨后下跌的止损位置。

成本平均线相当于市场上多空交战的分界线。股价在成本平均线以下时，是空方侵入了多方阵地，使持股的多头处于亏损状态。股价在成本平均线以上时，是多方侵入了空方的阵地，使持币的空头处于不利地位。

不同的成本平均线可以看作是不同级别的多空交战的战线，无穷成本平均线是市场整体上多空交战的战线，各短期成本平均线是短期多空交战的局部战线。股价对成本平均线的乖离程度，是侵入对方阵地的程度，乖离越大侵入越深。庄家在成本平均线之下吸货吸的是割肉盘，表明庄家在考虑建仓成本，吸货还不太迫切，上涨一般会慢一些。如庄家在成本平均线之上吸货，则表明庄家愿意发给原持股人一定利润，以便尽快拿到筹码，这样的股票未来上涨会比较快、比较猛。

4.1.3 移动平均线与成本平均线的区别

股票的成本平均线和移动平均线在计算方法上有所区别，移动平均线是用股票每日收盘价除以天数，而成本平均线则是用股票每日的平均价格来除以天数。投资者在使用移动平均线时应该注意的是，移动平均线仅以收盘价作为计算依据并未将成交量考虑在内，因此其很容易被人为操作。而成本平均线在计算时，考虑了成交量的因素，其算法是将每个交易日不同价格及与该价格堆积的不同成交量的乘积的加权平均。成本平均线表示市场上所有持有该股的投资者的平均成本。

相比较而言，成本平均线比移动平均线作为一段时间内市场的平均成本要准确，其比移动平均线更能反映出市场的真实情况。例如，成本平均线的多头和空头排列更加稳定，在行情逆转之前出现的假交叉要比移动平均线少。而且，成本平均线对市场运行具有明显的支撑和压力作用。

在有限的时间内，移动平均线都有随市场行情波动不够稳定的特点，而不像无穷成本平均线一样速率稳定。在熊市中，投资者可以明显看到其构成了一次又一次反弹高点，直到被一轮成交量明显放大的上涨突破，从而宣告熊市的结束。而在牛市中，无穷成本平均线则很难被市场短期回调跌破，对市场明显支撑。而当市场最终跌破这条线时,则常常成为最后的出逃机会。

　　移动平均线由于只考虑了收盘价而未考虑成交量,主力在操盘时,只要控制了收盘价,在一定程度上就等于控制了移动平均线。而要控制收盘价相对较容易,只需尾盘发力即可。而主力要想控制成本平均线就比较困难,此时,主力如果单靠尾盘发力,虽然可以影响收盘价,但对于整个交易日的加权平均价的影响就很小。

　　移动平均线有三种市场含义,其中揭示市场成本的作用可以完全被成本平均线所取代,但另外两种含义是成本平均线所不能代替的,所以移动平均线在某些方面仍然有成本平均线所没有的作用。例如,当时间长到已经超过了几轮炒作的时间时,则从成本的角度理解,以前的价格已经不对成本有影响,应该没有市场作用了,但实际上,仍然有很多做长线投资的人很重视长期平均线,以此作为股票长期价值的参考,这就是成本平均线所没有的功能了。长期移动平均线之所以有这种功能是因为移动平均线可以揭示计算期间内市场接受的股票价值和一只股票在人们心里的价位。

　　在一轮行情中,这个因素的作用不如成本平均线的作用明显,意义不大;但从长期来看,当时间长到成本平均线不再起作用的时候,这个价位仍然在发挥作用,这就必须利用长期移动平均线了。但长期移动平均线的这种作用是比较次要的,因为长期平均线反映股票的过去价值和当前的心理价位,这个价格只对内在价值比较稳定,股票价格围绕某个区间上下波动的股票有意义,而对公司经营发生质变、股价脱离原区间大幅变化的股票则不起什么作用。随着时间推移,各公司在经营上都会逐渐发生变化,用一根非常滞后的长期平均线反映股票的过去价值和心理价位是没有多大意义的。除非对公司的经营相当了解,并有准确的基本面分析,在此条件下可以用长期移动平均线作为参考,否则,仅从技术上看,长期平均线的意义是不大的。

4.2　常用的均线技巧

　　均线理论是道氏理论的重要产物,也是目前市场上最常用的技术指标之一。均线理论认为，在技术分析中，市场成本是趋势产生的基础，市场中趋势的维持主要依靠市场成本的推动力。比如在上升趋势里，市场的成本是逐渐上升的，而与此同时，在下降趋势里，市场的成本是逐渐下移的。成本的变化导致了趋势的延续。当均线向上发散时，为多头排列，空头排列正好相反。多头排列时，说明股价或者成本逐渐升高，移动平均线或成本平均线不断上升，说明最近买入的人比卖出的人多，这时股票供不应求，因此股价得以上涨。而空头排列正好相反，卖出的人多于买入的人，股票供过于求，因此股价会下跌。

均线代表了一定时期内的市场平均成本变化。均线是重要的技术分析基础。接下来介绍几种常用的均线分析方法和技巧。

4.2.1 多头排列与空头排列

根据移动平均线理论，当短期平均线站在长期平均线之上时叫多头排列，表示近期购买股票的人成本较高，移动平均线或成本平均线不断上升，说明最近买入的人比卖出的人多，这时股票供不应求，因此股价得以上涨，新入场的投资者愿意以较高价钱买进原持股人手中的股票，市场处于牛市；反之，短期平均线在长期平均线之下叫空头排列，表示近期购买股票的人在以较低价格购买原持股人的割肉盘，卖出的人多于买入的人，股票供过于求，因此股价会下跌，市场处于熊市。图 4-1 和图 4-2 分别是多头排列和空头排列的示意图。

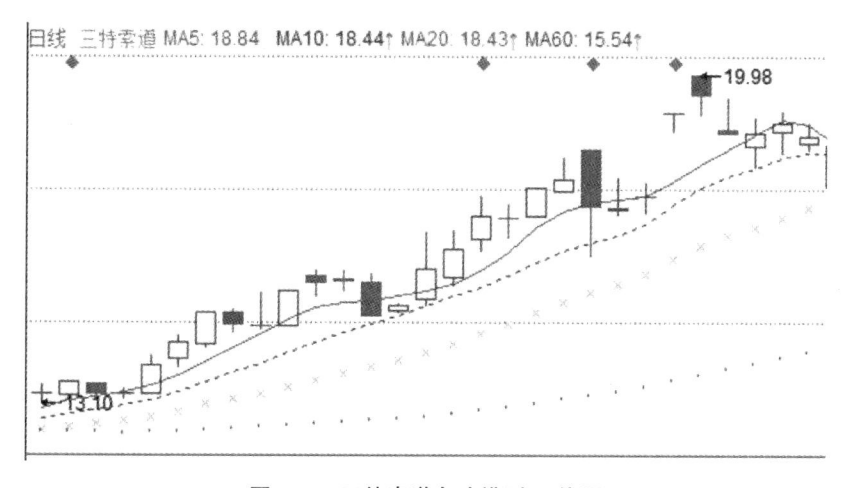

图 4-1　三特索道多头排列 K 线图

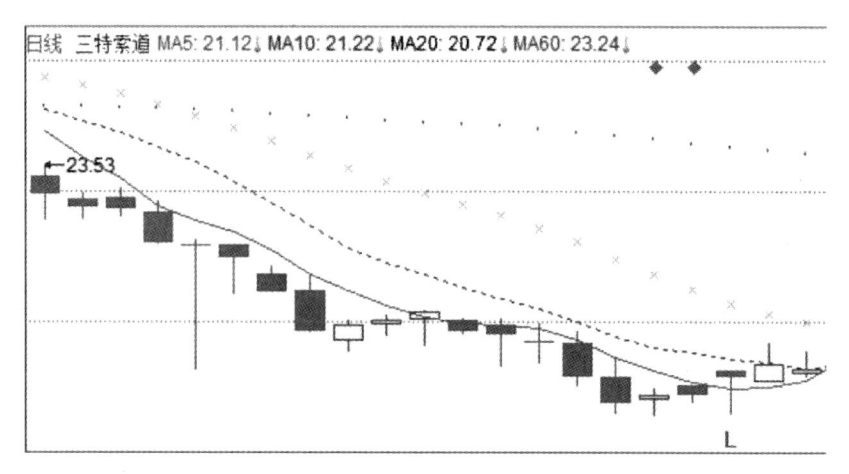

图 4-2 三特索道空头排列 K 线图

选股票时应该选择呈多头排列的个股，而不是呈空头排列的个股。均线系统中 5 日平均线表示个股短期强势，如果股价同时站上 5 日平均线和 10 日平均线，表示有短线行情，仓位可以稍微重一些。如果个股跌破了 10 日平均线，这时应该减仓，仓位应该降至一半以下。

短期平均线上穿长期平均线叫金叉，表明市场由熊市转入牛市，是买入信号；短期平均线下穿长期平均线叫死叉，表示市场由牛市转入熊市，是卖出信号。操作上为牛市时持股，熊市时持币；持有牛势股，抛掉熊势股。

4.2.2 强势股与弱势股

强势股和弱势股的判断，需要结合均线和成交量来共同判断。一般来说，符合以下特征的股票可称为强势股：

（1）买入量、卖出量均较小，股价缩量上涨。庄家大量买入完毕后，主要的任务是提高股价、增大利润，此时的投入小而效果大。

（2）股票放量且大幅突破最高价等重要趋势线。这是典型的强庄行为，量增价增，短期均线位于长期均线上方，股票上涨势头强劲。

（3）大盘横盘时微涨，大盘下行时却加强涨势。庄家实力较强且处于收集中期，成本价通常在最新价附近，大盘下跌正好是他们加快执行预定计划、显示实力的机会。

与强势股相对应，符合以下特征的属于弱势股：

（1）买入量、卖出量均较小，股价缩量下跌。此时股价的下跌趋势基本已定。

（2）股票放量且突破下档重要趋势。股票放量且突破均线或最低价，表明主力要撤，此时股价将呈现下跌趋势，短期平均线下穿长期平均线后，位于长期平均线下方，股票走低。

（3）大盘上涨而个股不涨。个股在大盘上涨时不涨，大盘下跌时也下跌，该涨不涨，是典型的弱势股。

以上是强势股和弱势股的初步辨别方法，在具体操作中，还须结合个人经验来判断。在股票投资中，一般选择强势股而非弱势股。

4.2.3 葛兰碧均线法则

前文已经介绍了移动均线的多头排列和空头排列，接下来详细介绍均线的助涨和助跌作用。

均线的助涨和助跌作用是指股价在涨或者跌到均线位置时往往受到压力和支撑，改变股价短期走势，使股价继续按原趋势运动。其产生的原因在于，市场成本所在位置即历史上成交最密集的位置，也是买卖力量较为集中的位置。股价从上向下走到这里会遇到买盘的阻击得到支撑，股价从下向上走到这里会遇到卖盘的阻击受到压力，在没有新的市场力量导致趋势的根本反转之前，这种支撑和压力会扭转股价的短期走势，使股价掉头继续按原趋势运动，这就是均线的助涨助跌作用。

当股价远远高于均线时，表示持股者按照现在的股价有较大的浮动赢利，这必然会引出卖盘，给上涨造成障碍，股价相应地要回调或停顿以进行修正；当股价回到均线附近或均线慢慢追上股价时，获利抛压被释放，股价才能轻松上涨。当股价远远低于均线时，表示持股者的亏损严重，会造成惜售，使得股价失去进一步下跌的动能，容易出现反弹或止跌；当股价反弹到均线附近或均线追上股价时，持股者的亏损减小了一些，会引出新一轮的割肉盘，股价继续下跌。这就是均线对股价的吸引作用。

一般来说，传统的移动均线理论的使用方法可以概括为三点：第一，利用移动均线的多头和空头排列可以判断熊市和牛市；第二，移动均线有助涨和助跌作用；第三，当股价远离均线时，均线对股价有吸引作用。这三种作用综合起来就形成了葛兰碧移动平均线八法则。

（1）平均线从下降逐渐走平，而股价从平均线下方突破平均线为买入信号。

（2）股价连续上升远离平均线之上，股价突然下跌，但未跌破上升的平均线，股价又再度上升时，可以加码买进。

（3）股价虽一时跌至平均线之下，但平均线仍在上扬且股价不久又恢复到平均线之上时，仍为买进信号。

（4）股价跌破平均线之下，突然连续暴跌，远离平均线时，很可能再向平均线弹升，这也是买进信号。

（5）股价急速上升远超过上升的平均线时，将出现短线的回跌，再趋向于平均线，这是卖出信号。

（6）平均线走势从上升逐渐走平转弯下跌，而股价从平均线的上方往下跌破平均线时，应是卖出的信号。

（7）股价跌落于平均线之下，然后向平均线弹升，但未突破平均线即又告回落，仍是卖出信号。

（8）股价虽上升突破平均线，但立刻又恢复到平均线之下，而此时平均线又继续下跌，则是卖出信号。

葛兰碧均线法则是著名的均线研判法则，旨在通过移动均线的多头和空头排列判断后市走势，证明均线的助涨和杀跌作用。以下是葛兰碧移动平均线八法则的应用分析。

（1）当平均线从下降逐渐走平，而股价从平均线下方突破平均线时，此时为买入信号。图4-3为高澜股份（300499）在2018年2月6日至3月8日的走势，从图中可以看到，在股价经历了大幅下挫之后，通过两根小阳线股价先上穿了5日平均线，随后的调整让股价继续上穿10日平均线，此时有一定证据表明股价后续的上涨趋势，可及时买入获取收益。

（2）当股价连续上升远离平均线之上，股价突然下跌，但未跌破上升的平均线，股价又再度上升时，可以加码买进。股价突然下跌但未跌破上升均线

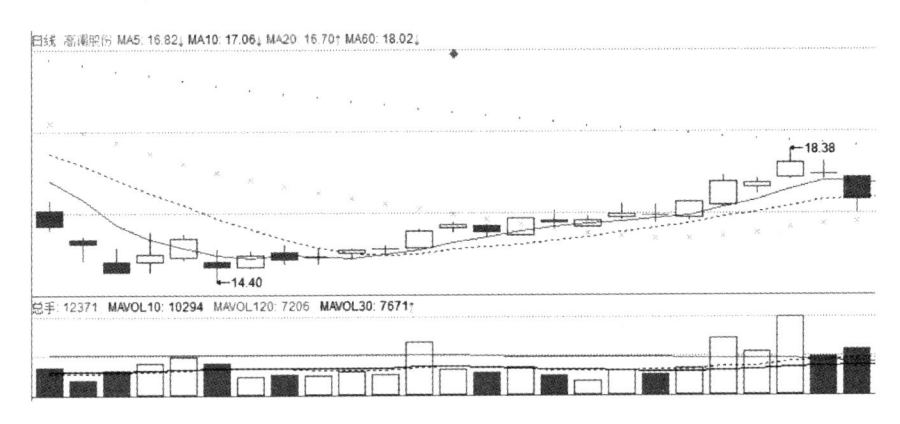

图 4-3　高澜股份 K 线图

说明一定程度上，平均线对股价起到了支撑作用，经过试探后的二次上升会更为有力。如图 4-4 所示，当几根阴线试探性地触碰到 10 日平均线时，10 日平均线支撑价格迅速回弹，说明此时平均线对股价起到了支撑作用，及时在股价再度上升时入场，可获得利益。

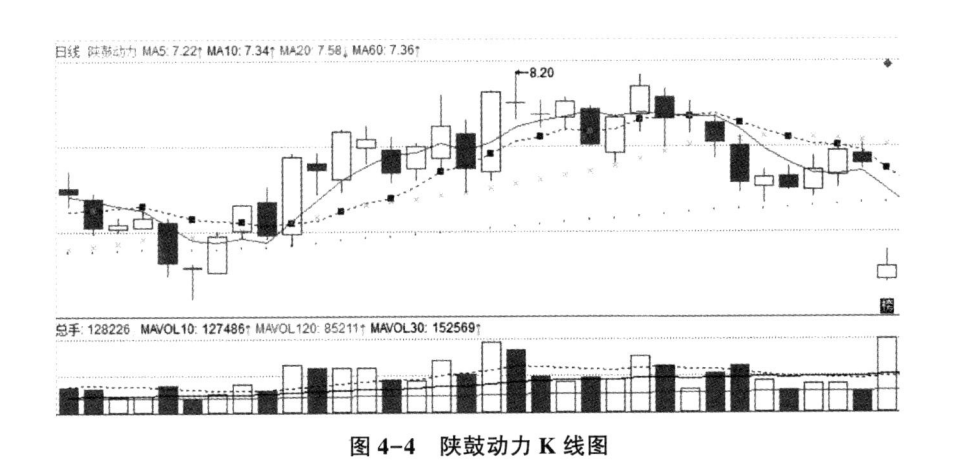

图 4-4　陕鼓动力 K 线图

（3）当股价虽一时跌至平均线之下，但平均线仍在上扬且股价不久马上又恢复到平均线之上时，此时仍然可以选择买入。图 4-5 是康美药业（600518）在 2017 年 11 月 2~17 日的走势，可以看到在一根长阳线和一根短阳线的上升之后股价先后下穿 5 日平均线、10 日平均线和 20 日平均线，但迅速拉出一根长阳线一举突破 5 日平均线，说明此时仍然有买入的空间。

· 55 ·

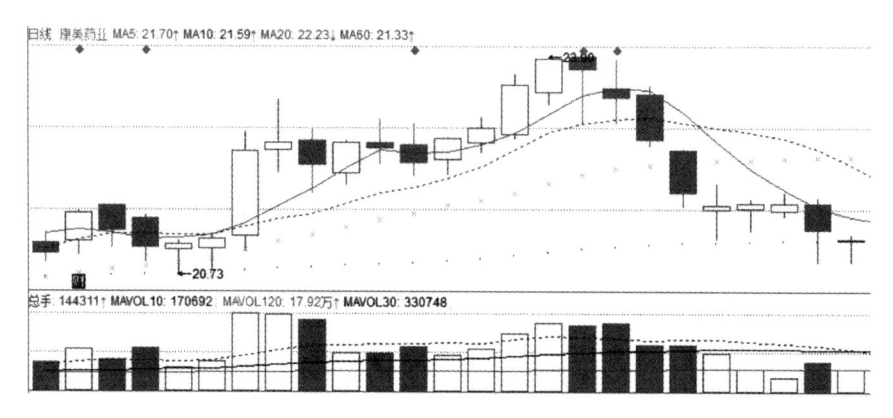

图 4-5　康美药业 K 线图

（4）当股价跌破平均线之下，突然连续暴跌，远离平均线时，很可能再向平均线弹升，此时也可适当再次买入。如图 4-6 所示，惠发股份（603536）在 2017 年 12 月 5 日拉出一条偏离均线的大阴线后，股价迅速回升，之后再调整后继续上行，此时即可适当增仓或是买入。

图 4-6　惠发股份 K 线图

（5）当股价急速上升远超过上升的平均线时，将出现短线的回跌，再趋向于平均线，这是卖出信号。图 4-7 是重庆燃气（600917）在 2017 年 12 月 20 日至 2018 年 1 月 11 日的走势，重庆燃气的股价先是急速拉升远超平均线之后小幅回调趋向平均线，此时应该卖出，就可避免之后的损失。

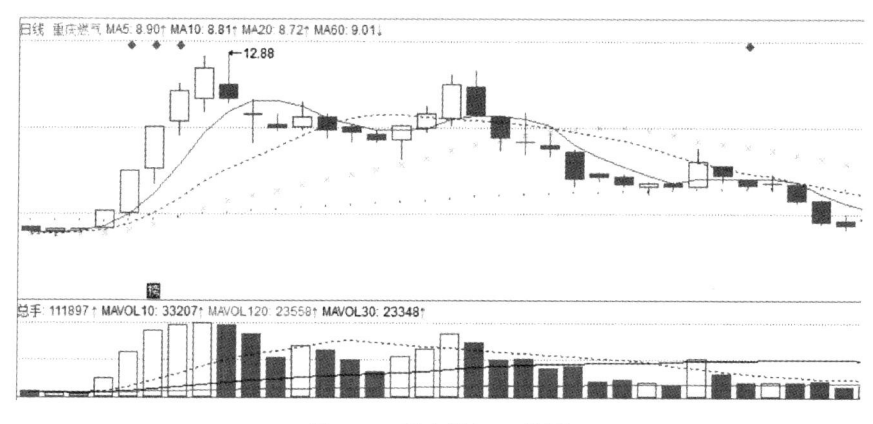

图 4-7 重庆燃气 K 线图

（6）当平均线走势由上升转走平转而下跌，同时股价从平均线的上方自上而下地跌破平均线时，投资者应及时卖出。图4-8是赛象科技（002337）在2017年9月26日至10月25日的走势，平均线由升转平转下降，确认了一定的下跌趋势，投资者在此时应及时卖出来止损。

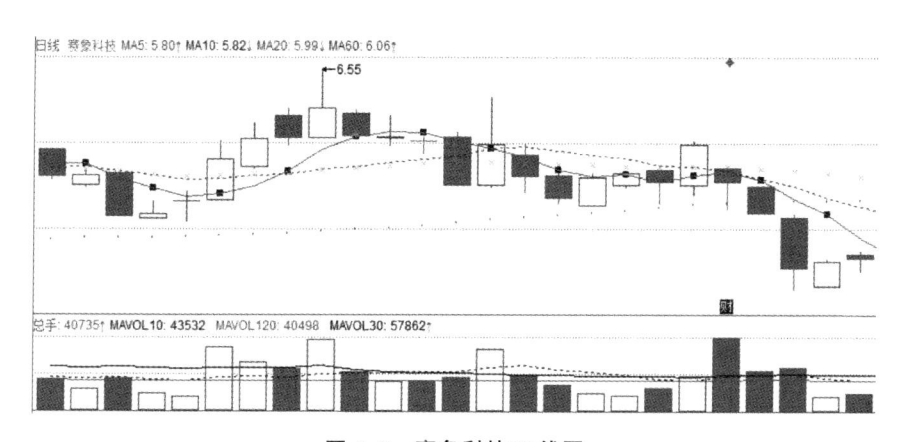

图 4-8 赛象科技 K 线图

（7）当股价跌落到平均线之下后向平均线弹升，但未突破平均线即又告回落时，投资者仍然应该卖出。图4-9所示的大连热电（600719）2018年1月6日至2月12日的这波下跌趋势充分证明了这一点，股价先是从30日平均线上方下穿30日平均线、20日平均线和5日平均线，之后向平均线小幅回升

· 57 ·

后感受到平均线压力又再度回落，此时投资者应及时卖出。

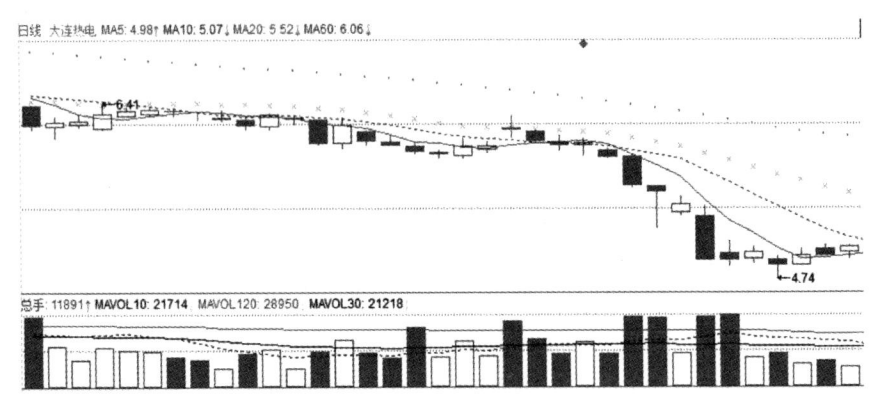

图 4-9　大连热电 K 线图

（8）当股票价格向上突破平均线又迅速回落至平均线下方，同时平均线继续回落时，此时为卖出信号。图 4-10 是海汽集团（603069）股票的走势，股价向上突破乏力，在上穿平均线后即刻回调，拉出一根大阴线，同时平均线掉头向下，此时及时卖出可减少损失。

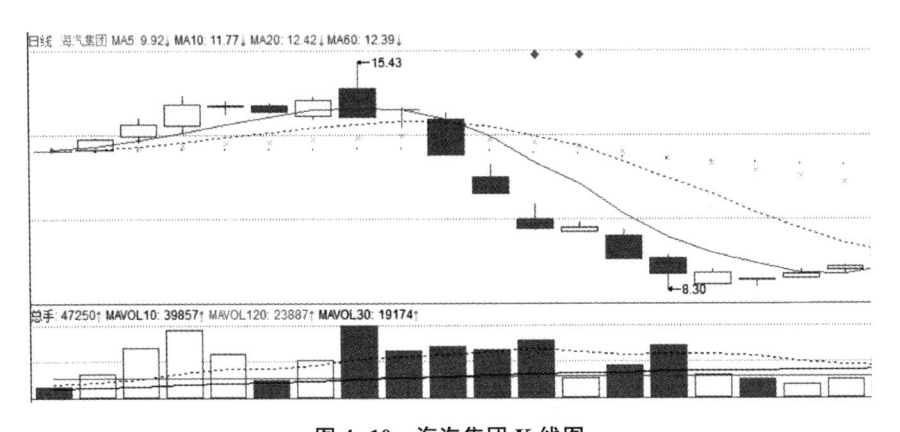

图 4-10　海汽集团 K 线图

4.3 一阳穿三线战法

4.3.1 一阳穿三线概述

一阳穿三线战法指的是股价经过长期下跌和充分整理之后，均线系统的下跌斜率开始趋缓，并逐渐向一起靠拢，股价波幅日益收窄。在某一天，突然一根放量阳线向上同时突破5日平均线、10日平均线、30日平均线，且收盘在30日平均线上方，这是主力展开大反攻的突出标志，主力做多意图完全暴露，多方强势非常明显，是一次难得的进场良机。这根一举穿越5日、10日、30日三根平均线的K线，称之为一阳穿三线，如图4-11所示。

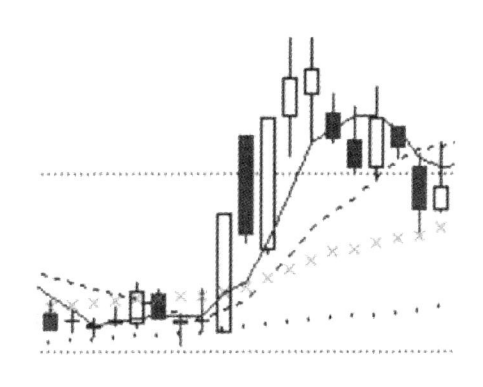

图4-11 一阳穿三线示例图

在根据一阳穿三线进行股票实战时，需要注意以下几点：

（1）一阳穿三线这一图形发生的位置越低，股市向上突破的可能性就越大。

（2）阳线的长度没有硬性要求，不一定非要限制在多少涨幅之内，同时突破三根平均线即可。

（3）阳线对于三条短期均线向上穿破的区域越密集越好。5日、10日、30日这三根平均线最好是在一个小的区域内密集或者是互缠状态，互相分散开的情况,即便穿过了,后市也不一定会上扬。

(4)一旦一阳穿三线的均线形态出现,进行买入操作后,可获利的几率高达7成以上。但须注意的一点是,这个形态只能作为个股短期走势的参考判断,而不能用于长期趋势的判断。

(5)一阳穿三线出现以后,允许股价有小幅调整,但调整的范围应在阳线实体的范围内进行,否则有可能是庄家故意设置的陷阱。

(6)应该密切关注大盘指数,如果大盘拉升的条件充足,一大批个股出现一阳穿三线的现象,那就意味着这批个股是此次行情的主力军,应从中选择形态最完美和走势最强的个股重仓出击。

(7)有时也会看见一阳穿两线的情况,但一阳穿两线后股价走势上扬的可能性不如一阳穿三线,同时穿越三线的情况才是最理想的。

4.3.2 一阳穿三线案例分析

(1)案例一:江龙船艇(300589)。

如图4-12所示,2017年9月26日,江龙船艇出现一阳穿三线的情况,且一阳穿三线出现的位置较低。2017年9月27日,江龙船艇开盘涨幅达5%,截至9点26分,报30.79元,成交1258.39万元,换手率1.45%,后续几天继续放量,K线图呈多头排列,但截至10月10日成交量有所萎缩,5日平均线下穿10日平均线,上升趋势有所减缓,投资者需要谨慎考虑。

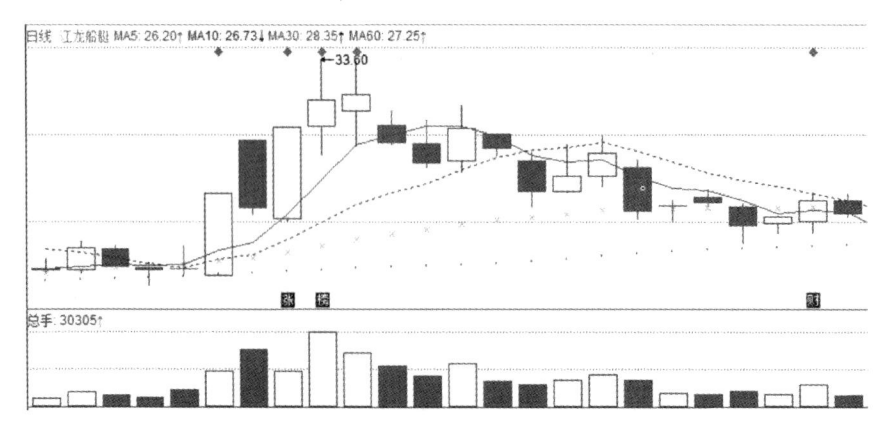

图4-12 江龙船艇2017年9月19日至10月27日K线图

(2) 案例二：蓝黛传动（002765）。

蓝黛传动公司简介：2017 年 9 月 27 日公告，近日，公司收到财政部下拨的 2017 年工业转型升级（中国制造 2025）补助资金计人民币 700.00 万元，专项用于公司组织申报并实施的"轻量化乘用车变速器齿轮制造数字化车间"项目。

如图 4-13 所示，2017 年 9 月 26 日，蓝黛传动出现一阳穿三线情形，且三条平均线较为密集，同时当日成交量大幅突破 120 日平均线，虽然发生一阳穿三线时，阳线体长度较小，但结合第二日成交量大幅突破，股价走高，总体上，多方力量强大。建议跟进，后续若仍然继续放量，则可持续关注。

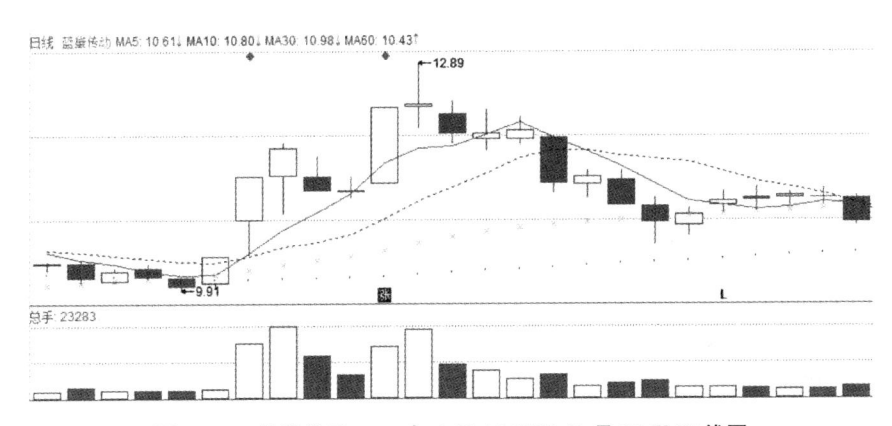

图 4-13　蓝黛传动 2017 年 9 月 18 日至 10 月 27 日 K 线图

4.4　模拟实验

请对自己的自选股股票池按照以下依据进行分类：

（1）哪些个股是多头排列？哪些是空头排列？

（2）哪些属于强势股？哪些属于弱势股？

（3）请找出近两天满足一阳穿三线的个股，加入股票池，个股数量不少于三只。

5 筹码分析

本章主要讲解技术分析中筹码分析的内容。"筹码分布"是一个有中国特色的词，因为在世界范围内，可能只有中国人将股票称为筹码，也只有中国人把股票投资叫作"炒股"。股票一旦加上了"炒"字，就有了更多博弈的味道。而如果把股票的仓位叫作"筹码"，那就无异于把股市当成了赌场。实际上，这是对市场和金融学说的误解，无论是金融还是股票市场，它们的存在是为了优化社会资源配置，优胜劣汰，促进社会的进步。但因为我国股市存在时间较短，股民的赌博心态十分常见，所以我国股市现在仍然带着浓厚的博弈色彩。在股市的博弈中，大部分人最关心的就是如何用自己的资金去换取别人的筹码，再用自己的筹码换取别人的资金，通过这一来一往，就赚到了价差利润。所以，在当前市场环境中，想要知己知彼，作出理性的投资决策，理解筹码的概念，并能够进行合理有效的筹码分析是很重要的。

5.1 筹码

筹码，是古代投壶计算胜负的用具，旧称货币或能代替货币的票据，也作筹马。现在来说，筹码是指代表现金，在博彩场所中用作投注的替代品，一般情况下设计成类似硬币般的圆形筹码，也有方形的筹码。那么，股票市场上的筹码是什么呢？

我国的资本市场建立只有不到 30 年的时间，和国外一两百年的发展历史差距很大，因此投资者和市场都很不成熟。在这样的市场上，投资者千奇百怪，也诞生了庄家、游资等非常规投资群体。它们并不按照公司基本面进行价值投资，而是通过题材、热点、业绩、概念、走势等对股票进行炒作、拉升，将价格炒上去之后再卖出手中的股票获利，这也就是"炒股"一词的由来。这个过程就是一个博弈的过程，因为有的时候，股票价格变化的整个过程与基本面关系不大，价格走势完完全全由各方资金博弈决定。所以，此时的股票就变成了筹码。

总之，筹码分析就是对隐藏的主力资金手中的筹码进行分析。严格来说，筹码分析，即成本分析，是对流通股票持仓成本分布进行的分析。通过对股票持有者的成本进行分析，判断背后的资金意图，从而帮助我们判断股票的未来走势。筹码分析是形态分析中重要的一环。

5.2 流动筹码与非流动筹码

A股中股本并非总是全流通的。由于各种原因的影响（政策、法规等），有部分股本是不能流通的，也就是说，有一部分筹码是不能交易的。因此，筹码就有了流动筹码与非流动筹码之分。流动筹码的连续交易产生了股价，非流动筹码一般不会影响股价的变化。所以，在分析时，最好是用实际流通股本来进行筹码分析。筹码一般会因为定增、高送转、解冻等原因而增加，但有时也会因为回购、抵押、承诺不卖出等原因而减少。筹码分析主要是对流动筹码进行分析。

上市公司的股本变动会提前以公告的方式发布，投资者可以在公司的官网或者同花顺的F10界面中找到，如图5-1所示。

如图5-2所示，在F10界面点击股本结构，还可以看到该公司过去的股本变化情况。

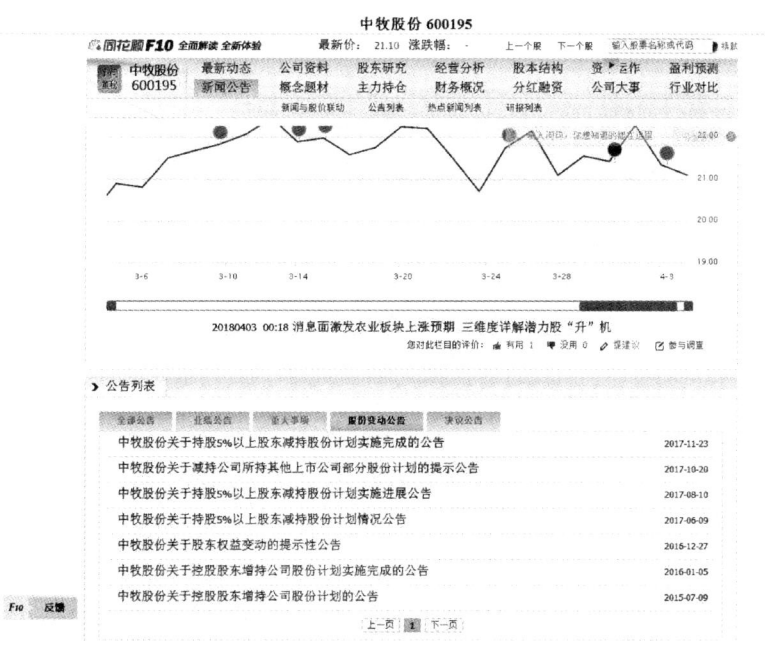

图 5-1　中牧股份股本变动公告

图 5-2　中牧股份股本结构

5.3 筹码图

筹码分布具有价、量两个属性。也就是说，筹码分布包含了所有的价位上有多少筹码的信息。那么如何计算筹码分布呢？根据分笔成交可知，每一笔成交都有买盘和卖盘。买盘买了多少股票，卖盘就卖了多少股票。因此，分笔成交的价格，就是买盘手中筹码的价格。举个例子，假设有一投资者 A，以 10 元的价格买了 100 手某股票，之后 A 将这 100 手股票以 12 元都卖给了 B，那么就有 100 手筹码的价格由 10 元变成了 12 元。统计所有的分笔成交，就能画出筹码分布图。

一般的交易软件，都具有筹码图的功能。以同花顺为例，筹码图由一根根长短不一的线段组成，每一根线段都代表了一个价格，线段的长短表示这个价格对应的成交量的多少，线段越长说明该价格成交的量越多，即横坐标代表数量，纵坐标代表价格。

如果股价在某一个价位附近长时间停留且存在着大量成交，通常对应的筹码都会非常密集，形成一个筹码峰。

- 筹码的颜色

红色代表该价位的筹码持有至今获利（获利盘），蓝色代表该价位的筹码持有至今亏损（亏损盘）；红色与蓝色交界处为现价。

- 平均成本线

中间黄色（白色）线就是目前市场所有持仓者的平均成本线，它是整个成本分布的重点。

- 获利比例

获利比例即目前价位的市场获利盘的比例。获利比例越高，说明越多人处在获利状态。

- 集中度

集中度说明筹码的密集程度。集中度数值越高，说明筹码越发散；数值越低，说明筹码越集中。

以天士力（600535）为例，图 5-3 是 2018 年 2 月 2 日的日线对应的筹码图。

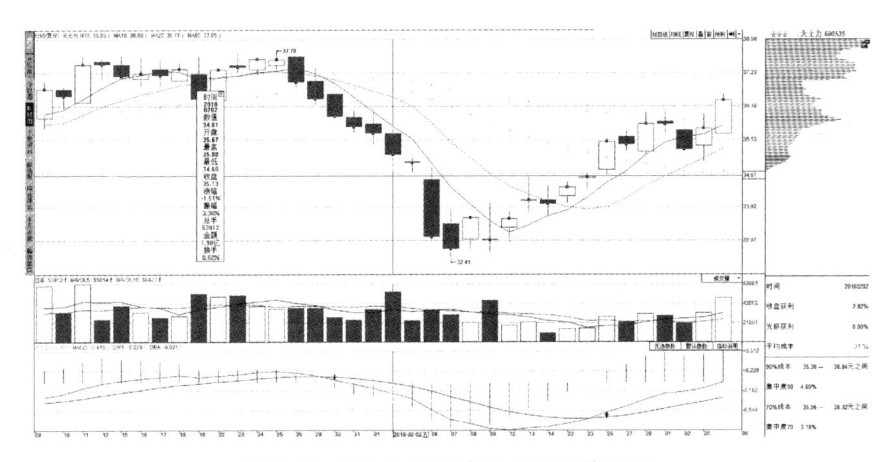

图 5-3　天士力 2018 年 2 月 2 日筹码图

筹码图与左边的 K 线是一一对应的，移动鼠标可以切换不同 K 线对应的筹码图。图 5-4 是 2018 年 2 月 1 日的日线对应的筹码图。

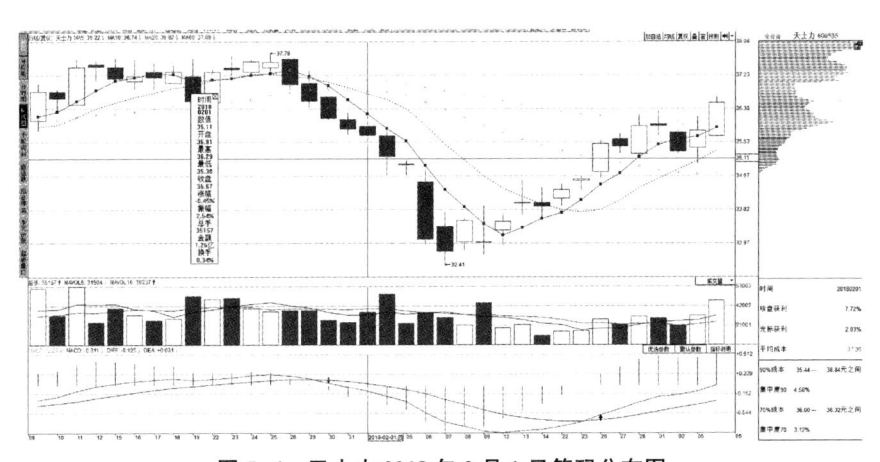

图 5-4　天士力 2018 年 2 月 1 日筹码分布图

5.4　筹码图分析

对筹码图的分析可分为静态和动态两种方法。静态分析即对单独的一张筹码图进行分析，动态分析是综合不同时间的多张筹码图进行分析。

在进行静态分析的讨论前，首先简单介绍一下前景理论。前景理论是描述性范式的一个决策模型，它假设风险决策过程分为编辑和评价两个过程。在编辑阶段，个体凭借"框架"、参照点等采集和处理信息，在评价阶段依赖价值函数和主观概率的权重函数对信息予以判断。该价值函数是经验型的，它有三个特征：一是大多数人在面临获得时是风险规避的；二是大多数人在面临损失时是风险偏爱的；三是人们对损失比对获得更敏感。通俗地讲，就是人们在面临获得时往往小心翼翼，不愿冒风险；而在面对失去时会很不甘心，容易冒险。并且人们对损失和获得的敏感程度是不同的，损失时的痛苦感要大大超过获得时的快乐感。

这就导致了相当多的投资者有获利了结的习惯，尤其就散户而言，在获利 10%~20% 时最容易把股票卖掉。但是对主力机构而言，很难在盈利 30% 以下时卖出部分仓位。因为主力机构比散户要更加理性，并且手上拥有的筹码也要多得多，大量卖出时会有资金冲击成本，需要足够的安全垫来获得利润。

5.4.1 静态分析

首先熟悉筹码图常见的几种基本形态。在实际情况中，一定会有筹码峰的存在，不存在筹码均匀分布的情况。峰与峰之间的区域形成了筹码谷。按照峰的不同位置，本书将筹码图分为以下几种情况。

图 5-5 是筹码图的第一种情况：底部密集型。

图 5-5 底部密集型：保龄宝

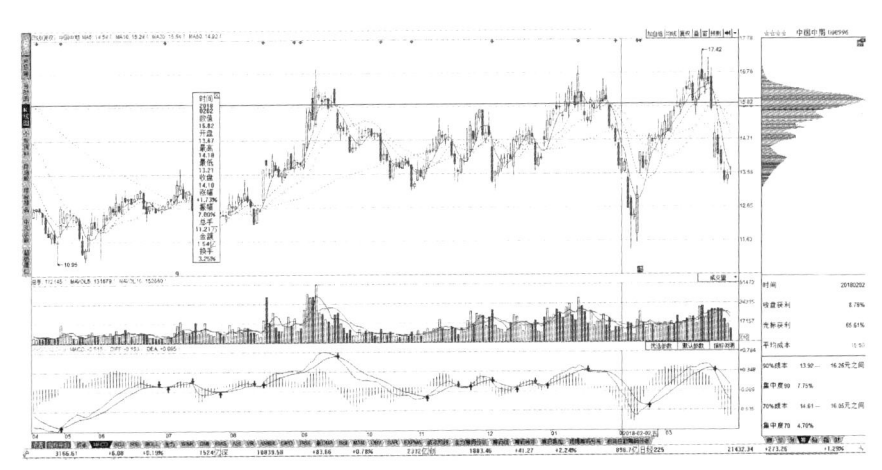

图 5-6 是筹码图的第二种情况：顶部密集型。

图 5-6　顶部密集型：中国中期

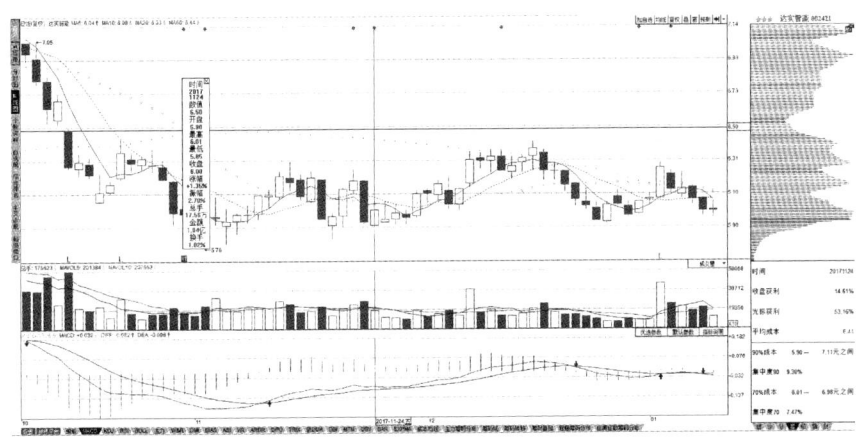

图 5-7 是筹码图的第三种情况：多峰型。

图 5-7　多峰型：达实智能

一只股票从底部涨到顶部，再由顶部跌到底部，这就构成了一个周期，同时筹码也完成了转换，也就是筹码图在密集与发散状态之间的转换过程。这种筹码的转换活动几乎发生在每一只个股之中。在每只个股筹码每一次"密集—发散—再密集"的循环完成之后，投资者的财富也发生了一次转移。在一个周期中，不同的阶段对应着不同的筹码图。利用筹码图的静态分析，可以帮助我们判断个股目前处于什么阶段。

如果筹码是在低价位区实现密集，可将其称为筹码的低位密集，对应的表现就是筹码图的底部出现筹码峰。而如果筹码是在高价位区实现密集，可将其称为筹码的高位密集，对应的表现就是筹码图的顶部出现筹码峰。多峰形态实际上就是筹码的发散形态。注意：这里的高和低是个相对的概念。股价的高位和低位并不是指股价的绝对值，股价几元的不一定是低，股价几十元的也不一定是高。如果给一个精确定义的话，底部密集型指的是筹码由高位流向低位，并且在低位大幅密集的筹码图形态。

如图5-8、图5-9和图5-10所示，是一个典型的筹码由高位移向低位形成底部密集的过程。

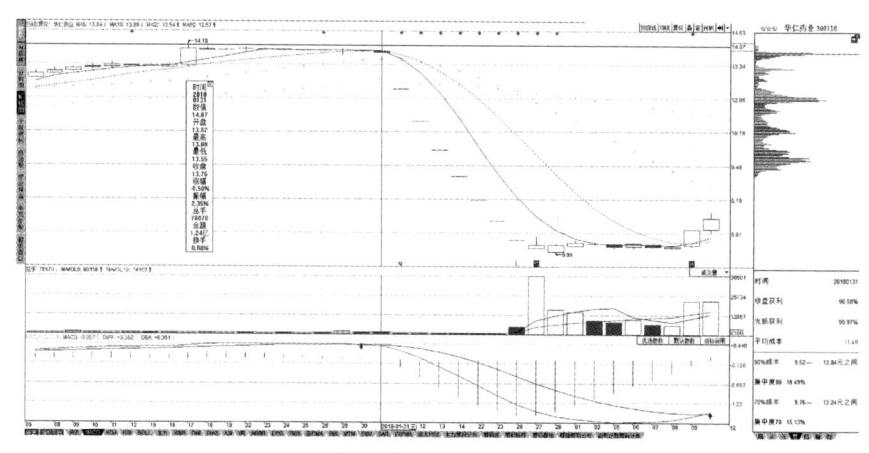

图5-8　华仁药业2018年1月31日筹码图

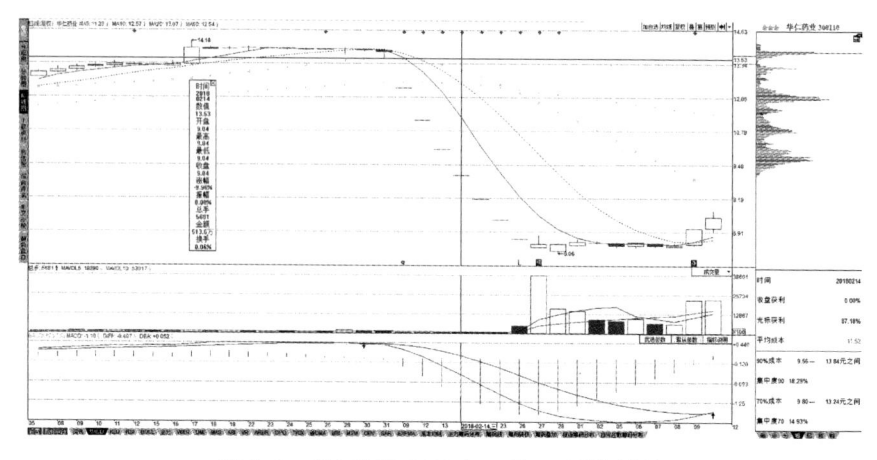

图5-9　华仁药业2018年2月14日筹码图

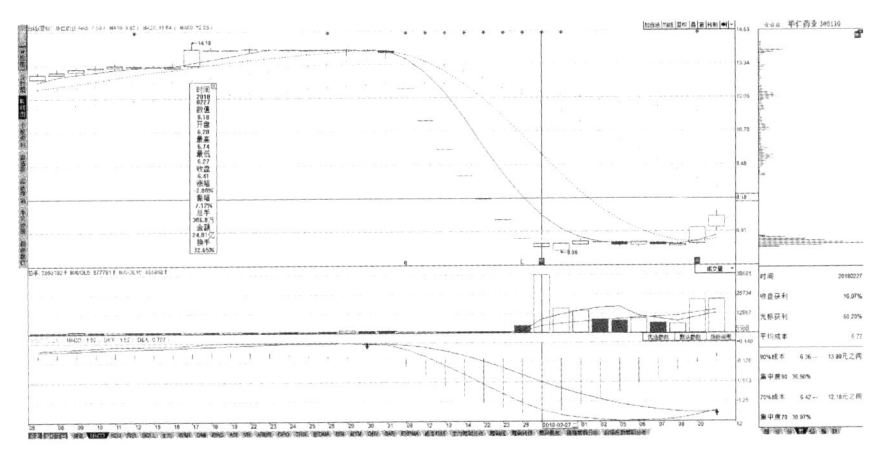

图 5-10　华仁药业 2018 年 2 月 27 日筹码图

当一只股票的筹码图呈现底部密集型时，往往代表此时股价已经到底。因为上方的套牢盘已经割肉走人，而近期的投资者的大部分筹码都在低价位进入，此时空头力量已经耗尽，多头力量逐渐增强。

阴极生阳，阳极生阴，这是颠扑不破的宇宙真理，翻译成股市的语言就是：跌到头就要涨，涨到头就要跌。所以，当一只股票调整到位，下跌到了底部的时候，就可以低价买入，等待股价上涨后卖出。问题是如何判断底部呢？根据前文的讨论，底部密集型是股价见底的标志之一，所以，当见到底部密集型的筹码图，如图 5-11 所示，代表着这只股票未来有着大涨的潜力。

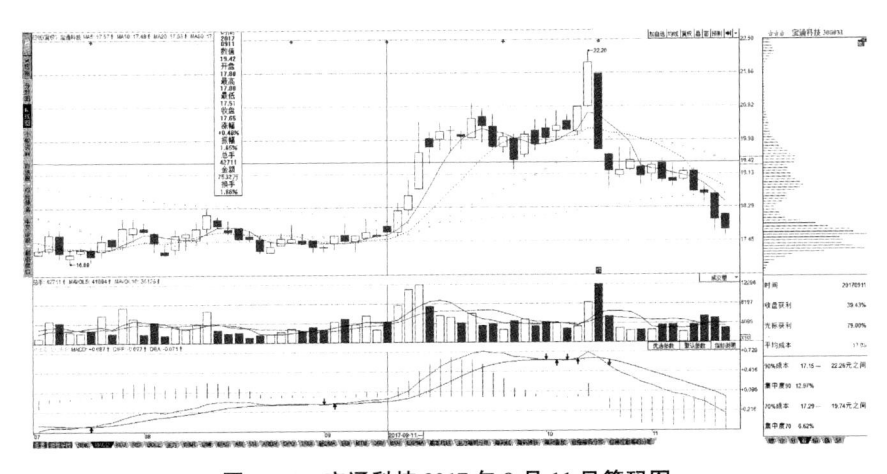

图 5-11　宝通科技 2017 年 9 月 11 日筹码图

那么当筹码形态为底部密集时,股价一定是见底即将反攻了吗?见到如图5-12所示的筹码图形态时,是否就可以重仓买入了呢?

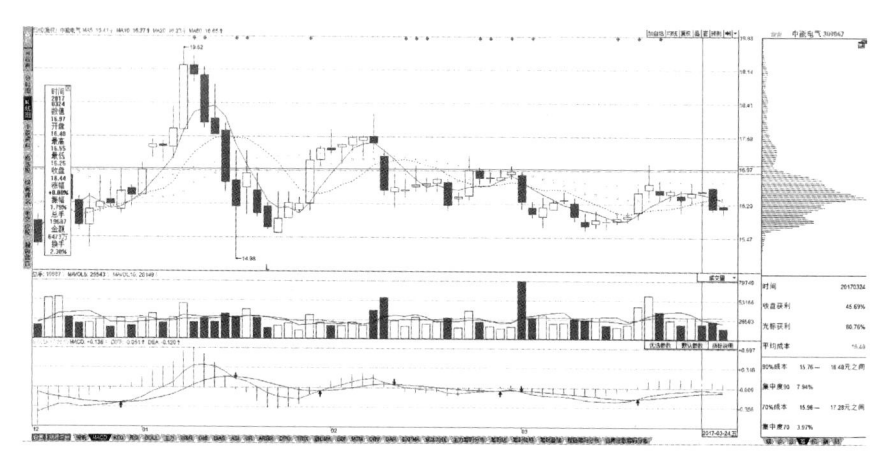

图 5-12 中能电气 2017 年 3 月 24 日筹码图

图 5-12 为 2017 年 3 月 24 日中能电气的筹码图。这是典型的底部密集型,看起来似乎是到底部了,如果此时抄底买入的话,结果如图 5-13 所示。

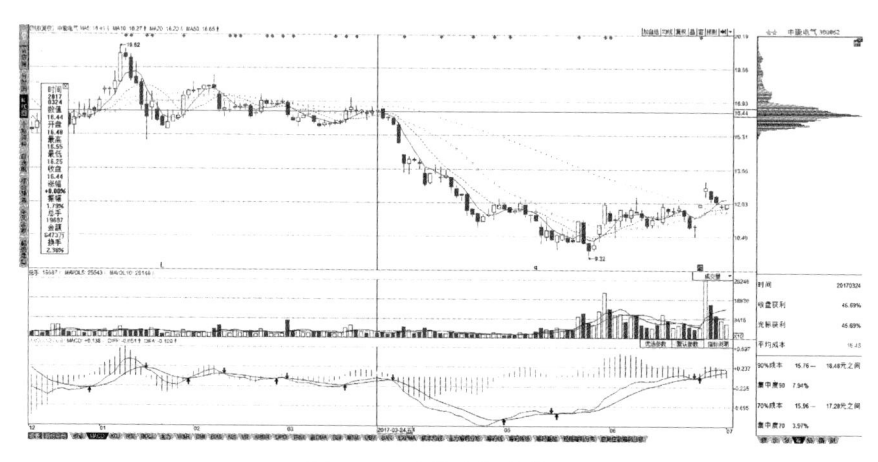

图 5-13 中能电气走势图

投资者以为股价已经到"山脚",重仓抄底买入,没想到后面还有"万丈悬崖"。甚至就算股价见底,也不一定会出现低位密集的筹码图,如图 5-14 所示。

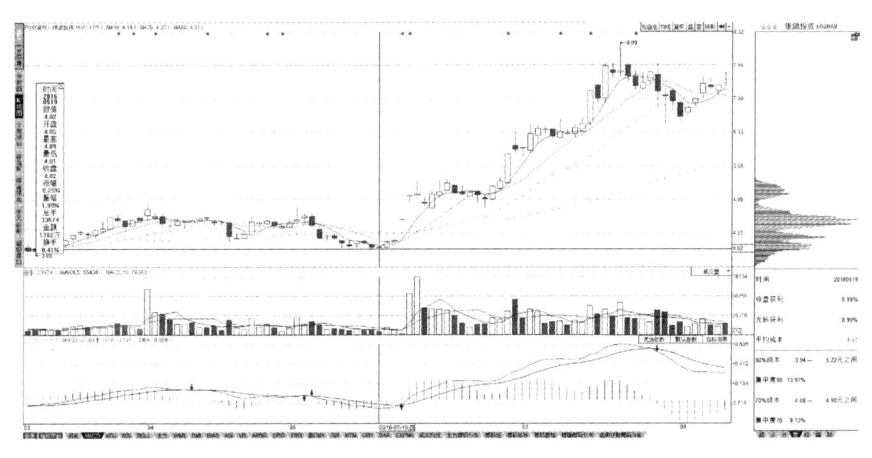

图 5-14 银鸽投资 2016 年 5 月 19 日筹码图

所以，还需要结合其他方面来判断股价是否见底。比如，成交量是否缩小，均线是否缠绕平滑，价格是否相对基本面超跌，是否有底部形态形成，其他技术指标是否给出底部信息，板块行情是否向上，大盘行情是否良好等。即使股价真的见底，股价的上涨往往也并不会马上开始，可能还会在底部横盘好几个月再反攻。

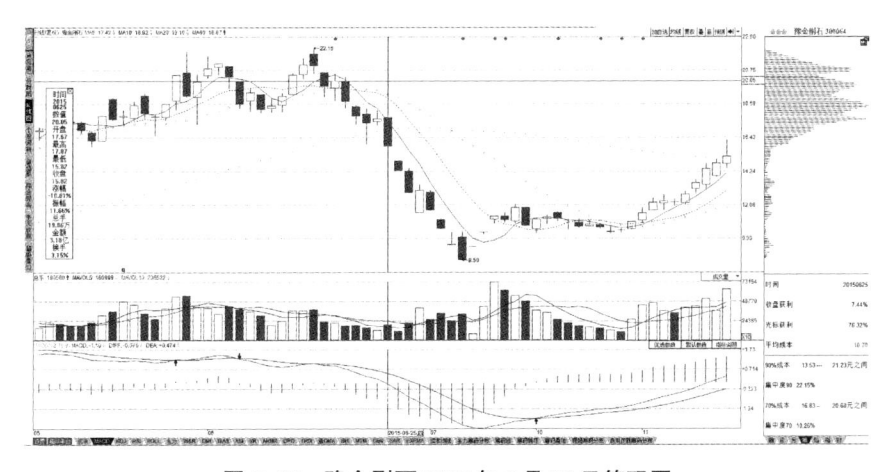

图 5-15 豫金刚石 2015 年 6 月 25 日筹码图

如图 5-15 所示，当股价见顶即将下跌时，筹码图往往是顶部密集的。此时下方获利盘已经出逃，顶部的单峰代表的是新加入的追涨盘，如图 5-16

所示。

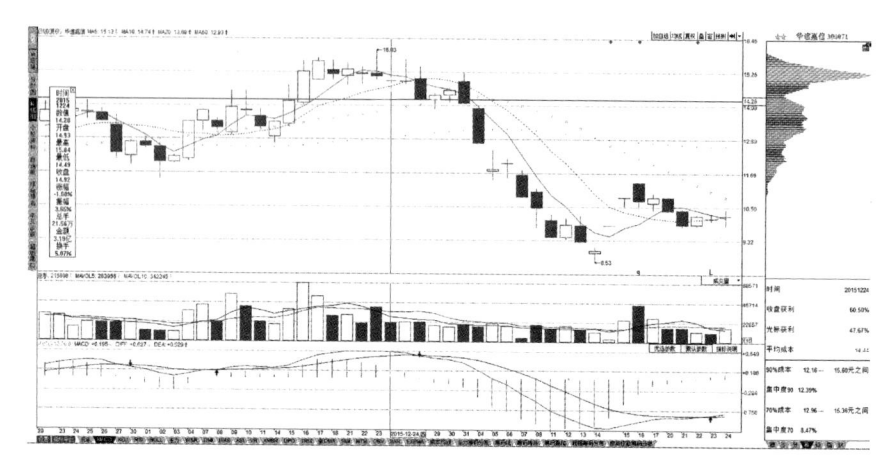

图 5-16　华谊嘉信 2015 年 12 月 24 日筹码图

那么股价见顶，是否一定会出现顶部密集的筹码图呢？

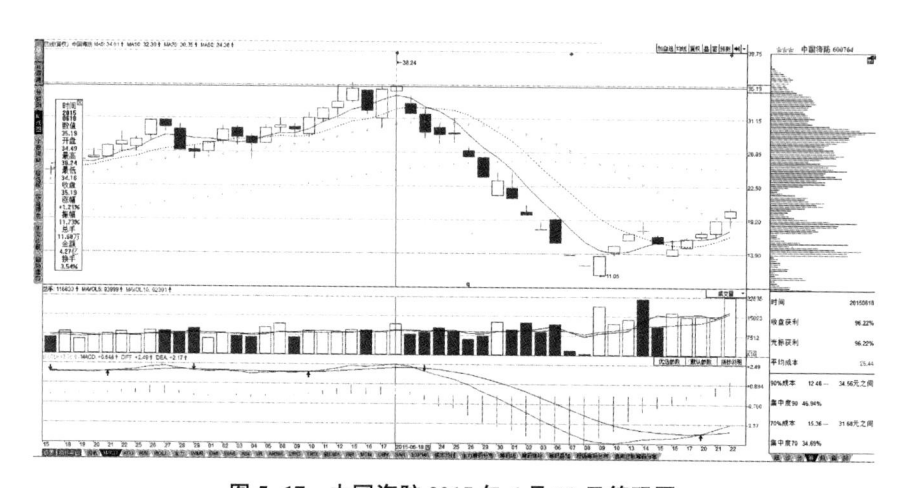

图 5-17　中国海防 2015 年 6 月 18 日筹码图

显然，如图 5-17 所示，这个结论也并不总是成立的。

甚至就算出现高位密集，股价也并不一定到顶，如图 5-18 和图 5-19 所示。

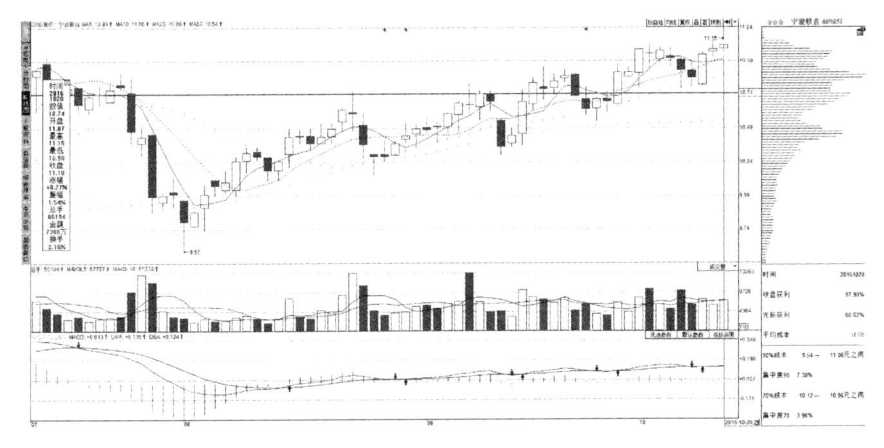

图 5-18　宁波联合 2016 年 10 月 20 日筹码图

图 5-19　宁波联合后续走势图

从上面两个图可以看出，宁波联合筹码图在 2016 年 10 月 20 日呈现高位密集形态，但是之后还有接近 20% 的涨幅。所以，还需要结合其他方面来判断股价是否见顶。比如，K 线的形态、大盘与板块的行情、相对基本面是否超涨等。

通过前面的讨论，读者应当理解底部密集的筹码图不等于股价见底，高位密集的筹码图也不等于股价见顶。那么学习这两种形态是否就没有用？当然不是，市场永远是变幻莫测的，不存在一种百分百可以判断市场走势的方法。如果有，那一定是假的。

当股价见底，跌到位之后就只能上涨了，上涨阶段的股票有什么特征？一只股票处于上涨阶段时，筹码往往具有多个峰，且低位、高位均有。筹码图上的多个峰一般代表的是未出逃的获利盘和新加入的追涨盘。低位有大量筹码，说明买到低价筹码的投资者对后市依然有信心，近期的高位有大量筹码，说明最近市场上的持币投资者对该股票接下来的走势也是看涨的。此时大部分筹码都是获利盘，股价接下来还会继续上涨，幅度不定，如图 5-20 所示。

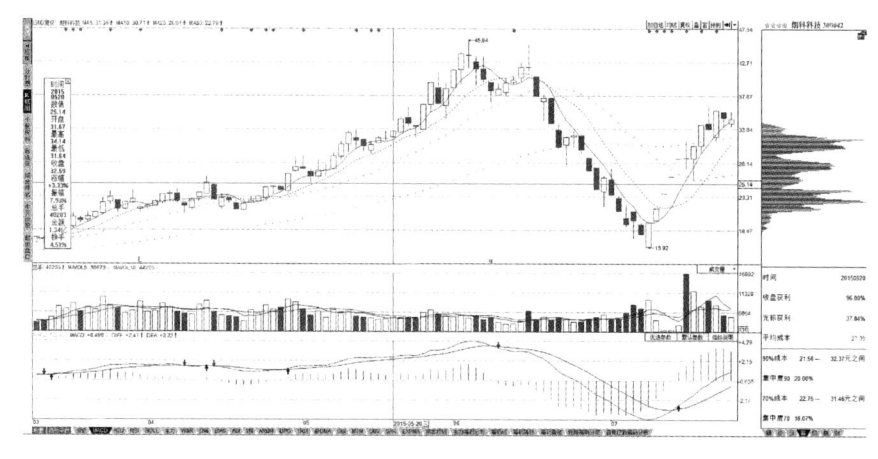

图 5-20　朗科科技 2015 年 5 月 20 日筹码图

同样的道理，当一只股票涨到顶，接下来就将处于下跌阶段。下跌时的筹码往往是高位密集多峰。此时低位的获利盘已经出逃，高位的筹码峰代表是被套的追涨盘和新杀入的抄底盘。此时的筹码图与上涨阶段最大的区别就是大部分筹码都是亏损的。

如果一只个股的套牢盘达到 50% 左右，这时就要关注这只股票，尤其是从低位拉上来的个股。

根据之前介绍的前景理论，当股价面临下降的风险时，已经盈利的投资者倾向于卖出股票、落袋为安。因此，虽然 50% 的获利盘跟套牢盘势均力敌，但一有风吹草动，那获利的 50% 就会抛出手中的筹码，从而导致股价下跌。

当大盘向上，大部分股票处于上涨态势中，根据筹码分析，此时是该选择套牢盘多的个股，还是选择获利盘多的个股呢？

答案是应该选择获利盘多，而套牢盘少的个股。如果套牢盘多，股价上方就会有很大的抛压，在上涨过程中就会遇到刚刚所说的情况。而如果没有套牢盘，上涨的阻力就小，未来股价继续上涨的可能性更大。

纵观 A 股漫长的历史，涨幅巨大的股票，通常都是没有套牢盘的。最典型的例子是贵州茅台，股价两年翻了近八倍。在这两年之中，大部分时间是没有套牢盘的。而这也意味着该股票回撤小、涨势强劲、趋势向上。

5.4.2 动态分析

静态分析只是对某一根 K 线对应的筹码图进行分析，缺少了时间维度。更科学一点的理论是筹码图的动态分析，也就是对某个时间区间内的筹码变化进行分析。

动态分析需要结合大量其他投资知识进行分析，此处仅探讨一例，以供参考。

图 5-21 为山煤国际 2017 年 5 月 12 日的筹码图，此时上方密集多峰，有大量套牢盘。该时期成交量非常小，所以低位的筹码也很少。此时筹码图不光代表了上方有巨大阻力，还代表了套牢盘短期内不想割肉的想法。

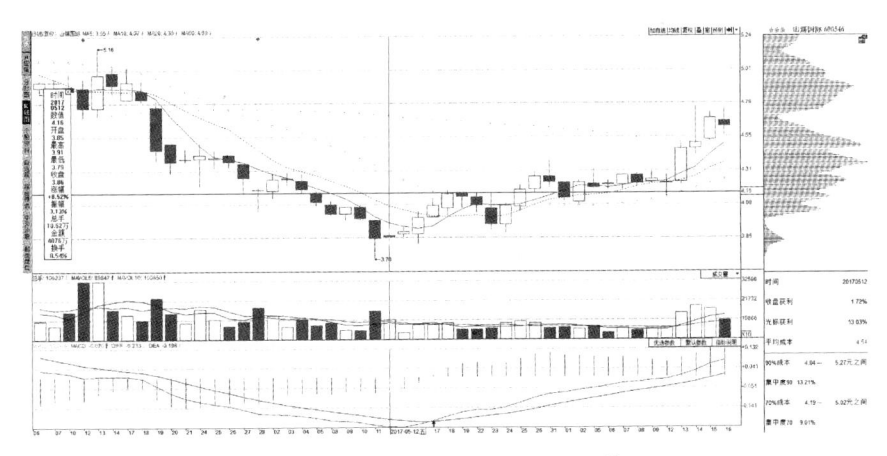

图 5-21　山煤国际 2017 年 5 月 12 日筹码图

2017 年 6 月 22 日，山煤国际涨幅超过 40%，但图 5-22 的筹码图与图 5-21 却极为相似，成交量依旧很低，并没有出现套牢盘解套股票大跌的情况。这说明持仓者对后市十分看好（可根据基本面进一步判断），即之前的套牢盘并没有成为股价上涨的阻力。即使有不坚定的持仓者,也已经在这几日的阴线中出局。所以此时是买入良机。

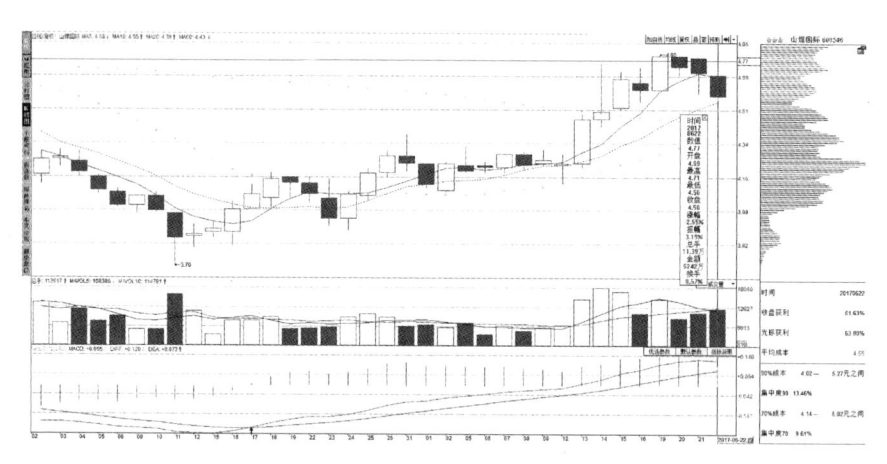

图 5-22　山煤国际 2017 年 6 月 22 日筹码图

如图 5-23 所示,2017 年 7 月 10 日,山煤国际的筹码峰已经开始向上转移,代表部分获利者已经出逃,持仓者对后市看法出现分歧,股价上方空间已经不大,此时宜减仓。

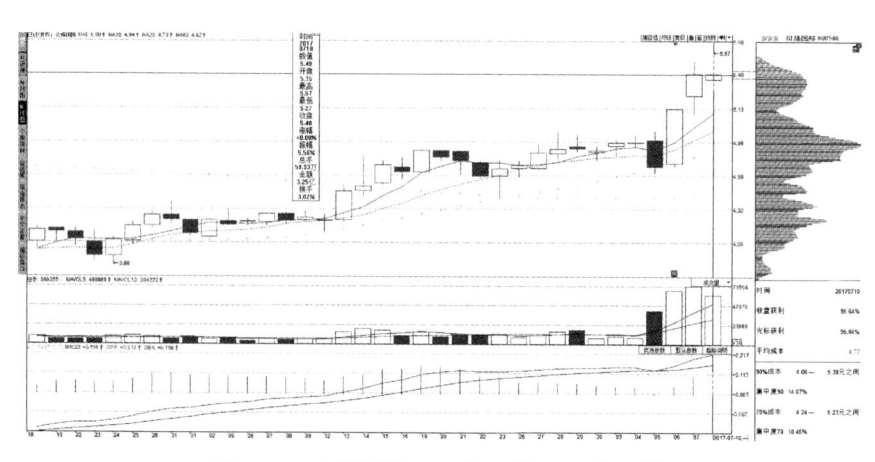

图 5-23　山煤国际 2017 年 7 月 10 日筹码图

如图 5-24 所示,山煤国际的筹码峰进一步上移,并且成交量巨大,而阳线实体不多，影线很长，代表前期的获利盘已经开始出逃。

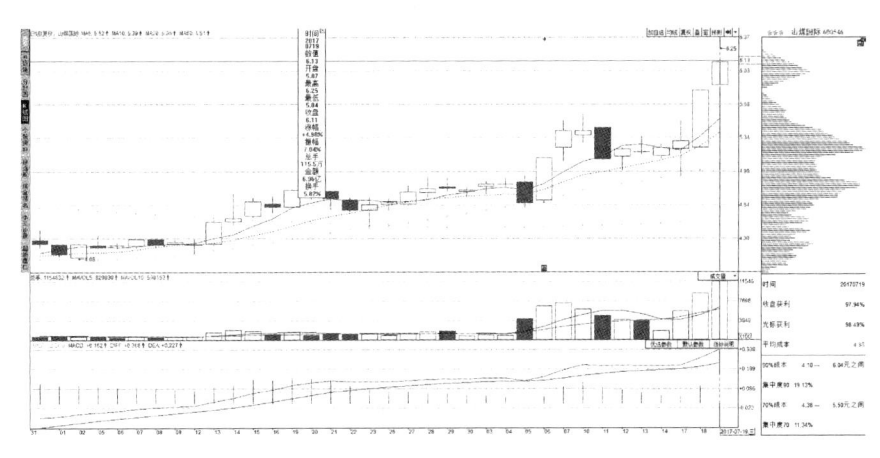

图 5-24　山煤国际 2017 年 7 月 19 日筹码图

如图 5-25 所示，山煤国际的筹码峰出现高位密集形态，之后两根阴线强吞没了这根阳线，空头力量强劲，此时应该全仓清空。

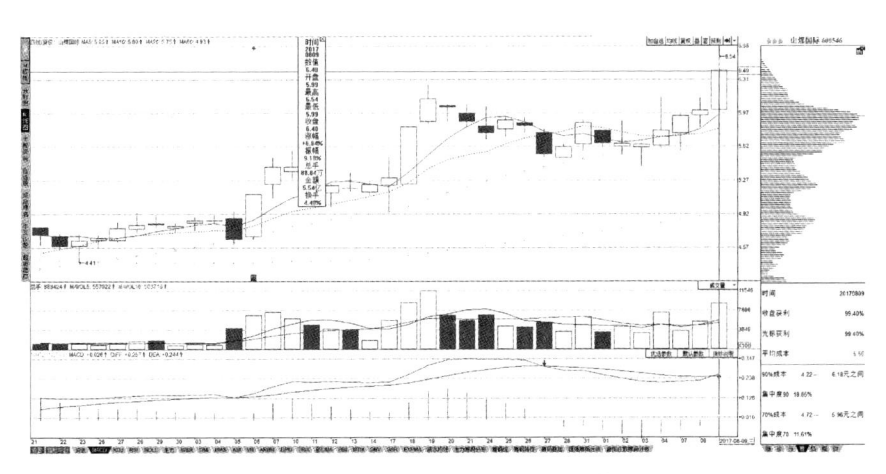

图 5-25　山煤国际 2017 年 8 月 9 日筹码图

如图 5-26 所示，山煤国际回调之后突破失败，连跌了一个月。截至 11 月 21 日，上方的套牢盘亏损超过 20%。

图 5-26　山煤国际后续走势图

5.5　模拟实验

（1）找出筹码图呈现高位密集、低位密集、多峰的股票各四只。

（2）观察上述股票之后的走势。

（3）如图 5-27 所示，股票筹码图低位密集，但是长期横盘、甚至继续下跌的原因是什么？

图 5-27　海立股份下跌走势图

(4) 如图 5-28 所示,股票筹码图并未出现高位密集,但是却开始下跌,原因是什么?

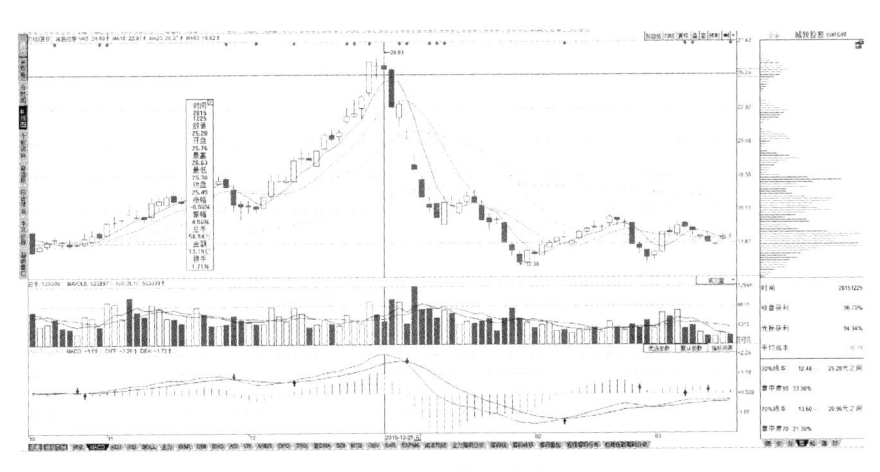

图 5-28 城投控股下跌走势图

(5) 筹码分析中最重要的是什么?
(6) 筹码分析在交易策略中的地位和作用是什么?

6 分时图分析

分时图，是指大盘和个股的动态实时（即时）分时走势图，其在实战研判中的地位极其重要，是即时把握多空力量转化即市场变化的根本所在。分时图上可以显示最近的每一笔交易引起的价格变化。在同花顺软件中，按快捷键F5可以在K线走势图和分时走势图中切换。如图6-1所示为金洲慈航在2018年4月4日的分时图。

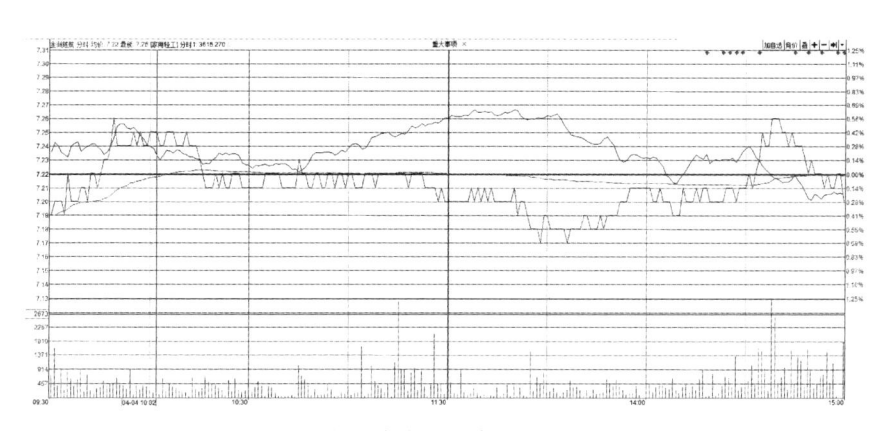

图6-1 金洲慈航2018年4月4日分时图

在具体讲解分时图之前，首先介绍股票市场的交易竞价规则。

6.1 竞价规则

股票的成交规则是一种竞价规则，具体又分为集合竞价和连续竞价。每个交易日 9:15~9:25 是集合竞价时间，集合竞价结束之后将会产生开盘价；9:25~9:30 证券交易所只接受委托，这段时间内的委托单将在 9:30 后自动进入连续竞价；9:30~11:30、13:00~15:00 是连续竞价阶段（深交所是 13:00~14:57）。11:30~13:00 这段时间休息，15:00 收盘。

沪、深两市开盘价的确定规则是一样的，但是收盘价的确定有所不同。沪市收盘价为当日该证券最后一笔交易前一分钟所有交易的成交量加权平均价（含最后一笔交易）。当日无成交的，以前一交易日的收盘价为当日收盘价。深市的收盘价通过集合竞价的方式产生。集合竞价不能产生收盘价的，以当日该证券最后一笔交易前一分钟所有交易的成交量加权平均价（含最后一笔交易）为收盘价。当日无成交的，以前一交易日收盘价为当日收盘价。

6.1.1 集合竞价

在每个交易日的 9:15~9:25，由投资者按照自己所能接受的心理价格自由地进行买卖申报，电脑交易主机系统对全部有效委托进行一次集中撮合处理过程，称为集合竞价。

在集合竞价时间内的有效委托报单未成交，则自动有效进入 9:30 开始的连续竞价。具体来说，集合竞价是将数笔委托报价或一个时段内的全部委托报价集中在一起，根据不高于申买价和不低于申卖价的原则产生一个成交价格，且在这个价格下成交的股票数量最大，并将这个价格作为全部成交委托的交易价格。也就是说，集合竞价只有一个成交价。

（1）最大成交量原则。集合竞价遵循最大成交量原则，即以此价格成交能够得到最大成交量。高于集合竞价产生的价格的买入申报全部成交；低于集合竞价产生的价格的卖出申报全部成交；等于集合竞价产生的价格的买入或卖出申报，根据买入申报量、卖出申报量的多少，按少的一方的申报量成交。

（2）交易规则。

9:15~9:20 开放式集合竞价，可以委托买进和卖出，可以撤单。个股的成交量基本上是假的，因为实际并未成交。

9:20~9:25 可以委托买进和卖出，但不可以撤单，你看到的委托单是真实的，但是成交价未必是真的，因为开盘价是最大成交量原则，真正的买入或卖出往往在最后几秒才挂出来。

9:25~9:30 不接受买卖申报和撤单。但是在交易软件中，你仍可以下单，只是这个委托会暂时存放在券商的系统里，9:30 之后才会传送到交易所。

14:57~15:00 深交所的股票在这个时间进行集合竞价形成收盘价，这个时间只接受买进和卖出申报，不能撤单。

6.1.2 连续竞价

所谓连续竞价是指对买卖申报逐笔连续撮合的竞价方式。集合竞价结束后，证券交易所开始当天的正式交易，交易系统按照价格优先、时间优先的原则，确定每笔证券交易的具体价格。

连续竞价时，成交价格的确定原则为：①买入申报和最低卖出申报价格相同，以该价格成交；②买入申报价格高于即时揭示的最低卖出申报价格时，以即时揭示的最低卖出申报价格为成交价格；③卖出申报价格低于即时揭示的最高申报买入价格时，以即时揭示的最高申报买入价格为成交价，价格的确定原则也可以分为两个原则：

（1）价格优先。买进申报：价格较高者优先；卖出申报：价格较低者优先。两个委托如果不能全部成交，剩余的继续留在单上，等待下次成交。

价格优先原则表现为：价格较高的买进申报优先于价格较低的买进申报，价格较低的卖出申报优先于价格较高的卖出申报。即价格最高的买方报价与价格最低的卖方报价优先于其他一切报价成交。例如，某股票最低卖出申报价为 10 元，两名投资者同时挂单买入，甲的委托价格为 11 元，乙的委托价格为 12 元，那么乙先成交；同理，某股票目前最高买入申报价为 10 元，两名投资者同时挂单卖出，甲的委托价格为 9 元，乙的委托价格为 8 元，那么乙先成交。

（2）时间优先。买卖方向、价格相同的，先申报者优先于后申报者。先后顺序按交易主机接受申报的时间确定。在计算机终端申报竞价时，按计算机主机接受的时间顺序排列；在板牌竞价时，按中介经纪人看到的顺序排列。在无法区分先后时，由中介经纪人组织抽签决定。当然，现在大家都使用计算机系统撮合交易，板牌竞价已经是历史了。

时间优先原则表现为：同价位申报，依照申报时序决定优先顺序。也就是说，同一个价位，先下委托单的先成交。当买入价高于卖出价时，按照时间优先原则，交易价格为先申报的价格。之前价格优先原则中举的两个例子，成交价都是10元。

6.2 分时图三要素

分时图三要素分别是：分时股价、成交量和平均股价。

分时股价：分时图的纵坐标是价格，横坐标是时间。每笔成交价格连在一起得到的折线图，就是分时股价。

成交量：分时图下面的柱状图就是成交量，它代表在对应价格和时间上成交的股票数量。

平均股价：分时股价按成交量加权平均后得到的价格。

在分时图上，还可以叠加个股所在板块和大盘的分时价格走势。在同花顺分时图的右上角有一个"叠"字，点击可选择叠加板块或者大盘指数等分时价格。

在分时图的左上角有图例，可以区分不同的价格线。在本章中，实线代表分时股价，虚线代表均价，斜叉线代表板块指数分时价格，如图6-2所示。

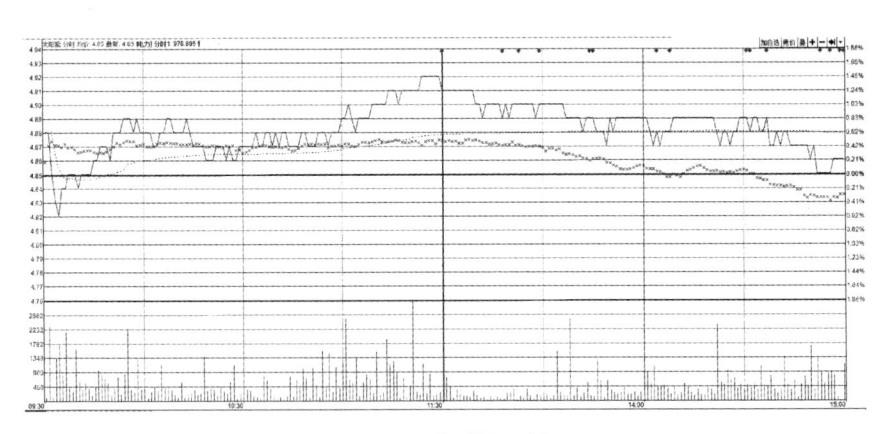

图 6-2 分时图示例

同花顺软件支持多日分时图同列。打开股票当日的分时图，按↑键（或右上角+）增加显示前一日的分时图，按↓键（或右上角-）减少显示一日的分时图。

如图 6-3 所示，同花顺软件还支持查看历史分时图和历史重演。这一功能有助于帮助投资者复盘学习。在 K 线图上双击 K 线，就会显示当天的分时图，分时图右边是分笔成交明细。点击历史重现可以再现当天的行情演变。

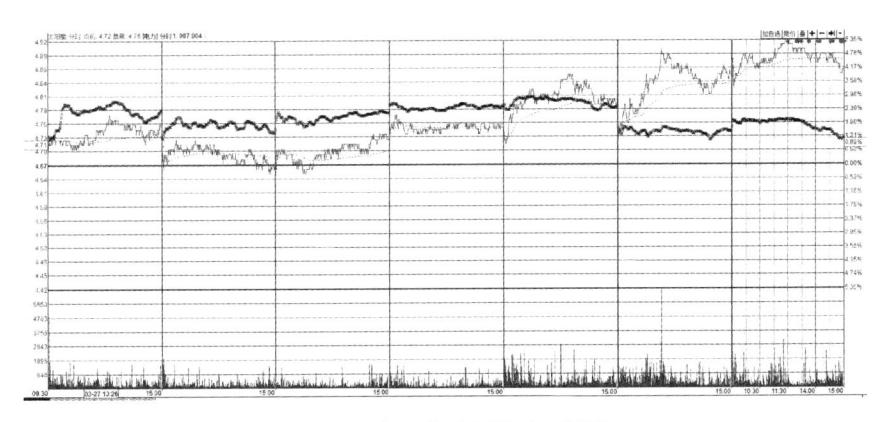

图 6-3　多日分时图同列示例图

图 6-4 就是点击历史重现的例子。

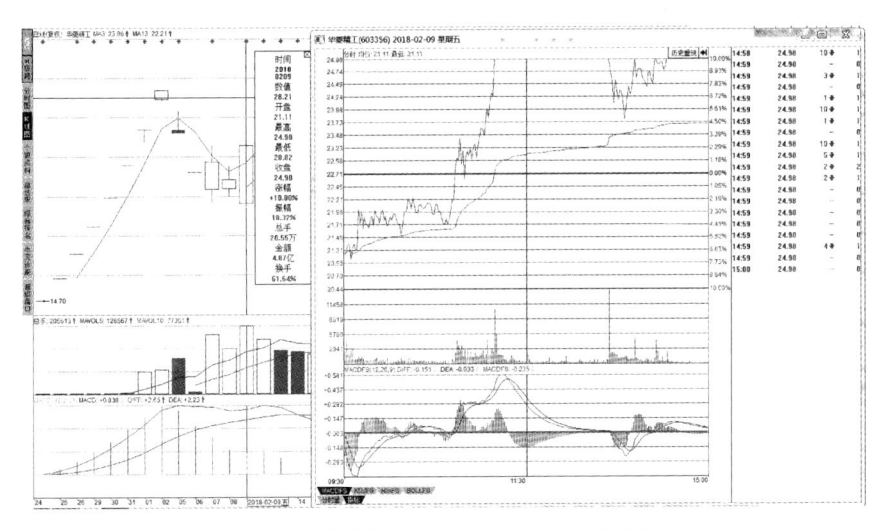

图 6-4　华菱精工 2018 年 2 月 9 日分时图

6.3 分时图策略

分时图是一种短周期分析技术，所观察的周期只是盘中四个小时，容易出现误差。短周期技术只有建立在长周期的分析之上，才能最大程度地发挥它的作用。因此分时图策略最好是对投资者熟悉的个股或者是关注已久的个股使用。

一般而言，分时股价在平均股价之上，意味着个股比较强势。分时股价在平均股价之下，意味着个股走弱。如果分时股价与平均股价纠缠不清，则不好判断。

分析分时股价时，叠加上个股所在板块指数进行对比分析效果更好。一般而言，个股强于所在板块指数，表示个股强势，而个股弱于板块指数，说明个股没有大涨行情。看分时图，主要是进行对比分析，跟板块对比，跟前几天的分时图对比，以找出支持投资者买进和卖出的依据和理由。

众所周知，我国股票市场是"T+1"制度，也就是说当天买入的股票，第二天才能卖出。这样的制度减小了市场波动，保护了中小投资者的利益，但是也减少了很多交易机会。不过，这挡不住精明的投资者寻找盈利机会的步伐，"没有条件，创造条件也要上"。于是，A股"T+0"这一交易策略就诞生了。2010年以前，A股"T+0"是极少人才会的高深技巧。2015年后，冒出了一大批专业做A股"T+0"的公司，这些公司专门帮助大机构（基金等）降低持股成本，使得其现如今已经成为业界"公开的秘密"。

A股"T+0"并不神秘与复杂，该策略主要应用于长线持有的股票，利用每天产生的小波动降低持有成本，从而在卖出时获得更多收益。要想实现"T+0"交易，必须提前在该股票上有底仓。例如，某投资者经过仔细分析后，看好股票泸州老窖（000568）的长期走势，决定在2017年1月4日以开盘价32.22元买入，持有期一年。按照此策略，到2018年1月4日，该投资者以收盘价68.75元卖出，获利113.4%。但是如果该投资者使用"T+0"策略，在买入之后的交易日里，根据分时图策略用部分仓位（一般不会太大）进行高抛低吸，同时保证收盘时保持底仓不变。那么他的收益将远远不止113.4%，有可能达到200%，甚至更高。需要注意的是，虽然"T+0"交易可以降低持仓成本，但是股市里没有稳赚不赔的方法，使用该交易方法的投资者必须策略熟练、盘感敏锐、反应迅捷（一般都是专业交易员），并且股票的底仓也存在着下跌的风险。一定要切记，每天收盘后底仓的仓位是不能变动的，不管盈亏。也就是说，假如当天买入了100手，那么一定要在收盘之前卖出100手；假如当天卖出了100手，也一定要在收盘之前买入100手。否则，底仓变动的话，就不是"T+0"操作了。

以下的分时图策略既可以作为短线操作的依据，也可以用来进行A股"T+0"操作。

6.3.1 分时突破

分时突破策略就是当分时股价突破近期压力位，且表现强劲时买入。如图6-5所示。

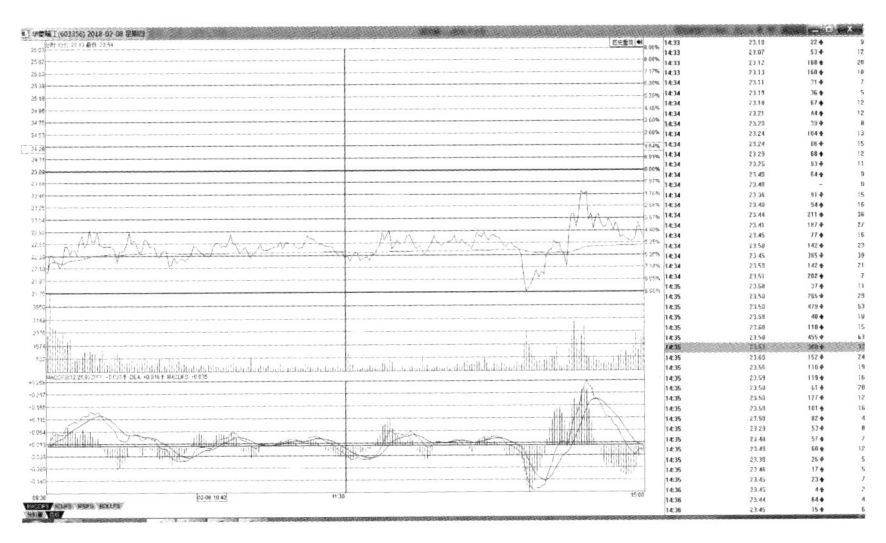

图6-5 华菱精工2018年2月8日分时图

如图6-6所示，这是华菱精工2018年2月8~9日的分时图。可以看到在2月8日，该股票向上突破失败，留下了一根较长的影线，最高点为14:35成交的23.63元。2月9日早盘，分时股价非常平稳，一直在平均股价之上运行。10:43，股价突破了前日高点，之后回落幅度很小，又开始反弹向上，带动平均股价一起向上，这个时候就是买入良机（见图6-7）。之后不到20分钟，华菱精工冲上了涨停。

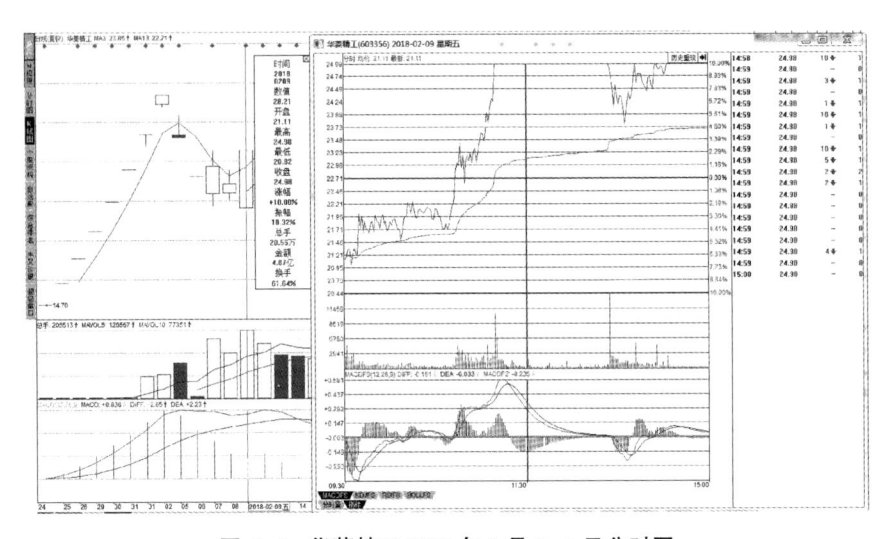

图6-6 华菱精工2018年2月8~9日分时图

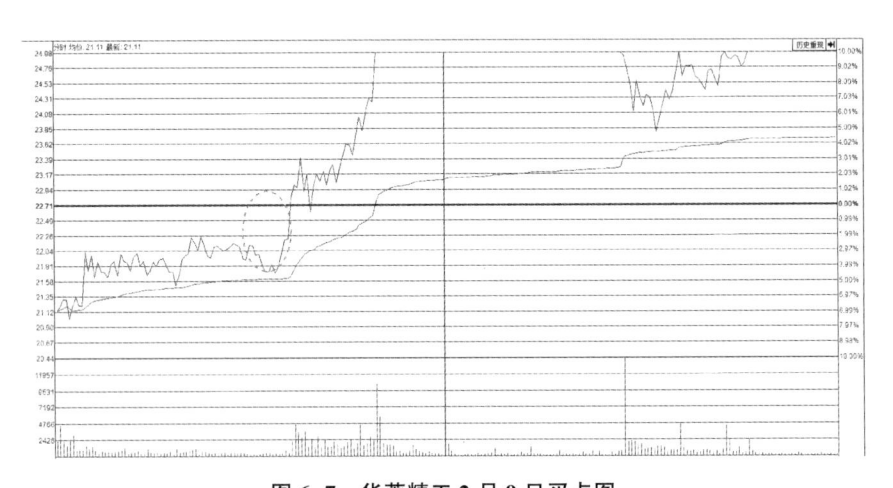

图6-7 华菱精工2月9日买点图

使用时要提防假突破，即突破之后不久又大幅回落。

6.3.2 爆量

爆量策略就是当分时股价运行平稳，成交量一直很清淡时，突然出现爆量（平均量的 5 倍以上）拉升，这个时候果断买入。

图 6-8 是陆家嘴在 2018 年 1 月 4 日的分时图。可以看到全天股价几乎没有波动，分时股价呈现横盘整理状态，成交量也十分平淡。然而在收盘前五分钟，突然出现爆量（之前量的 9 倍），之后又出现一根更大的量柱拉升价格，这个时候果断买入，不到两分钟就涨停了。

图 6-8 陆家嘴 2018 年 1 月 4 日分时图

该策略的要点是反应要快，判断要准，当机会出现时思考的时间很少。

6.3.3 冲击峰

冲击峰策略与爆量策略相似。分时股价运行平稳时，突然量能开始持续放大（一般是 3 倍以上），在成交量图上形成了冲击峰，如图 6-9 和图 6-10 所示。如果分时股价回落不大，可以买入。冲击峰策略与爆量策略最大的区别在于，其交易机会持续时间较长，并且冲击峰往往不止一个，多个冲击峰的存在更表明了涨势的强劲。

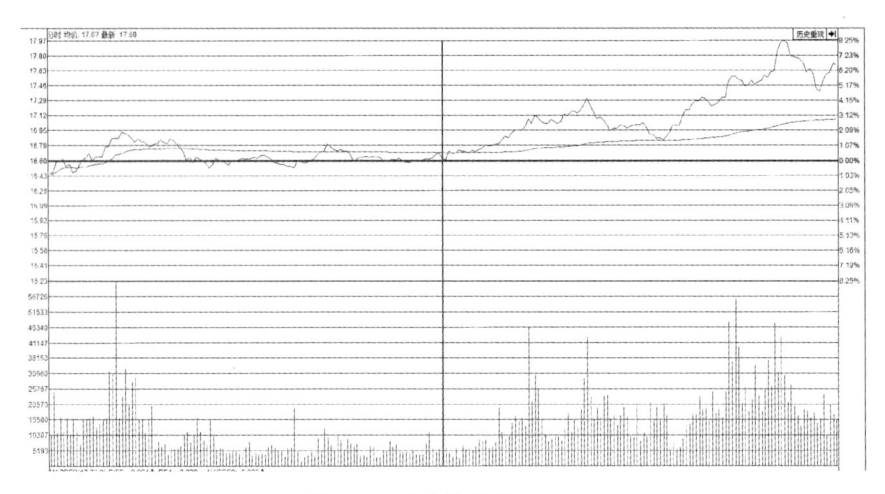

图 6-9　冲击峰示例（一）

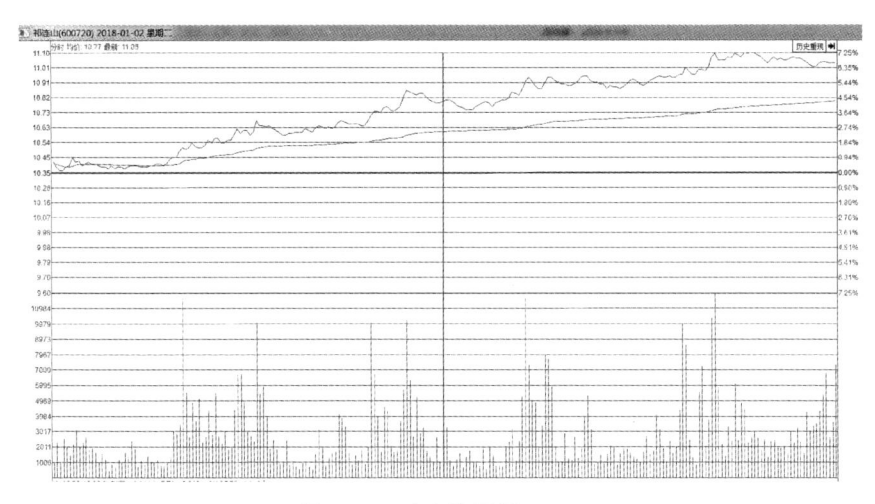

图 6-10　冲击峰示例（二）

需要注意：如果当天高开，不久就放量冲高，此时可能不是冲击峰而是放量出货。

6.3.4　分时联动

当股票 A 突然暴涨拉升时，与其关联性较强的股票 B 往往也会有一波上涨。这种关联性的原因可能是板块相同、行业相关或者受到同一利好刺激等。

图 6-11 和图 6-12 分别为 2016 年 10 月 11 日通用股份与正平股份的分时图。两股都是当年 9 月上市的低价次新股。当时次新股板块涨势火热，可以看到通用股份拉升后几分钟，正平股份也开始拉升。

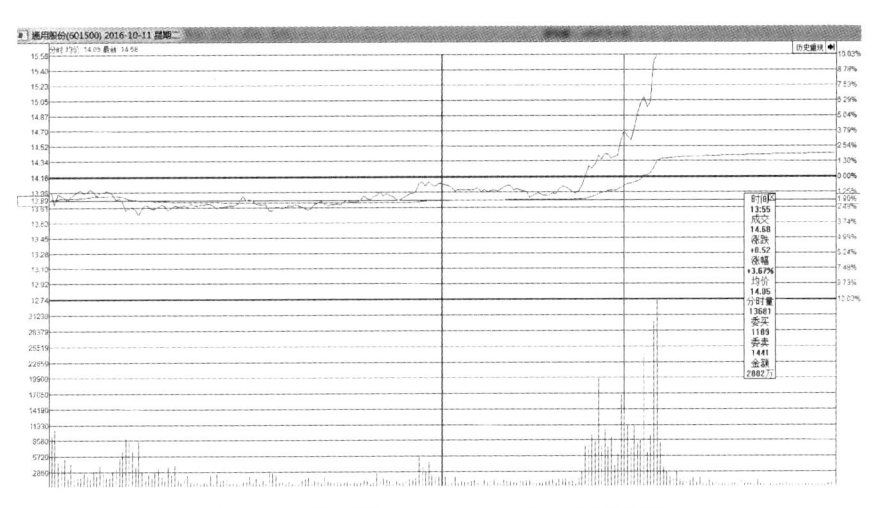

图 6-11　通用股份 2016 年 10 月 11 日分时图

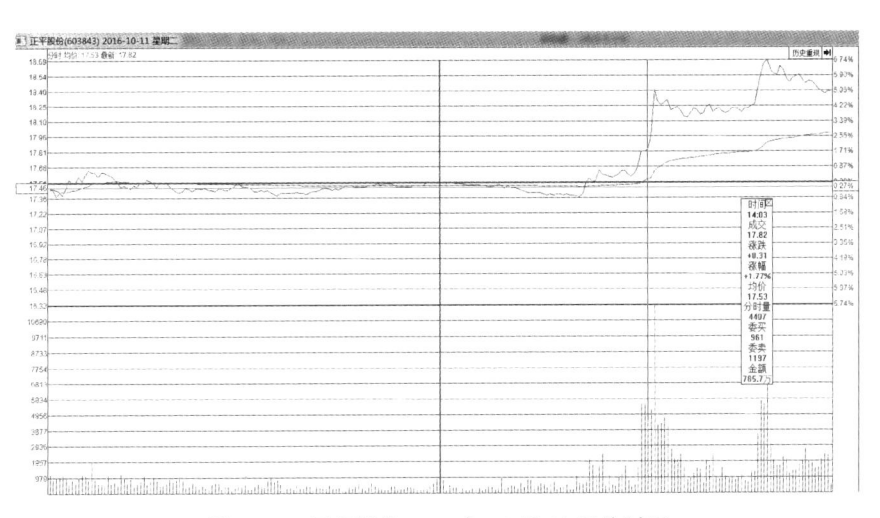

图 6-12　正平股份 2016 年 10 月 11 日分时图

联动就是要抓住个股与个股的联动、个股与板块的联动、个股与指数的联动、个股与期指的联动（期指走势一般略领先指数，而很多个股走势跟随指数）。当板块启动时，领涨的龙头股往往很难抓住，但我们可以迅速找到该板块其他优良标的买入。联动策略的交易机会也不会持续太长时间，通常只有几分钟，因此需要投资者平时积累相关的投资组合。

6.3.5 接刀子

接刀子策略是一种抢反弹的策略。该策略是当大盘、板块突然暴跌时（如图6-13所示），个股也跟随放量暴跌，这时当个股下跌幅度减小、股价趋于平稳时，买入博取反弹。

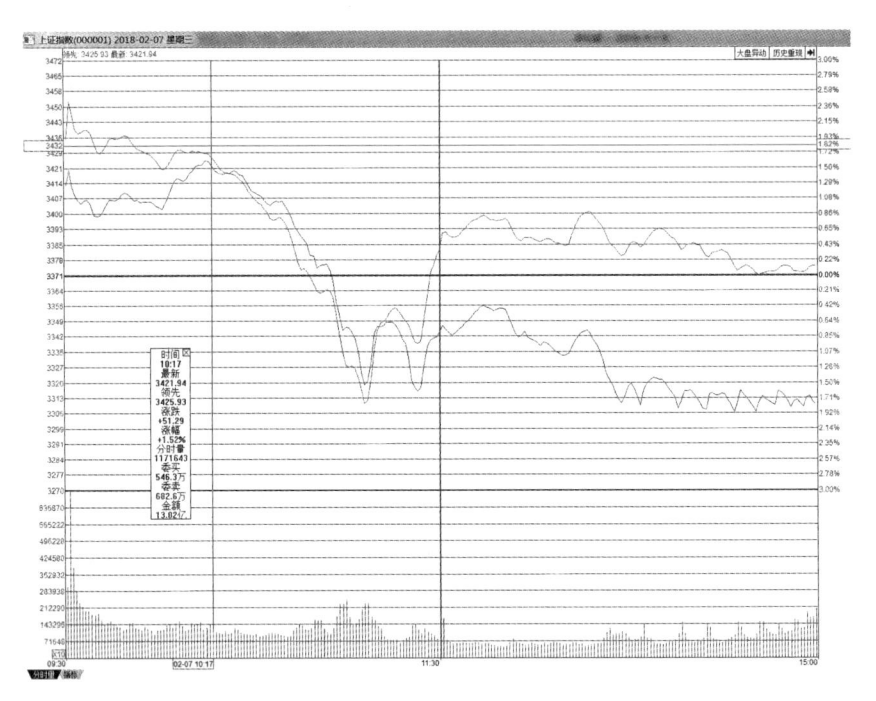

图 6-13 上证指数 2018 年 2 月 7 日分时图

图6-13和图6-14分别为2018年2月7日上证指数和天顺风能的分时图。可以看到，上证指数在10:17开始急速下跌，天顺风能同时一路下跌。11:16分，指数开始回升，几分钟后又一次下跌到之前低点，然后回升。同时天顺风能也第二次跌到之前低点附近，之后当股价开始放量回升时（见图6-14虚线圈出部分），就是买入的时机。

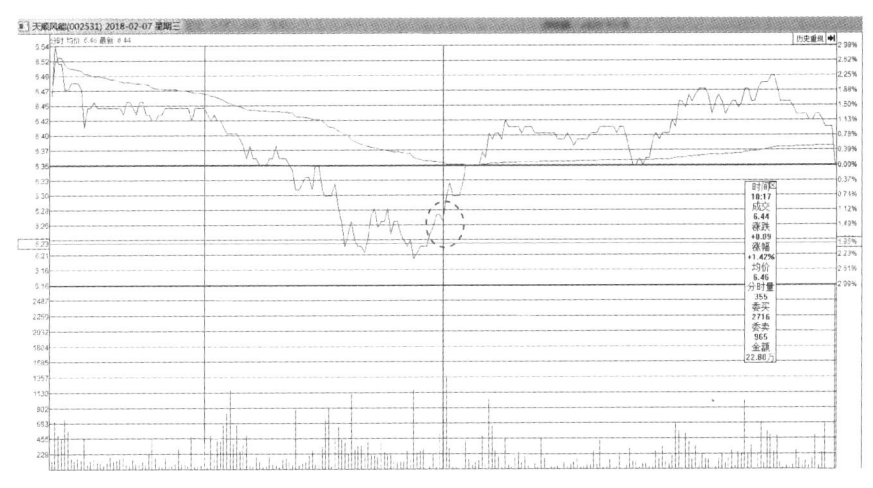

图 6-14　天顺风能 2018 年 2 月 7 日分时买点图

使用此策略时，小盘股比大盘股效果好，跌得越急越好。注意：既然是"接刀子"，就会有"扎伤手"的危险，一定要设置止损。

6.3.6　水下低吸

水下低吸策略就是在分时图上找到底部吸收筹码。"水下"指的就是开盘之后分时股价在开盘价之下运行，低吸就是要在低点买入。那么如何确认买入点就是低点呢？首先投资者要清楚，开盘之后的放量下行，其实是之前的获利盘出逃造成的。根据之前介绍的确定效应，很多投资者是拿不住利润的，尤其是短线投资者。当股票一天大涨超过 5% 之后，往往会有一部分人先"落袋为安"。所以，开盘之后价格会跳水，但是如果股票本身的题材够热够强，还有上行利润空间，那么不坚定的投资者走光之后，价格将会再次上攻。

图 6-15 是泰永长征 2018 年 3 月 7 日的分时图和 K 线图。该股是上市没多久的次新股，开盘之后正好遇到次新股整体反弹，因此出现连续两个涨停板。可以看到在 3 月 6 日虽然是一个涨停板，但是成交量并不大。所以次日开盘之后的放量下行，就是之前的获利盘在出逃。但是，当时次新股整体反弹行情并没有结束的迹象，所以泰永长征未来仍有上行空间，当分时图底部平台成立并且成交量缩小时，就可以低吸了。

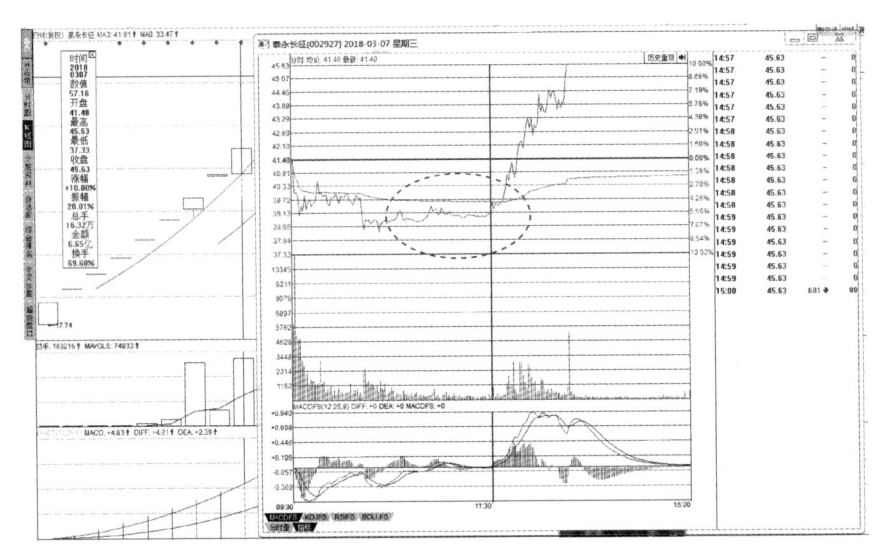

图 6-15　泰永长征 2018 年 3 月 7 日分时买点图

6.3.7　打板

打板策略是收益最高的策略，但同时又具有巨大的风险。所谓打板，就是指股价快涨停或者涨停的时候买入（水平够高也可以在涨幅不大时买入，也就是所谓的半路板）。因为涨幅的限制，有些本来可以拥有更大涨幅的股票只能涨到 10%（视价格有所不同），要等到第二天才能继续涨。有研究表明，根据有限注意理论（即人的注意力是有限的），涨停板的股票相比其他股票更加能够吸引投资者的注意力，因此往往可以获得更高的风险溢价。为什么说打板是收益最高的策略？

图 6-16 是昨日涨停指数成立以来的走势图，该指数记录的是涨停板股票第二天的表现（去除新股上市的涨停板）。从图 6-16 中可以看到，购买昨日涨停指数的收益巨大，回撤极小，两年可以翻 9000 多倍。但是，这个指数计算的股票是收盘仍然涨停的。如果个股开盘涨停之后股价迅速回落（即所谓的炸板），那么之后的价格大概会继续下行，如图 6-17 所示。

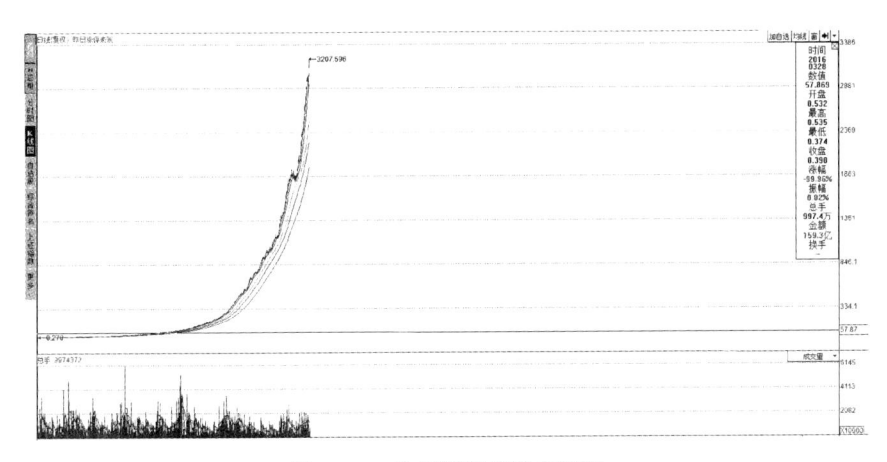

图 6-16 昨日涨停指数走势图

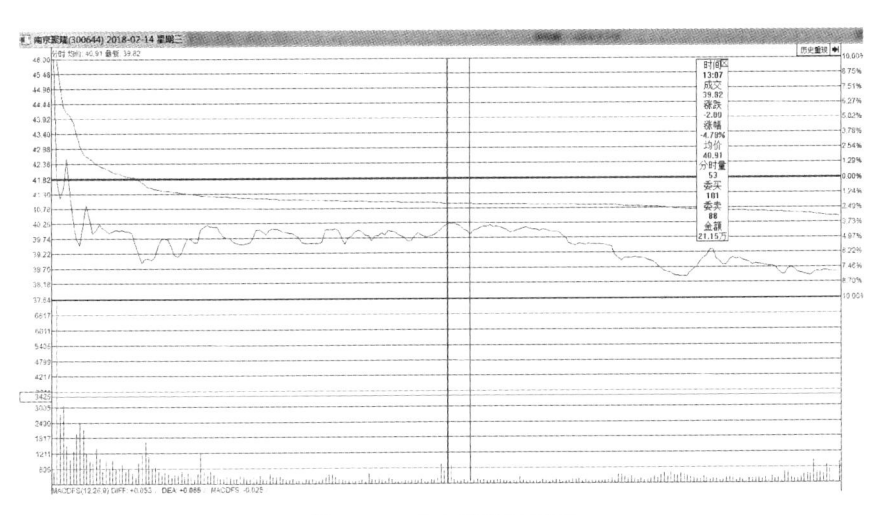

图 6-17 南京聚隆炸板图

2018年2月14日，南京聚隆以涨停价开盘，之后就一路跳水，如果当天采用打板策略将亏损17个点，但是，收盘时却是低吸策略买入的良机。

股票在盘中涨停之后价格回落（即所谓的开板）又会如何呢？

图 6-18 为奥特佳开盘后不久涨停，之后开始回落，截至收盘回落五个点。后面的走势如图 6-19 所示，非常不乐观。这是因为冲击涨停板失败是很打击多头士气的，出现这种情况往往代表多头力量已尽，股价已经到顶，投资者将会争相出逃。

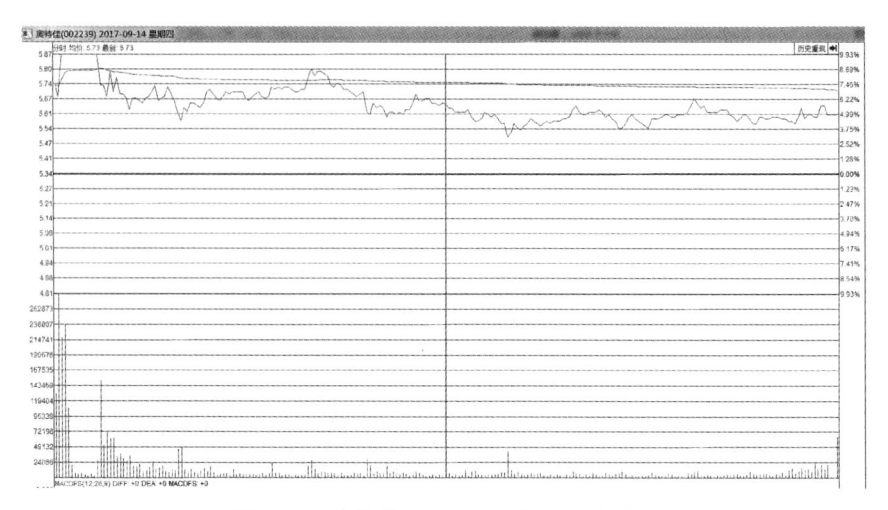

图 6-18　奥特佳 2017 年 9 月 14 日分时图

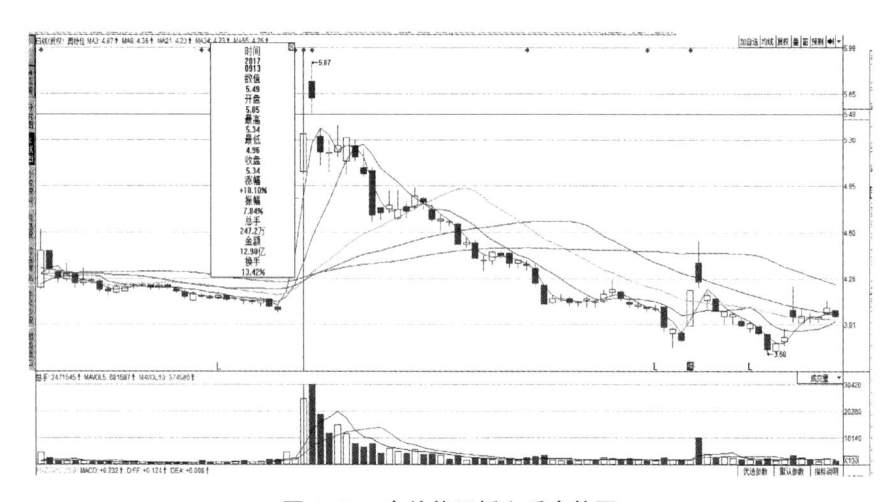

图 6-19　奥特佳开板之后走势图

甚至有时候，涨停到跌停也有可能（即所谓的天地板），如图 6-20 所示。

打板策略实际上是追涨的极致。因此，操作时一定要明白这只股票为什么涨停、涨停的力度是否足够强劲，以此来研判打板是否能够成功。

打板策略对投资者的要求非常高，需要投资者对该股票、题材、热点、市场情绪、大盘情况具有很深的理解，并且在机会出现时能迅速买入。没有长时间的勤奋磨炼是不可能掌握的。

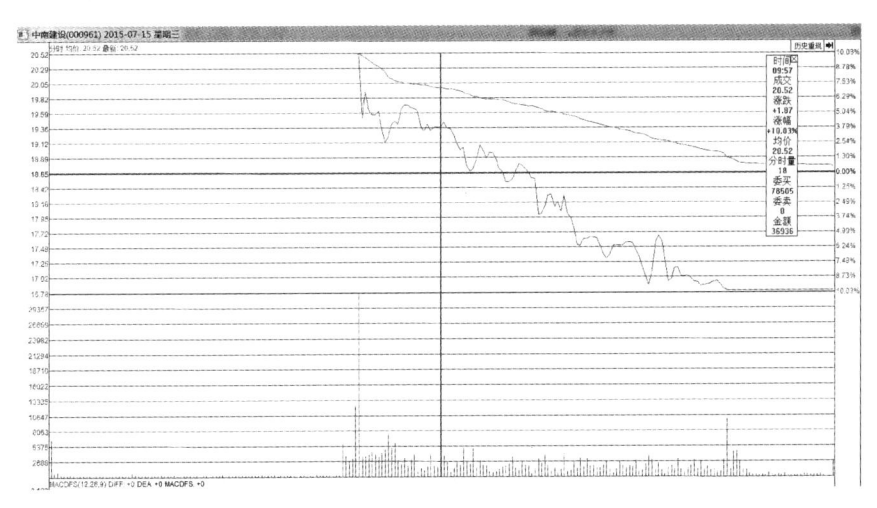

图 6-20　中南建设 2015 年 7 月 15 日天地板图

每只股票涨停的原因都不一样，所以打板策略也没有系统、具体的套路可循。但是其最重要的一点是，在行情来的时候做。牛市中的涨停往往不止一个，因为市场情绪高涨，投资者追涨情绪高；而在熊市中一个涨停后，大部分投资者可能就跑了，即使标的不错，短期内也没有新的机会出现。要打板就追龙头股，追不到龙头股就追次龙头，千万不要追同一板块内没有人气的股票，这样的股票涨停后回落的可能性很大，而且如果这一板块内有很多人气不高、涨幅不大的股票，说明板块效应没有形成，未来情况并不乐观。

分时图策略具有高收益、高风险的特点，只有做超短线投资才会用到，买入后的持股时间很短，一般不超过三天，并且交易机会存在的时间很短，往往只有几分钟。所以，投资者一定要养成良好的盘感，需要时刻盯盘，严格执行止盈止损策略。只有专业的投资者和交易员才能熟练掌握分时图策略。一般的投资者还是应该结合本书其他内容，学习中长线投资。

6.4　模拟实验

（1）找出天地板（从涨停到跌停）和地天板（从跌停到涨停）的案例分时图各两个。

（2）分别找出分时图七种策略的案例各四个，并且给出自己的分析（包括买卖点）。

（3）分时图策略中，成功率最高的是什么？为什么？

（4）分时图策略中，成功率最低的是什么？为什么？

（5）分时图上最重要的信息是什么？

（6）对于成功使用分时图策略而言，最重要的是什么？

（7）分时图走势与 K 线形状的联系？

（8）有哪些分时图之外的信息可以辅助我们交易？

7 高送转分析

7.1 高送转的含义与动机

股利分配政策是上市公司对盈利进行分配或留存用于再投资的决策问题，关系到公司未来的长远发展、股东对投资回报的要求和资本结构的合理性。合理的股利分配政策一方面可以为企业规模扩张提供资金来源，另一方面可以为企业树立良好形象，吸引潜在的投资者，实现公司价值和股东财富最大化。

近年来，中国上市公司股利分配偏好高送转政策。证券市场高送转现象越演越烈，关于高送转现象的研究也成为了当前的研究热点。自2006年以来，每年都有百余家上市公司提出高送转的分配方案，实行高送转的上市公司数量呈现不断增加的趋势。市场对于高送转也是极力追捧，这导致不少投资者盲目地投资具有高送转概念的股票，高送转政策引起了人们越来越广泛的关注。

高送转是高比例送股和转增股本的简称，"送"是指上市公司用公司股票作为红利分配给股东而代替现金分红；"转"是指上市公司将资本公积金转增为股本；"高"是指送股或转增股的比例很大，一般每10股送或者转10股及以上。资本公积金只能提取或者转增给股东，未分配利润可以分红、送股给股东。因此，每股资本公积金和每股未分配利润直接决定了个股高送转的潜力。高送转之后，投资者持有的股票数量增加，公司股价也随之变低。

高送转股票逐渐被众多投资者选择作为投资标的。对于投资者来说，具有高送转题材的股票是否具有投资价值？如何甄选可能进行高送转的个股？上市公司高送转的动机是什么？高送转行情是否真的存在？这些都需要深入分析。

目前对于高送转现象的系统研究较少，现有的研究大多是探讨上市公司实施高送转的可能动机，而对于如何甄选潜在的高送转上市公司至今还没有相应的系统性研究成果。本章的研究让投资者对于高送转有一个比较清晰的认知，使投资者在投资高送转时获得理论和数据层面的支持，从而减少投资的盲目性和避免投资的失误。

7.1.1 高送转的关键时间节点

高送转的几个关键时间节点为：预案公告日、股东大会公告日、分红实施公告日、股权登记日、除权除息日。

一般而言，高送转预案公告会随着半年报、年报进行公告，一般是由董事长或者控股股东提议。提议高送转后要召开股东大会表决，一般都会顺利通过。股东大会召开时会决定分红实施的具体日期，也就是要确定股权登记日和除权除息日。股权登记日是指在这一天或之前买入公司的股份持有到这一天收盘的股东都有权得到分红或者高送转。除权除息日一般是股权登记日的后一个交易日。

一般来说，高送转的收益随着高送转的时间节点呈现逐渐降低的趋势。也就是说，越早买入高送转的个股，预期收益越高。下面以2016年煌上煌（002695）实施高送转的过程为例进行说明。

2016年7月8日，上市公司煌上煌发布半年度利润分配及资本公积金转增股份预案公告，控股股东煌上煌集团有限公司提议每十股送红股5股，公积金转增股本25股，派息1.25元，并说明了高送转政策的合理性。

2016年8月22日，煌上煌公司召开第三届董事会第十一次会议，审议通过了《2016年半年度利润分配及资本公积金转增股本预案》。随后，在2016年8月25日发布半年度报告和高送转方案。

2016年9月9日，煌上煌公司召开股东大会审议通过了利润分配及资本公积金转增股本方案。9月13日公告股东大会决议，确定了本次权益分派股权登记日为2016年9月21日，除权除息日为2016年9月22日。

7.1.2 上市公司实施高送转的动机

欧美国家资本市场起步较早，股票市场的高送转现象并不多见，但其股票分拆和中国的高送转在本质上是一样的。国外股票分拆的原因概括起来主要有：

（1）信号传递。信号传递理论认为由于上市公司和投资者之间存在信息不对称，因此股票股利和股票分拆是表达公司对未来前景和盈利状况的一种乐观预期信号，表明管理层对公司的未来业绩快速增长有信心。美国市场中股票分拆后公司业绩一般都会有明显的提升（Kalay & Kronlund，2007）。

（2）股利迎合。这种"迎合"是建立在投资者非理性而管理层理性的基础之上。Baker等研究发现，管理层对公司的真实价值和投资者的偏好有较好的了解（Baker et al.，2009），而市场中部分投资者偏好低价股，因此管理层为实现自身利益最大化，会通过股票分拆等手段降低股价，主动迎合投资者非理性需求（Baker et al.，2013）。在不同国家的股票市场中，都有管理层对投资者股利偏好的专门迎合（Neves et al.，2011）。

（3）最优价格区间。受投资者的心理和自身资金实力的影响，大多投资者偏好低价股，对高价股比较恐惧。股票存在一个最佳的交易价格区间。

（4）流动性假说。该假说认为公司通过股票分拆重塑股价，会吸引更多投资者参与，市场关注度增加，从而促进股票的流动。

部分国内学者对中国股票市场高送转现象也进行了研究。概括起来，学者们认为国内上市公司实施高送转的动机如下：

（1）信号传递效应。陈浪南和姚正春（2000）对中国403家A股上市公司年度分配预案的研究说明实施高送转可以传递出公司经营状况良好的信息，从而获得股民青睐，进而公司获得高额回报。钱智通和孔刘柳（2016）发现A股上市公司高送转存在着信号传递和增加流动性的动机，并且其有效程度会随着高送转比例的高低而不同。

（2）低价股偏好。越来越多的学者指出，在我国证券市场，股价相对较低的股票更为投资者所偏好（翟伟丽等，2010）。李心丹等（2014）证明我国投资者不仅对低价股有着非理性偏好，并愿意为低价股票支付更多的溢价。上市公司通过送转股使单位股票价格降低，让投资者产生"价格幻觉"，误认为上市公司股价被低估而购买该股票，进而带动股票价格上涨（何涛、陈小悦，2003）。实质上，除权后的股票只是名义价格发生了变动，其公司价值与投资者的实质利益并没有发生任何改变。

（3）股本扩张。中国企业上市门槛高，上市后再融资受上市时间和股本规模的限制，所以公司上市后有强烈的扩张股本动机，由于在中国证券市场增发股票和配股需要满足一系列严格的条件，而资本公积金转增股本和送股的法律要求则相对没有那么严格，因此高送转是迅速增大股本的一种最便捷而有效的方式，上市公司可以通过高送转避开烦琐的再融资审批程序，隐性地实现股本扩张（薛祖云、刘万丽，2009）。熊义明等（2012）根据2006~2010年实施高送转公司的样本，说明股本扩张和最优价格是上市公司选择高送转的主要原因。

（4）配合增发。中国上市公司股票增发方式一般为定向增发，即只向特定投资者进行增发。根据证监会的要求，参与上市公司定增的机构投资者一般需要有一年的锁定期。作为机构投资者，在认购上市公司股份时最担心的就是上市公司的股价在锁定期内出现破发的现象。一旦发生，机构投资者将会面临巨大的亏损。如果上市公司不能消除或减轻机构投资者的忧虑，机构投资者参与公司增发的积极性便会下降，公司的股票增发便可能难以进行。因此，为了定向增发事项能顺利进行，上市公司可能会通过高送转股利政策刺激股价上升，从而保证参与增发的机构投资者能获得一定的回报退出（朱红军等，2008）。

（5）内部人股票减持。上市公司的参与者、管理者以及实控者等内部人计划减持公司股票时，可能会通过高送转改变股票的名义价格，利用资本市场对股票的错误定价而产生的超额收益来进行减持套利（曾庆生、张耀中，2012）。谢德仁等（2016）通过研究中国上市公司有决策权的内部人股票减持行为和公司"高送转"之间的因果关系，发现为内部人股票减持和增加减持收益创造条件不仅是实施高送转的重要动机，而且内部人的股票减持计划对上市公司高送转政策产生了非常大的影响。近年来，越来越多的新闻报道上市公司管理层通过送转股迎合投资者对高股利的需求，吸引投资者的关注，提高股价从而实现自身利益，主要体现在为增发护航和掩护解禁股减持套现等方面（宋元东，2012）。

7.2 如何寻找高送转潜力股

高送转对上市公司的盈利能力和经营能力并没有任何实质性的影响，高送转本质上是股东权益的内部结构调整。但由于股民有炒作高送转的习惯，上市公司为了迎合市场，也乐于推出高送转方案。主力资金会借此机会完成吸、拉、派、落四个过程。

高送转往往是上市公司盈利能力强、发展能力好的表现。那么实施高送转的上市公司有什么特点呢？一般而言有这样四个特点：三高一低。三高是指每股资本公积金、每股未分配利润和股价高，一般每股资本公积金高于2元，每股未分配利润高于1元，股价高于30元。一低是指总股本较低，一般少于5亿股。当然，如果按照这四个特点去挑选具有高送转潜力的上市公司，我们能找出不少上市公司。但真正实施高送转的未必四个条件都符合，而且这四个条件都符合的也不一定会实施高送转政策。

那么如何才能挑选出具有高送转潜力的上市公司呢？接下来本书采用网络分析法（Saaty，1996）进行分析。网络分析法是一种适用于非独立递阶层次结构的决策方法，是解决多准则决策问题的方法，被广泛应用于工程方案选择、资源优化配置、股票投资等多个领域。网络分析法基于专家或决策者的经验和判断，将定性与定量相结合进行科学决策。

7.2.1 指标的选择及其相互关系分析

根据现有研究成果以及上市公司高送转动机选取高送转甄选指标，如表7-1所示。

（1）低价股偏好。偏好低价股这一动机首先涉及的就是股票价格。股票价格高低对投资者的决策有很大影响，中小投资者由于资金有限，同时风险承受能力一般，往往偏好价格较低的股票。较低的股票价格能够增加股东数量和股票交易次数，降低买卖价差，使得该股票的市场关注度增加，股票的流动性增强。因此还选取了能够表现股票活跃度的换手率这一指标。

表 7-1 高送转甄选指标

准则	指标
低价股偏好（C_1）	股价（C_{11}）
	换手率（C_{12}）
股本数（C_2）	总股本（C_{21}）
	流通股比例（C_{22}）
配合增发（C_3）	新投资项目（C_{31}）
	股票定增（C_{32}）
信号传递（C_4）	净资产收益率（C_{41}）
	净利润增长率（C_{42}）
	每股留存收益（C_{43}）
	每股净现金流量（C_{44}）

（2）股本数。股本规模过小限制了上市公司的发展。上市公司常常为了扩张股本而实施高送转，从而提高竞争力，为以后的再融资需求打基础。这一过程会使得总股本数和流通股比例增加，这样高送转前的股本数和流通股比例是重要影响因素，因此选取了总股本和流通股比例两个指标。

（3）配合增发。在我国，上市公司一般采取定向增发，即只向特定投资者进行增发。在定向增发过程中，上市公司往往希望机构投资者能参与从而确保定增顺利完成。一般来说，上市公司都是有好的投资项目，急需资金才会进行股票增发，上市公司可能通过实施高送转向外传达其留存收益充足等信息，以增强投资者信心，吸引投资者购买其股票，拉动股价上升，从而在股价上升后帮助其完成定向增发的机构获利退出。因此上市公司是否会实施高送转与其是否面临新的投资项目和是否计划进行股票定增密切相关，所以选取了股票定增和新投资项目两个指标。

（4）信号传递。高送转能够传递出上市公司经营状况的信息，包括公司的运营能力、偿债能力、盈利能力和成长能力等，而股民最关注的是与盈利能力和成长能力相关的财务指标。盈利能力强、成长能力高的公司未来能给股东带来的潜在收益较大，因而选取净资产收益率、净利润增长率、每股留存收益、每股净现金流量作为分析指标。

接下来对评价指标之间的相互影响和相互作用关系进行分析和判断。本书采用德尔菲法，由三位证券分析师进行判断分析，经过问卷调查，最后得到评价指标间的相互关系，如表7-2所示。

表7-2 指标间的相互作用关系

影响因素 \ 被影响因素		C_1		C_2		C_3		C_4			
		C_{11}	C_{12}	C_{21}	C_{22}	C_{31}	C_{32}	C_{41}	C_{42}	C_{43}	C_{44}
C_1	C_{11}			√	√	√		√	√	√	√
	C_{12}			√	√			√	√	√	√
C_2	C_{21}					√		√	√	√	√
	C_{22}					√		√	√	√	√
C_3	C_{31}	√	√	√	√			√	√	√	√
	C_{32}	√	√	√	√			√	√	√	√
C_4	C_{41}	√	√			√			√	√	√
	C_{42}	√	√			√		√		√	√
	C_{43}	√	√			√		√	√		√
	C_{44}	√	√			√		√	√	√	

注："√"表示两个指标之间存在相互作用关系。

7.2.2 甄选高送转上市公司的ANP模型

（1）建立ANP网络结构。根据表7-2中指标的相互作用关系，可以得出甄选高送转上市公司的ANP网络结构，如图7-1所示。其中，股本数受低价股偏好和配合增发两个因素集的影响；低价股偏好受信号传递和配合增发两个因素集的影响；信号传递除了受其他三个因素集影响，还存在内部依赖关系；配合增发同样受其他三个因素集的影响，同时也存在内部依赖关系。

（2）建立判断矩阵。根据图7-1，建立两两比较的判断矩阵。两两比较的相对重要程度采用Saaty提出的1-9标度法。由专家打分得出的三级指标比较矩阵结果如表7-3所示（列出了在基准C_{11}、C_{12}、C_{21}和C_{22}下的偏好信息），二级指标比较判断矩阵如表7-4所示。

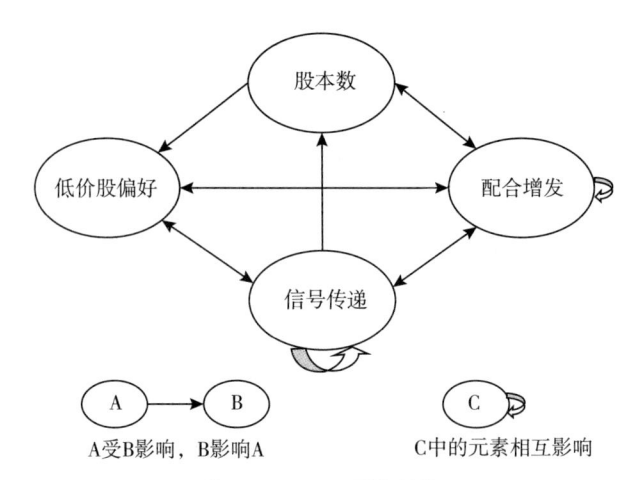

图 7-1 ANP 网络结构

表 7-3 三级指标比较矩阵

基准	指标	C_{11}	C_{12}	C_{21}	C_{22}	C_{31}	C_{32}	C_{41}	C_{42}	C_{43}	C_{44}
C_{11}	C_{31}					1	1/7				
	C_{32}					7	1				
	C_{41}							1	3	9	5
	C_{42}							1/3	1	5	3
	C_{43}							1/9	1/5	1	1/3
	C_{44}							1/5	1/3	3	1
C_{12}	C_{31}					1	7				
	C_{32}					1/7	1				
	C_{41}							1	3	9	5
	C_{42}							1/3	1	5	3
	C_{43}							1/9	1/5	1	1/3
	C_{44}							1/5	1/3	3	1
C_{21}	C_{11}	1	5								
	C_{12}	1/5	1								
	C_{31}					1	1/5				
	C_{32}					5	1				
C_{22}	C_{11}	1	5								
	C_{12}	1/5	1								
	C_{31}					1	1/5				
	C_{32}					5	1				

表 7-4 二级指标比较矩阵

基准	准则	C_1	C_2	C_3	C_4	C_3	C_4
C_1	C_3					1	1/3
	C_4					3	1
C_2	C_3					1	1/7
	C_4					7	1
C_3	C_1	1	3	1/3	1/4		
	C_2	1/3	1	1/5	1/9		
	C_3	3	5	1	1/3		
	C_4	4	9	3	1		
C_4	C_1	1	3	1/3	1/4		
	C_2	1/3	1	1/5	1/9		
	C_3	3	5	1	1/3		
	C_4	4	9	3	1		

（3）判断矩阵的一致性检验。判断矩阵体现了专家或决策者的偏好意见。在判断矩阵构造过程中，由于个人的认识程度、客观事物的复杂性及所用的标度等，导致判断矩阵不能达到完全的一致性。因此，需要对判断矩阵进行一致性检验。特征根法可用来计算指标的局部权重，同时还可以对判断矩阵的一致性进行检验。一般而言，如果一致性比例小于 0.1，可认为判断矩阵具有较好的一致性，否则就需要重新调整判断矩阵直到满足一致性要求为止。对三级和二级指标构成的判断矩阵进行一致性检验，全部通过一致性检验。

（4）ANP 模型运算结果。判断矩阵的局部权重采用美国 Expert Choice 公司开发的 Super Decision 软件（超级决策软件）进行计算。SD 软件是一个经典的 ANP 计算软件，操作简单，能较方便地计算出局部权重、一致性指标和全局权重等。

根据 SD 软件的计算结果和图 7-1 所示指标之间的相互作用关系，构造出未加权超矩阵，如表 7-5 所示。未加权超矩阵反映了各元素组之间及其内部的相互影响关系。

表7-5　未加权超矩阵

	C_{11}	C_{12}	C_{21}	C_{22}	C_{31}	C_{32}	C_{41}	C_{42}	C_{43}	C_{44}
C_{11}	0.0000	0.0000	0.8333	0.8333	0.8333	1.0000	0.8333	0.8333	0.8333	0.8333
C_{12}	0.0000	0.0000	0.1667	0.1667	0.1667	0.0000	0.1667	0.1667	0.1667	0.1667
C_{21}	0.0000	0.0000	0.0000	0.0000	0.1667	0.1667	0.8333	0.8333	0.8333	0.8333
C_{22}	0.0000	0.0000	0.0000	0.0000	0.8333	0.8333	0.1667	0.1667	0.1667	0.1667
C_{31}	0.1250	0.8750	0.1667	0.1667	0.8750	1.0000	0.8333	0.8333	0.8333	0.8333
C_{32}	0.8750	0.1250	0.8333	0.8333	0.1250	0.0000	0.1667	0.1667	0.1667	0.1667
C_{41}	0.5806	0.5806	0.0000	0.0000	0.5806	0.5806	0.0000	0.1047	0.6370	0.6370
C_{42}	0.2554	0.2554	0.0000	0.0000	0.2554	0.2554	0.6370	0.0000	0.2583	0.2583
C_{43}	0.0499	0.0499	0.0000	0.0000	0.0499	0.0499	0.1047	0.6370	0.0000	0.1047
C_{44}	0.1141	0.1141	0.0000	0.0000	0.1141	0.1141	0.2583	0.2583	0.1047	0.0000

将未加权超矩阵的列随机化，得到加权超矩阵。由加权超矩阵若干次自乘后得到稳定的极限超矩阵。极限超矩阵和加权超矩阵一样都是考虑了子系统内部指标对于整个系统的影响，但极限超矩阵体现的是指标的全局权重，而加权超矩阵不够稳定。极限超矩阵如表7-6所示。

表7-6　极限超矩阵

	C_{11}	C_{12}	C_{21}	C_{22}	C_{31}	C_{32}	C_{41}	C_{42}	C_{43}	C_{44}
C_{11}	0.0915	0.0915	0.0915	0.0915	0.0915	0.0915	0.0915	0.0915	0.0915	0.0915
C_{12}	0.0154	0.0154	0.0154	0.0154	0.0154	0.0154	0.0154	0.0154	0.0154	0.0154
C_{21}	0.0305	0.0305	0.0305	0.0305	0.0305	0.0305	0.0305	0.0305	0.0305	0.0305
C_{22}	0.0108	0.0108	0.0108	0.0108	0.0108	0.0108	0.0108	0.0108	0.0108	0.0108
C_{31}	0.1989	0.1989	0.1989	0.1989	0.1989	0.1989	0.1989	0.1989	0.1989	0.1989
C_{32}	0.0937	0.0937	0.0937	0.0937	0.0937	0.0937	0.0937	0.0937	0.0937	0.0937
C_{41}	0.1966	0.1966	0.1966	0.1966	0.1966	0.1966	0.1966	0.1966	0.1966	0.1966
C_{42}	0.1661	0.1661	0.1661	0.1661	0.1661	0.1661	0.1661	0.1661	0.1661	0.1661
C_{43}	0.1040	0.1040	0.1040	0.1040	0.1040	0.1040	0.1040	0.1040	0.1040	0.1040
C_{44}	0.0925	0.0925	0.0925	0.0925	0.0925	0.0925	0.0925	0.0925	0.0925	0.0925

根据 SD 软件，计算得出准则和指标的局部权重和全局权重结果如表 7-7 所示。

7.2.3 结果分析

根据计算结果，不难发现，在甄选高送转上市公司过程中，信号传递动机对上市公司来说最为重要，权重约为 55.91%，因此投资者应重视这个动机。其次是上市公司配合增发的动机，权重约为 29.27%。然后是上市公司迎合股民低价股偏好的动机，权重约为 10.69%。最后是上市公司自身的股本数，权重约为 4.13%。

表 7-7 准则和指标的局部权重和全局权重

准则	准则权重	指标	局部权重	全局权重
C_1	0.1069	C_{11}	0.8558	0.0915
		C_{12}	0.1442	0.0154
C_2	0.0413	C_{21}	0.7376	0.0304
		C_{22}	0.2624	0.0108
C_3	0.2927	C_{31}	0.6797	0.1989
		C_{32}	0.3203	0.0937
C_4	0.5591	C_{41}	0.3516	0.1966
		C_{42}	0.2971	0.1661
		C_{43}	0.1860	0.1040
		C_{44}	0.1654	0.0925

具体而言，在迎合股民低价股偏好动机时，股价的局部权重为 85.58%，显然比局部权重为 14.42% 的指标换手率重要；在信号传递效应中，四个指标的重要性次序为：净资产收益率、净利润增长率、每股留存收益和每股净现金流量，局部权重分别为 35.16%、29.71%、18.60% 和 16.54%；而对于上市公司股本扩张前的股本数而言，总股本明显比流通股比例更应受到关注，因为总股本的局部权重 73.76% 远大于流通股比例的权重 26.24%；在上市公司为配

合增发而实施高送转时，相对于上市公司近期是否增发过股票，更重要的是公司是否面临新的投资项目而需要融入资金，新投资项目67.97%的局部权重远大于股票定增的32.03%。

最后，可按重要程度把三级指标分为三个不同的级别：①非常重要，包括上市公司是否有新的投资项目、净资产收益率和净利润增长率，权重分别为19.89%、19.66%和16.61%。②比较重要，包括每股留存收益、股票定增、每股净现金流量和股价，权重依次为10.40%、9.37%、9.25%和9.15%。③一般重要，包括总股本、换手率和流通股比例，权重依次为3.04%、1.54%和1.08%。在甄选高送转上市公司时应根据指标重要程度的不同有所侧重和区分。

7.2.4 案例研究

（1）样本数据及其处理。本书假设每10股赠送或转增10股及以上的上市公司是实施高送转的上市公司。随机选取了50家于2017年已实施高送转的上市公司，其送转股都在每10股送转10股以上，并且在同花顺软件中按财务排名，每隔300名左右选取未实施高送转的10家上市公司，提取了这60家上市公司的相应数据。为减少偶然误差，实施了高送转的上市公司股价取的是高送转预案公告日前一个月的月均收盘价，换手率选取高送转预案公告日前一个月的月均换手率。由于大多上市公司都会随半年报或年报公布股利分配方案，因此未实施高送转的上市公司股价、换手率采用了2017年上半年的平均数据。总股本和流通股比例一般较稳定，因而对于高送转上市公司两者都选取了预案公告日前一天的数据，而未实施高送转上市公司采用2017年半年报数据。60家上市公司在近一年内有股票定增的取值1，没有的为0。同样，近一年内有新投资项目的该指标值取为1，没有的为0。其余的财务指标数据采用了2016年年度财务报表数据。整理好原始数据之后，按下列最大最小极值法对非逻辑型数据进行了标准化处理，数据处理结果如表7-8所示。

$$C_{ij} = [C_{ij} - \min(C_{ij})]/[\max(C_{ij}) - \min(C_{ij})]$$

$$C_{ij} = [\max(C_{ij}) - C_{ij}]/[\max(C_{ij}) - \min(C_{ij})]$$

表 7-8 样本数据处理结果

股票代码	C_{11}	C_{12}	C_{21}	C_{22}	C_{31}	C_{32}	C_{41}	C_{42}	C_{43}	C_{44}
300376	0.4510	0.9961	0.9888	0.9992	1	1	0.4718	0.0067	0.2708	0.6069
603636	1.0000	0.9994	0.9989	0.9980	1	0	0.1141	0.0011	0.4573	0.3788
300304	0.5292	0.9965	0.9963	0.9936	1	1	0.1683	0.0058	0.2378	0.5783
300s398	0.6823	0.9980	0.9989	0.9979	1	1	0.1916	0.0000	0.4573	0.4293
300534	0.6666	0.9935	0.9993	0.9997	1	0	0.2069	0.0009	0.2935	0.4655
002281	0.8259	0.9992	0.9966	0.9923	1	0	0.2285	0.0034	0.6576	0.6389
002596	0.2741	0.9994	0.9942	0.9956	1	1	0.0522	0.0016	0.2184	0.5000
002747	0.4337	0.9972	0.9952	1.0000	1	1	0.1772	0.0044	0.1308	0.5177
300319	0.4109	0.9975	0.9961	0.9960	1	1	0.2703	0.0088	0.1889	0.7660
603030	0.3082	0.9991	0.9973	0.9986	1	1	0.2139	0.0036	0.3185	0.6221
603239	0.9716	0.9982	0.9992	0.9997	1	0	1.0000	0.0068	0.4232	0.8805
300017	0.5305	0.9975	0.9839	0.9956	1	1	0.5017	0.0055	0.4289	0.4596
300495	0.4727	0.9993	0.9960	0.9985	1	1	0.3921	0.0079	0.3163	0.4630
002206	0.1897	0.9992	0.9907	0.9951	1	1	0.2287	0.0042	0.1980	0.4865
300377	0.3222	0.9992	0.9948	0.9955	1	1	0.1176	0.0091	0.1468	0.7348
002383	0.1524	0.9673	0.9959	0.9969	1	1	0.0752	0.0060	0.2241	0.6010
600892	0.1427	0.9602	0.9981	0.9977	1	1	0.2062	1.0000	0.0000	0.0194
002783	0.3349	0.9425	0.9994	0.9971	1	0	0.1752	0.0030	0.9261	0.0000
002668	0.2610	0.9869	0.9963	0.9963	1	1	0.3693	0.0032	1.0000	0.7997
002620	0.1537	0.9634	0.9980	0.9956	1	1	0.1225	0.0052	0.3902	0.6305
002131	0.0143	0.9896	0.9668	0.9967	1	1	0.1946	0.0118	0.1388	0.4790
300562	0.4876	0.6385	0.9999	0.7484	0	0	0.6908	0.0061	0.4141	0.8106
002354	0.2519	0.9879	0.9949	0.9970	1	1	0.2225	0.0055	0.5472	0.4352
300507	0.7008	0.9324	0.9997	0.9997	1	0	0.3535	0.0038	0.6564	0.5320
300569	0.5771	0.9363	0.9994	0.9997	1	0	0.5059	0.0022	0.8020	1.0000
300502	0.2918	0.9735	0.9995	0.9969	1	1	0.2750	0.0031	0.7144	0.5446
300194	0.0766	0.9750	0.9926	0.9982	1	1	0.1601	0.0177	0.1934	0.4899
300021	0.0556	0.9760	0.9943	0.9970	1	0	0.1208	0.0022	0.1365	0.5783
603528	0.1921	0.9736	0.9967	0.9997	1	0	0.6834	0.0023	0.4699	0.6145
300352	0.0454	0.9805	0.9887	0.9956	1	1	0.1733	0.0031	0.1126	0.6481

续表

股票代码	C_{11}	C_{12}	C_{21}	C_{22}	C_{31}	C_{32}	C_{41}	C_{42}	C_{43}	C_{44}
603066	0.1525	0.9721	0.9990	0.5437	1	1	0.2366	0.0036	0.3993	0.4613
002239	0.0249	0.9960	0.9772	0.9964	1	1	0.2302	0.0086	0.1229	0.4958
603021	0.1325	0.9908	0.9985	0.9970	1	1	0.0928	0.0024	0.4300	0.4832
603600	0.2015	0.9853	0.9990	0.9980	1	1	0.4792	0.0043	0.4016	0.4621
603766	0.0568	0.9951	0.9830	0.9923	1	1	0.3520	0.0030	0.5563	0.4731
300487	0.2024	0.9452	0.9994	0.9981	1	0	0.9767	0.0036	0.4016	0.5303
300546	0.4059	0.9723	1.0000	0.9997	1	0	0.3748	0.0031	0.6542	0.9327
002456	0.1513	0.9880	0.9778	0.9926	1	1	0.2381	0.0055	0.3174	0.4571
300493	0.1449	0.9787	0.9986	0.9970	1	1	0.2334	0.0035	0.1661	0.5017
300422	0.1771	0.9537	0.9981	0.9973	1	1	0.2621	0.0023	0.2150	0.6692
603007	0.2221	0.9054	0.9983	0.9997	1	0	0.2874	0.0027	0.3049	0.6170
300356	0.0850	0.9897	0.9976	0.9948	1	0	0.0851	0.0062	0.2446	0.5328
002429	0.0090	0.9969	0.9623	0.9933	1	1	0.1488	0.0028	0.2241	0.4705
300403	0.2031	0.9805	0.9983	0.9978	1	0	0.3465	0.0041	0.5154	0.6136
603009	0.1397	0.9389	0.9983	0.9925	1	1	0.1215	0.0035	0.2537	0.6153
600337	0.0408	0.9825	0.9873	0.9921	1	1	0.2309	0.0029	0.3220	0.4756
603077	0.0000	0.9976	0.9150	0.9938	1	1	0.0752	0.0043	0.1001	0.4781
002537	0.1308	0.9964	0.9889	0.9969	1	1	0.1606	0.0162	0.1627	0.8106
002148	0.0794	0.9796	0.9956	0.9943	1	0	0.1547	0.0349	0.1775	0.5185
300520	0.3567	0.9377	0.9991	0.9998	1	0	0.3431	0.0041	0.2617	0.8485
600371	0.1066	0.9588	0.9963	0.9921	0	0	0.3054	0.0575	0.1251	0.5396
600751	0.0378	0.9724	0.9390	0.9942	1	0	0.0337	0.0042	0.0148	0.4992
601818	0.0184	0.9908	0.0000	0.9936	0	0	0.3106	0.0024	0.2537	0.6987
603628	0.2222	0.0000	0.9953	0.9997	1	0	0.2475	0.0014	0.1661	0.4419
000541	0.0757	0.9559	0.9739	0.0000	1	0	0.4988	0.1237	0.2435	0.5194
000968	0.1352	0.9169	0.9804	0.9995	0	1	0.3483	0.0052	0.1433	0.4705
002272	0.0490	0.8838	0.9921	0.9947	0	0	0.0000	0.0100	0.0671	0.4874
002573	0.1825	0.9036	0.9781	0.9921	1	1	0.5448	0.0052	0.2241	0.5429
002886	0.2566	1.0000	0.9995	0.9997	0	0	0.3842	0.0015	0.4152	0.5118
300264	0.0727	0.9374	0.9923	0.9944	1	0	0.0238	0.0080	0.0683	0.4487

（2）样本综合得分。将表 7-8 中处理后的样本数据与表 7-7 中各指标的全局权重分别相乘并求和，得出每个上市公司的综合得分。计算公式为：

$$样本综合得分 = 0.0915 \times C_{11} + 0.0154 \times C_{12} + 0.0304 \times C_{21} + 0.0108 \times C_{22} + \\ 0.1989 \times C_{31} + 0.0937 \times C_{32} + 0.1966 \times C_{41} + 0.1661 \times C_{42} + \\ 0.1039 \times C_{43} + 0.0924 \times C_{44}$$

按样本得分进行降序排列，结果如表 7-9 所示。由此可知，得分前 10 名都是高送转上市公司，得分全部大于 0.54；得分前 43 名中只有一家未实施高送转的上市公司，得分全都大于 0.44；而最后 7 名全为未实施高送转的上市公司，得分小于 0.32。这个结果在很大程度上说明了本书采用的甄选高送转上市公司的方法是科学有效的，选取的用来甄选高送转上市公司的指标也是恰当合理的。当然，通过 ANP 计算得出的各指标全局权重也是基本准确的。

表 7-9 样本得分情况

序号	股票代码	高送转情况	得分
1	603239	10 转 20 股派 6 元	0.6676
2	002668	10 送 10 股转 18 股派 2.5 元	0.6239
3	300017	10 转 19.954760 股派 2.494345 元	0.5840
4	300569	10 转 20 股并派现	0.5831
5	600892	10 转 30 股	0.5702
6	300376	10 转 30 股派 0.9 元	0.5683
7	300487	10 转 15 股派 1.4 元	0.5567
8	300502	10 转 20 股派 3.5 元	0.5548
9	603600	10 转 15 股派 6 元	0.5469
10	300495	10 转 15.001185 股派 1.5 元	0.5466
11	002573	—	0.5453
12	300398	10 转 25 股派 1 元	0.5366
13	300319	10 转 20 股派 1.4 元	0.5318
14	603766	10 送 5 股转 10 股派 5 元	0.5252
15	300546	10 转 15 股派 5 元	0.5208
16	002354	10 转 20 股	0.5138
17	603528	10 送 10 股转 10 股派 5 元	0.5131

续表

序号	股票代码	高送转情况	得分
18	603030	10 转 20 股派 0.6 元	0.5107
19	300304	10 转 28 股派 1 元	0.5098
20	300507	10 转 20 股派 3 元	0.5062
21	002281	10 转 20 股派 5 元	0.5039
22	300422	10 转 15 股派 0.6 元	0.5009
23	603066	10 转 20 股	0.4892
24	002537	10 转 12 股派 0.5 元	0.4870
25	002620	10 转 15 股派 2.5 元	0.4866
26	300377	10 转 15 股派 3 元	0.4865
27	002747	10 转 20 股派 2 元	0.4859
28	002456	10 转 15 股派 1.1 元	0.4852
29	002206	10 转 15 股派 5 元	0.4776
30	600337	10 转 13 股派 3 元	0.4757
31	300493	10 转 15 股派 1.5 元	0.4723
32	603021	10 转 16 股派 2 元	0.4693
33	603009	10 转 15 股	0.4688
34	300520	10 转 12 股派 1.2 元	0.4611
35	300352	10 转 15 股派 0.4 元	0.4590
36	002383	10 转 20 股派 1 元	0.4573
37	002239	10 转 18 股	0.4561
38	300194	10 转 20 股派 2 元	0.4556
39	002596	10 转 20 股派 0.3 元	0.4537
40	300403	10 转 15 股派 2.5 元	0.4530
41	603636	10 转 30 股派 1.6 元	0.4523
42	002131	10 转 25 股派 0.37 元	0.4484
43	002429	10 转 15 股派 0.25 元	0.4454
44	000541	—	0.4422
45	300534	10 送 3 股转 22 股派 1 元	0.4309
46	603007	10 转 15 股派 1.45 元	0.4201
47	603077	10 送 2 股转 10 股派 0.1 元	0.4168

续表

序号	股票代码	高送转情况	得分
48	002783	10 转 15 股派 8 元	0.4166
49	603628	—	0.3674
50	002148	10 转 12 股派 1.1 元	0.3650
51	300356	10 转 15 股派 0.3 元	0.3556
52	300021	10 转 20 股派 1 元	0.3519
53	300562	10 转 22 股派 2 元	0.3478
54	300264	—	0.3156
55	600751	—	0.3117
56	000968	—	0.2886
57	002886	—	0.2464
58	600371	—	0.1981
59	601818	—	0.1802
60	002272	—	0.1128

7.2.5 启示与建议

基于中国股市特点及上市公司基本情况，利用网络分析法对如何甄选潜在高送转上市公司进行了研究。研究结论如下：①上市公司实施高送转的动机主要有四个方面：迎合大多数投资者对低价股票的偏好、有扩张股本的需求、配合股票定增和公司向外传达其经营状况良好的信号。②以上四个动机的重要程度由高到低依次为：信号传递、配合增发、低价股偏好、股本扩张。③根据以上四个动机设计了甄选高送转上市公司的一系列指标。根据计算结果，这些指标在甄选潜在高送转上市公司中的重要程度由高到低依次为：新投资项目、净资产收益率、净利润增长率、每股留存收益、股票定增、每股净现金流量、股价、总股本、换手率和流通股比例。④选取 50 家已实施高送转的上市公司和 10 家未实施高送转的上市公司进行比较分析，结果表明前 10 名为实施高送转上市公司且得分大于 0.54，得分大于 0.44 的上市公司很有可能实施高送转。

基于以上研究结论，可得出以下启示与建议：第一，投资者在甄选潜在高送转上市公司时最应关注上市公司的财务状况，尤其是本书选取的四个财务指标，其中，最重要的是公司的净资产收益率，其次是净利润增长率，再次是每股留存收益，最后是每股净现金流量，这些指标值越高，上市公司越可能实施高送转。因为这样的公司盈利能力强，发展前景好，更倾向于实施高送转来向投资者传达这些信号。第二，要看上市公司是否面临新的投资项目，这项指标十分重要，在收集数据的过程中发现，绝大多数高送转上市公司在公布高送转预案的当天也公告了公司近期要进行的新投资项目，而面临新投资项目的公司往往通过定增股票来筹集项目资金，因此，上市公司是否有股票定增计划和定增预案也很重要。第三，要看上市公司的股价、总股本和流通股比例等，这些因素也会对公司是否实施高送转产生影响。

最后提醒投资者，本书目的是探讨上市公司实施高送转的动机，以及如何甄选将来可能实施高送转的上市公司。如果投资者打算投资高送转上市公司，还需要根据自身资金情况和风险承受能力决定是否要参与，以及如何退出等问题。

7.3 高送转的机会与陷阱

送股是指上市公司将本年的利润留在公司里，发放股票作为红利，从而将利润转化为股本。送股后，公司的资产、负债、股东权益的总额结构并没有发生改变，但总股本增大了，同时每股净资产降低了。转增股本是指公司将资本公积转化为股本，转增股本并没有改变股东的权益，但却增加了股本的规模，反映在股本结构上的实际效果与送股相接近。转增股本与送红股的本质区别在于，红股来自公司的年度税后利润，只有在公司有盈余的情况下，才能向股东送红股，而转增股本却来自于资本公积，它可以不受公司本年度可分配利润多少的限制。

2016年10月中旬，煌上煌、名家汇、天润数娱、溢多利、高伟达等个股，高送转前后个股涨幅大都在40%左右。2016年10月下旬，燕塘乳业、亚玛顿、仙坛股份、坚朗五金等也掀起了高送转炒作预期。一般在每年的2~3

月会进行高送转的预期炒作,每年的3~4月会进行填权炒作。高收益伴随着高风险,高风险伴随着高收益。高送转有时也会成为主力出货的契机,这时需要我们有一双辨识真假的慧眼。

(1) 海润光伏高送转的秘密①。即使是在"高送转"方案满天飞的如今,10转20依旧算得上力道十足,因此海润光伏披露高送转预案的当天(2015年1月23日)应声涨停。然而令追高买入者始料未及的是,海润光伏接下来迎来的却是连日的大跌。海润光伏"高送转"利好披露前股价为何连续大涨,这一异动引起了市场各方甚至是上海证券交易所的关注。在"高送转"预案公布前14天时间,海润光伏股价已逆势暴涨40%,而在此期间多次有网友发帖称将"高送转"。

2015年1月23日,海润光伏发布公告称,公司前三大股东杨怀进、九润管业、紫金电子提议,公司2014年利润分配及资本公积金转增股本预案为:以资本公积金向全体股东每10股转增20股。除了"高送转"预案本身以外,海润光伏公布利好之后股价的大起大落,也引发各方的关注。其实在海润光伏披露股东提议"高送转"之前,公司股价就表现得极为强势。进入2015年1月,海润光伏股价一扫此前的颓势,最大涨幅超过50%。2014年12月31日,海润光伏的股价触及了6.69元/股的近期低点,此后缓步上涨。然而在2015年1月14日,海润光伏突然放量大涨6.35%,盘中一度冲击涨停,公司股价表现非常强势。1月14日至高送转预案披露前一日(2015年1月22日),海润光伏股价持续放量上涨,走出了"七连阳"的壮观走势,累计涨幅接近30%,而同期上证指数涨幅仅为3%。在预案公布前一天,海润光伏下午开盘后还出现了明显拉升。此外,海润光伏2015年1月以来的走势不仅仅强于整个大盘,也明显强于拓日新能、东方日升等光伏行业上市公司。

需要特别提出的是,在海润光伏披露"高送转"预案之前,在某财经类股吧中曾多次出现关于公司将"高送转"的传闻,比如在2015年1月21日,有两个帖子明确提出海润光伏将要推出"高送转"方案。此外,上海证券交易所对海润光伏提议股东筹划利润分配提议的具体过程,以及公司所有董事、监

---

① 资料来源于http://finance.sina.com.cn/stock/s/20150128/013421412870.shtml,本书进行了适当改写。

事和高管知悉上述利润分配提议的具体时间也提出了问询。

根据海润光伏披露，2015年1月22日，杨怀进与紫金电子、九润管业方面沟通后于当日8:50，以邮件方式通知公司董事会秘书关于联合紫金电子、九润管业提议公司2014年度利润分配预案事宜。海润光伏董事会秘书于9:10，以邮件方式通知公司证券事务代表落实该事宜，并按照相关要求履行信息披露义务。而后，海润光伏证券事务代表在当日12:30左右联系相关提议股东，问询未来12个月的减持计划以及承诺事宜，并在14:00左右以邮件、电话的方式向各位董事征询意见。

海润光伏2013年亏损逾2亿元，2014年前三季度又出现近4200万元的亏损，似乎许久没有公布过让投资者心潮澎湃的利好消息。正因为此，其曝光的"高送转"预案赚足了市场各方的眼球，当日海润光伏股价强势涨停。然而令不少追高买入者始料未及的是，10转20的高送转预案对股价的刺激远不及预期，海润光伏在涨停后的第二个交易日就下跌了3.39%，后一交易日再次下挫8.63%，仅次于申万宏源，位居A股跌幅榜第二位。面对股价如"过山车"一般的走势，海润光伏23日公告中的一个细节也引起了越来越多的关注。在这份名为《2014年度利润分配预案预披露公告》的公告中，有一个关于"其他事项"的提示，内容是股东杨怀进计划在2015年1月22日起的未来12个月内，将减持海润光伏股份不超过3453万股，而九润管业和紫金电子，自1月22日起未来12个月内将通过协议转让、大宗交易、二级市场交易等方式全部减持所持股份。

实际上，对于从2013年开始就深陷亏损泥潭的海润光伏来说，如今股价仅是个位数、每股净资产尚不足4元，股东提出10转20的"高送转"预案，这本身就存在诸多可疑之处。再加上携手提议该预案的三位股东恰恰计划在未来大额减持上市公司股份。面对这样的"巧合"，以及由此引发的股价剧烈波动，相信不少投资者心中都会出现一个同样的疑问，股东提议"高送转"是否正是为将来的巨额减持"护航"？

上海证券交易所也关注到海润光伏出现的上述"巧合"现象。海润光伏公告称，公司收到上海证券交易所监管一部下发的《关于对海润光伏科技股份有限公司利润分配等事项的问询函》，内容就包括"请提议股东说明提出上述利润分配议案的原因，以及与股份减持行为是否存在相关考虑"。对此，海润光伏回复称，公司股东杨怀进、九润管业和紫金电子考虑到公司2014年实际经营状况，为了积极回报股东，与所有股东分享公司未来发展的经营成果，而提议2014年利润分配及资本公积转增股本预案。公司股东的股份减持行为则是基于各自的战略发展的需要。其中，杨怀进的股份减持行为是考虑到其个人的资金需求，九润管业是考虑到其未来发展的资金需求，紫金电子则是考虑到其战略转型以及公司发展的资金需求。

除了上述"巧合"问题，引起各方关注的现象还包括三位股东做出的投票承诺。根据公告，杨怀进、九润管业、紫金电子承诺在海润光伏有关董事会和股东大会审议上述2014年度利润分配及资本公积金转增股本预案时投赞成票。根据相关程序，只有在年报正式公布之后，年度利润分配预案才会提请股东大会审议，而后才进入真正实施阶段。而根据交易所披露的信息，海润光伏年报预约披露时间为2015年4月30日。结合海润光伏公告披露的情况来看，三位提出"高送转"预案的公司股东，在审议相关方案的股东大会召开前，就可能已经开始实施具体的减持计划，甚至不排除全部减持的可能。

海润光伏表示，股东杨怀进在审议利润分配提议的股东大会召开前，预计减持海润光伏股份数量为0~3453万股，九润管业和紫金电子在股东大会召开前，分别预计减持海润光伏股份数量为0~11414万股和0~8500万股。也就是说，九润管业、紫金电子存在着全部减持其持有的海润光伏股票的可能性，在股东大会召开之时，股东将按照持有股份进行投票。对此海润光伏提示，考虑到九润管业、紫金电子或全部减持所持有的公司股票，存在着无法在审议上述利润分配提议的股东大会上投赞成票的可能性，因此上述利润分配的议案能否在股东大会上审议通过存在着不确定性。

（2）国海证券等高送转的真实目的。统计显示，2011年推出转增、送股预案的上市公司超过200家，有近100家公司的送股转增比例超过1∶1。特别是一些业绩下滑的企业也豪爽地推出转增方案，其中，国海证券、敦煌种业两家就是典型代表。国海证券2010年业绩衰退超过七成，敦煌种业的每股收益不足0.1元，两家公司慷慨分红的背后猫腻颇多。

国海证券2011年报披露，拟以总股本71678万股为基数，10送13股转增

2股每10股派1.5元（含税）。在高送转方案公布后不久，国海证券就宣告非公开发行不超过4.94亿股，发行价格不低于10.12元/股，募集资金总额不超过50亿元，用于增加公司资本金，补充公司营运资金。国海证券高分红的真实目的是推高股价，同时让定向增发价格与股票二级市场价格拉开价差，进而吸引机构投资者参与定向增发。如果市场环境不发生重大变化，定增锁定期过后，手握定增股份的机构投资者，可以轻松套取价差获利。相对而言，敦煌种业走的却是先融资，再借高送配套现的路线。二者操作手法不尽相同，但却都是在为融资圈钱铺路搭桥。

实际上，上市公司高送转分红的背后是一条清晰的利益链条：上市公司分红送配吸引机构投资者介入，之后实施定向增发完成再融资，最后利用高比例股本扩张为机构投资者兑现收益保驾护航。利益链条的背后，上市公司捞取真金白银，机构投资者轻松套利，而盲目参与的普通投资者则成为利益蛋糕的买单者。

正所谓世界上没有无缘无故的爱，上市公司高送转游戏的背后，通常都有其目的与动机。对此，高送转概念固然有短线炒作的机会，但方案公布后股价下滑说明不少"中小投资者"已经成为机构跑路的"替罪羊"。事实上，高送转的本质无非是股东权益从左口袋流通至右口袋，其实就是一部分先知先觉者提前布局、借利好公布后拉升出货给后知后觉者的游戏。近年来，公布高送转后伴随着大股东减持或定增减持的还有很多上市公司，如：

- 天龙集团：2016年11月18日公布10送15派0.5元，有大股东减持。
- 北信源：2016年11月21日公布10送20派0.25元，有定增减持。
- 新易盛：2016年12月1日公布10转20派3.5元，有大股东减持。
- 赢时胜：2017年1月12日公布10转30派2元，有大股东减持。
- 永利股份：2017年1月17日公布10转26派1.5元，有大股东减持。
- 乐视网：2017年2月13日公布10转20，第二大股东疯狂减持。
- 光迅科技：2017年3月9日公布10转20派5元，有减持计划。
- 云意电气：2016年11月23日公布10转28派1元，有大股东、定增减持。
- 易事特：2016年11月28日公布10转30派0.9元，2017年1月限售解禁。

7.4 模拟实验

根据表 7-1 高送转甄选指标和表 7-7 指标权重，结合上市公司半年度财务报告或者年度财务报告，提取指标相应数据，找出最有可能实施高送转的中小板或者创业板前 20 家上市公司。

8 证券研究报告分析

在股票投资的过程中，我们常常会看到证券研究报告。对于基本面机构投资者而言，他们可能不看报纸，不听新闻，但绝对不可能不看研究报告。机构时代，散户远不是他们眼中的博弈对象。因为证券研究报告的多样性和公开性，基本上所有机构投资者在进行投资的时候都会进行参考，证券研究报告实际上在暗中引导机构资金的流向。由此可见，对证券投资者而言，能够读懂证券研究报告是十分重要的。

8.1 证券研究报告的定义与分类

8.1.1 证券研究报告的定义

证券研究报告是指证券公司、证券投资咨询公司基于独立、客观的立场，对证券及证券相关产品的价值或者影响其市场价格的因素进行分析，含有对具体证券及证券相关产品的价值分析、投资评级意见等内容的文件。美国纽约证券交易所（NYSE）将研究报告定义为：它是以书面或者电子方式的信息交流，包括个体公司或者行业股票的分析，提供负责任的信息，从而足以据此来进行决策。

发布证券研究报告，是证券投资咨询业务的一种基本形式，指证券公司、证券投资咨询机构对证券及证券相关产品的价值、市场走势或相关影响因素进行分析，形成证券估值、投资评级等投资分析意见，制作证券研究报告，并向客户发布的行为。证券研究报告主要包括涉及证券及证券相关产品的价值分析报告、行业研究报告、投资策略报告等。报告可采用书面或电子文件形式。

报告撰写、发布、提供、刊载都负有一定的法律责任，所以证券研究报告应当载明以下事项：

- "证券研究报告"字样。
- 证券公司、证券投资咨询机构名称。
- 具备证券投资咨询业务资格的说明。
- 署名人员的证券投资咨询执业资格证书编号。
- 发布证券研究报告的时间。
- 证券研究报告采用的信息和资料来源。
- 使用证券研究报告的风险提示。

除此之外，还可包含目录、附表、附件等可选项，具体情况如表8-1所示。

表8-1 证券投资报告的构成

部件	选择	备注
首页	必选项目	一般有严格的规定格式
投资故事	可选项目	首页不能充分表达故事时必选
目录	可选项目	正文超过一定页数时必选
正文	可选项目	首页和投资故事无法充分说明时必选
附表	可选项目	资产负债表、现金流量表和利润表三表或简易利润表
附件	可选项目	根据具体情况自行确定
尾页	必选项目	按照规定含评级说明和法律声明

一般证券分析报告的读者既包含投资机构，如基金公司、银行、财富管理机构、上市公司等，又包含个人投资者。证券分析师通过他们的研究分析帮助投资者明确未来的趋势，即该投资对象或者领域未来的投资价值走向。

对于证券研究报告的撰写者而言，要牢记客户都是专业人士，需要注意报告的简约性、及时性，要突出亮点。高盛资产管理公司的董事长Jim O'Neill（"金砖四国"的发明者）在伦敦Cass商学院发表演讲，提出一个普适性的公式：

$$Q \times A = E$$

其中，Q 代表某种观点的质量，A 代表可接受性，即这个观点是否具有卖出价值，最后它们的乘积 E 才是这个观点的有效性。

要撰写一份完整的研究报告，需要做如下准备工作：

（1）了解公司。了解公司包括清楚公司的会计项目、生产与服务项目、公司管理者信息、产品售卖方式、主要客户、与供应商的关系情况以及研发部门等。

（2）了解行业。了解行业包括定位消费群体，识别竞争者，清楚国内外现状、行业发展趋势等。

（3）了解政府政策。了解政府政策主要是政府当年以及未来对该行业或者相关公司未来的前景规划和政策扶持力度，包括税务、政策概念等。

（4）了解市场心理和客户需求。了解市场对该行业或者相关公司的看法以及客户想要看到的信息。

对于证券研究报告的阅读者而言，阅读报告时需警惕有些机构会因保护雇主的投资银行业务而不做出建议，并且时常会提供带有不确定性的建议以明哲保身，避免提出和他人一致意见相反的建议，所以在阅读时仅作参考，要有自己的判断，不能盲目全信。

8.1.2 证券研究报告的分类

按研究内容分类，一般有宏观研究、行业研究、策略研究、公司研究、量化研究等；按研究品种分类，主要有股票研究、基金研究、债券研究、衍生品研究等。

（1）宏观研究。宏观研究就是从国家的整个经济、贸易，政策导向、就失业率以及国民生产总值等方面综合地进行概括分析，以整个国民经济活动作为考察对象，研究各个有关的总量及其变动，特别是研究国民生产总值和国民收入的变动及其与社会就业、经济周期波动、通货膨胀、经济增长等之间的关系。

（2）行业研究。行业研究是指以"产业"为研究对象，研究产业内部各企业间相互作用关系、产业本身发展、产业间互动联系以及空间区域中的分布等。目前，产业研究主要集中于细分市场研究和产业内细分产品研究两个方面。

行业研究的核心是研究行业的生存背景、产业政策、产业布局、产业生命周期、该行业在整体宏观产业结构中的地位以及各自的发展演变方向与成长背景；研究各个行业市场内的特征、竞争态势、市场进入与退出的难度以及市场的成长性；研究各个行业在不同条件下及成长阶段中的竞争策略和市场行为模式，给企业提供一些具有操作性的建议。

（3）策略研究。策略研究是自上而下地进行研究，大体上分为大势研判、行业轮动、主题投资三个方向，从中国乃至全球宏观、政策、利率开始逐级向下，落实到行业及主题推荐。策略研究核心是判断未来一段时间内股市的涨跌以及热门行业的选择。简单来说，行业研究的是战略问题，策略研究的是战术问题。

（4）公司研究。公司研究报告是在深入探究公司的经营发展状况和财务成果基础之上，结合股东及领导人的背景，客观地分析目标公司的优势和劣势，以及未来的发展趋势，并对其进行信用评级，使客户准确掌握竞争对手、合作伙伴、主要客户的企业信用情况和相关公司情报，提前制定应对措施，主动调整合作方式，确保客户可以在赚取最大利润的同时，尽可能地规避商业风险。

（5）量化研究。量化研究是指用数学工具对金融市场进行数量的分析，也称定量研究。目前市场上有很多量化研究策略，如量化选股、量化择时、统计套利等。

表8-2是研究报告的汇总整理。

表8-2 研究报告的分类汇总

研究报告分类	研究内容
宏观研究	世界经济、国民经济、财政金融、国家政策、产业经济、宏观专题
策略研究	大势研判、资产配置（大类、行业、风格等）、主题策划
行业研究	深度研究、行业点评
公司研究	深度报告、调研报告、点评报告、新股定价、预测评级
债券研究	新券定价、债券周评、利率策略、信用策略
基金研究	绩效评价、基金周评、基金策略
衍生品研究	转债研究、权证研究、期货研究、其他产品研究
量化研究	量化策略、对冲策略

8.2 宏观经济分析

宏观经济分析可以帮助投资者把握市场的总体变动趋势，判断整个证券市场的投资价值，并且，分析宏观经济政策对证券市场的影响力度和方向。

8.2.1 全球经济分析

（1）事件分析。事件分析法是一种实证研究方法，最早运用于金融领域，借助金融市场数据分析某一特定事件对该公司价值的影响。由于事件分析法具有研究理论严谨、逻辑清晰、计算过程简单等优点，已被学者运用到越来越多的领域来研究特定事件对组织行为的影响。

举例来说，人民币贬值事件就会有正反两方面的影响，从好的方面来说：外国货币购买力上升，因此有利于外贸出口和国内旅游业的发展，并且因为本国货币在国外购买力下降，所以还可以刺激本国消费，拉动内需；从坏的方面来说：外国货币币值上升不利于进口，进而会影响以进口为主企业的利润，出国留学和旅游的费用也会上升，并且因为本国货币倾向于在国内消费会拉升国内物价，可能会导致通货膨胀，就投资而言，国际热钱也会迅速外流，会影响国内金融市场的稳定性。

（2）指标分析。全球重要经济数据的掌握有助于从信息面帮助投资者们做一定盘面趋势判断，经济学家们经过多年研究发现了一些具有代表性的宏观经济指标，表8-3中介绍了几种常用的宏观经济指标。

除此之外，宏观研究也有很多供分析研究的参考指标，表8-4是各个类别的宏观参考指标汇总。

表8-3 常用宏观经济指标汇总

指标名称	说明
国内生产总值增长率	国内生产总值（GDP）是最受关注的宏观经济统计数据，是衡量国民经济发展情况的重要指标。GDP 增速越快表明经济发展越快，增速越慢表明经济发展越慢，GDP 负增长表明经济陷入衰退
央行利率决议	由一国中央银行公布的央行基准利率数据以及对当下货币政策的声明，一般包括公布数据和新闻发布会两个内容，数据包括利率、再贴现率、准备金率等。 利率决议的公布是外汇市场普遍影响比较大的事件，目前主要的几大经济体的中央银行利率决议是影响行情的最大要素之一，主要是美联储、欧洲中央银行、英格兰银行以及日本银行等，利率决议都存在重大的政策调整空间，带来的潜在行情比较大，央行利率决议公布的时间点对整个汇市的影响甚至远远超过了一些经济数据公布造成的波动
通货膨胀率	通货膨胀率是货币超发部分与实际需要的货币量之比，用以反映通货膨胀、货币贬值的程度。在经济学上，通货膨胀率为物价平均水平的上升幅度（以通货膨胀为准），或者说，通货膨胀率为货币购买力的下降程度
失业率	失业率是指一定时期满足全部就业条件的就业人口中仍未有工作的劳动力与总劳动力之间的比率，旨在衡量闲置中的劳动产能，是反映一个国家或地区失业状况的主要指标
债务负担率	债务负担率是当年债务余额占国内生产总值的比重，是国际上确立的公认的政府债务警戒线。国内生产总值GDP反映了一个国家或地区的偿债能力，是最终的偿债基础，西方国家和国际经济组织经常使用这一指标 国际经验表明，发达国家的债务负担率一般在45%左右，它与发达国家财政收入占GDP的比重为45%左右有关，即债务余额与财政收入的数值相当时，也就达到了适度债务规模的临界值，超过此界限就意味着债务危机或债务风险
贸易差额	贸易差额是指一定时期内一国出口总额与进口总额之间的差额，用以表明一国对外贸易的收支状况
经常账户占GDP比例	经常账户是指反映一国与他国之间的实际资产的流动，与该国的国民收入账户有密切联系，也是国际收支平衡表中最基本、最重要的部分，包括货物、服务、收入和经常转移四个项目。简单来说，经常账户余额是贸易顺差，是GDP的一部分，它占GDP的比重说明了经济体对出口的依存度，即没有出口的情况下经济增长的损失量

8 证券研究报告分析

表 8-4 宏观研究各类指标汇总

方面	相关指标
市场	商品、货币、10 年期政府债券、股市
劳动力	就业人数、就业人数变化、就业率、全职工作、首次申请失业救济人数、职业空缺、劳动力参与率、劳力成本、长期失业率、最低工资、非农就业数据、兼职就业、人口、生产率、男退休年龄、女退休年龄、失业人员、失业率、工资增长、工资、制造业工资、青年失业率
价格	居民消费价格指数 CPI、核心消费者物价指数、核心通胀率、出口价格、食品通胀、国内生产总值平减指数、消费物价协调指数、进口价格、通货膨胀率、生产者价格、生产者价格指数变化
金融	银行资产负债表、存款准备金率、央行资产负债表、存款利率、外汇储备、银行间同业拆借利率、利率、贷款利率、贷款增长、私营部门贷款、货币供应量 M0、货币供应量 M1、货币供应量 M2、货币供应量 M3
贸易	贸易差额、资本流动、原油产量、经常账户、经常账户占 GDP 比例、出口、外债、外国直接投资、黄金储备、进口、汇款、贸易条款、恐怖主义指数、旅游收入、入境旅游人数
国内生产总值	GDP、GDP 年增长率、不变价 GDP、农业 GDP、GDP 建设、制造业 GDP、矿业 GDP、公共管理 GDP、服务业 GDP、运输业 GDP、公共事业 GDP、GDP 增长率、人均 GDP、人均 GDP（以购买力平价计算）、固定资本形成总额、国民生产总值
政府	庇护申请、信用评级、财政支出、政府预算、政府预算值、政府债务、债务负担率、政府收入、政府支出、政府支出占 GDP、假期
住房	建筑许可证、建筑工程产值、自置居所比率、住房指数、新屋开工
商业	破产企业数量、商业信心指数、产能利用率、汽车生产、车辆注册、水泥生产、库存变化、竞争力指数、竞争力排名、综合采购经理人指数、企业利润、腐败指数、腐败排名、营商环境、电力生产、工业订单、工业生产、互联网速度、IP 地址、领先经济指标、制造业 PMI、制造业生产、矿业生产、新订单指数、服务业 PMI、小企业信心、钢铁生产、汽车总销量、ZEW 经济景气指数
消费	银行贷款利率、消费者信心指数、消费信贷、消费支出、个人可支配收入、汽油价格、家庭债务占 GDP、家庭债务与收入、个人储蓄、个人消费、私人部门信贷、零售销售
税种	企业所得税税率、个人所得税、销售税率、社会保障覆盖率、企业社会保障覆盖率、员工社会保障覆盖率
气候	沉淀、温度

8.2.2 国内宏观经济

一般来说，描述一国宏观经济的关键经济变量有国内生产总值（GDP）、就业数据（Employment）、通货膨胀数据（Inflation）、利率（Interest Rate）、政府预算赤字（Budget Deficit）以及国民心理因素（Sentiment）等。

做行业分析的时候，分析师们最关心、也常常分析预测的非宏观经济走势莫属，影响宏观经济走势的主要因素有经济周期和政府宏观政策。

（1）经济周期。经济周期（Business Cycle）也称商业周期、景气循环，经济周期一般是指经济活动沿着经济发展的总体趋势所经历的有规律的扩张和收缩。是国民总产出、总收入和总就业的波动，是国民收入或总体经济活动扩张与紧缩的交替或周期性波动变化。一般把它分为繁荣、衰退、萧条和复苏四个阶段，表现在图形上叫衰退、谷底、扩张和顶峰更为形象，也是现在普遍使用的名称。如图8-1所示，中国GDP增长率就呈现出明显的经济周期。

图 8-1 中国 GDP 增长率

资料来源：国家统计局。

当经济处于经济周期的不同阶段时，不同行业之间可能会表现出相互各异的业绩。通常，在经济萧条期，大宗消费品（如黄金、白银）的需求量会上扬；在经济初步复苏阶段，金融产品的需求会大幅上升；在经济复苏的后期，原材料、能源以及其他投资品的需求上；在经济高涨期，奢侈品的需求较高。

分析师们预测经济周期使用的指标分为一般指标和先行指标。一般指标包括工业产量、销售量、资本借贷量、物价水平、利息率、利润率、就业量。先行指标包括股市的价格指数、货币供应量、制造业厂家的货物新订单、厂房设备的合同与订单增加、房地产业土地拍卖价格等。

(2) 政府宏观政策。政府宏观经济政策是政府宏观经济调控中最常用的经济手段。宏观经济政策与各种经济杠杆相结合，并通过经济杠杆发挥调节作用。宏观经济政策是一个包含着许多具体经济政策的体系，其主要内容有：财政政策、货币政策、产业政策、价格政策、收入分配政策等。

财政政策是指政府在一定时期内为实现特定的政治经济任务和战略目标而调整财政收支规模和收支平衡的指导原则及其相应的措施。财政政策的内容主要包括财政收入政策和财政支出政策，其中财政收入政策主要是指由税种和税率所构成的税收政策，财政支出政策主要指财政投资政策、财政补贴政策等。按财政政策在调节总供给和总需求方面的不同功能，财政政策又可具体分为平衡性财政政策、紧缩性财政政策和扩张性财政政策三种类型。平衡性财政政策是财政支出根据财政收入的多少来安排，既不要有大量结余，又不要有较大赤字，保持财政收支基本平衡，从而对总需求不产生扩张或紧缩的影响。紧缩性财政政策是通过增加税收、压缩财政支出以达到抑制或减少社会总需求。扩张性财政政策则是通过减税而减少财政收入，或通过扩大财政支出的规模，来刺激社会总需求。

货币政策是中央银行代表中央政府，为实现宏观经济调节目标而制定的用于调节货币供应量与货币需要量相互关系的指导原则和行为准则。货币政策的基本目标是稳定币值与发展经济。根据社会总供给与社会总需求矛盾的状况，与财政政策相配套，货币政策可具体分为三种类型，即均衡性货币政策、紧缩性货币政策和扩张性货币政策。均衡性货币政策是保持货币供应量与经济发展对货币的需求量的大体平衡，以实现总供给与总需求的基本平衡。紧缩性货币政策是通过提高利率、紧缩信贷规模、减少货币供应量，以抑制社会总需求过度增长。扩张性货币政策是通过降低利率、扩大信贷规模、增加货币供给量，以刺激社会总需求增长。货币政策目标是通过货币政策工具的运用来实现的。货币政策工具主要有三个，即法定存款准备金率、公开市场业务和再贴现率。

产业政策是指政府为实现一定的经济和社会发展目标，调整产业结构、产业组织结构和产业布局，从增加有效供给方面促使社会总需求与总供给平衡而采取的政策措施及手段的总和。产业政策由产业布局政策、产业结构政策、产业技术政策和产业组织政策等组成。一项完整的产业政策，包括政策主体、政策目标、政策手段三个构成要素。政策主体是指政策的制定者，在我国是代表全体人民利益的政府。政策目标即政府根据经济社会发展的要求、趋势及某些特定的目的而确定的发展目标，主要有：规划产业结构演进的方向、步骤及各产业发展顺序；确定支持什么产业，限制什么产业；选择重点产业、主导产业、支柱产业；妥善处理各产业之间的关系，最终促使国民经济各产业部门按比例协调发展。政策手段是指为了实现政策目标，从实际出发所采取的各种措施，如在税收、财政拨款、信贷、投资、价格等方面对不同产业给以优惠或限制，以及采取相关的工商行政管理和市场调节措施。

价格政策是指国家通过对市场总供求的干预来影响价格总水平，以及用各种直接或间接的手段对重要商品和劳务的价格形成施加影响，以理顺供求关系，保证宏观经济运行稳定和协调的政策与措施的总和。

收入分配政策是对国民收入初次分配和再分配进行调节的政策，是政府调节收入分配的基本方针和原则。收入政策包括政策目标选择和具体实施措施两个部分。收入政策目标选择可分为收入结构政策目标选择和收入总量政策目标选择。前者是政府考虑收入差距的可接受程度，在公平与效率之间做出选择。当社会成员之间的收入差距过分悬殊并影响社会稳定时，政府的收入结构政策就侧重于缩小收入差距，增进公平；反之，如果劳动者缺乏积极性，经济效率低下，政府的收入结构政策则侧重于提高经济效率。为了促进收入政策目标的实现，需要采取以下几种措施：一是以法律形式规定最低工资标准。这是为了保障社会成员的最低生活水平，维持社会稳定。二是税收调节。税收是实施收入政策的重要手段，政府在实行有利于调动劳动者积极性、提高效率的分配政策的同时，对个人收入征收累进所得税、高额财产税和遗产税等，可抑制一部分人收入过高，有利于实现分配的社会公平，防止收入分配差距的过分拉大。同时，将征收的税收用于公共投资，也有利于增加就业，降低失业率，提高某些个人和阶层的收入。三是实施工资和物价管制。这是政府在特定情况下为实现收入政策目标而实行的非常措施。四是增加转移支付和其他各种福利措施。例如，政府对贫困地区拨付扶贫款，对科技专家支付政府津贴，对失业者和低收入阶层发放失业补助金和救济金等。

8.3 行业分析

行业分析是进行投资价值分析的前提和基础，以行业的眼光去判断公司，发现投资价值和投资机会。企业和所在行业之间的关系是点和点所在面的关系，企业的价值取决于企业现在和未来的收益，而行业的现状和发展趋势在很大程度上决定了行业内企业现在和未来的收益。

8.3.1 行业分类

行业类别的划分除了按照具体的行业职能划分之外，如电力行业、服务业、煤炭行业等，还可以按照经济周期和生命周期进行划分。

（1）行业与经济周期。根据行业变动与经济周期变动的关系程度，可以将行业类型划分为成长型行业、防御型行业、周期型（或称敏感型）行业，具体情况如表8-5所示。

表8-5 行业与经济周期分类

行为模式	特征
成长型	销售和利润独立于经济周期而超常增长
防御型	在经济周期的上升与下降阶段经营状况都很稳定
周期型/敏感型	收益随经济周期的变化而变化，通常夸大经济的周期性

举例来说，无论宏观经济环境表现如何，计算机软件行业均因市场对该技术的需求而增长迅速，是成长型行业的一个典型例子。再比如电力、煤炭、食品、烟草、啤酒、交通、商业等行业，为人们生活衣食住行这些刚性需求提供服务，无论经济周期是上升还是下降趋势，这些行业的营业状况都是十分稳定的。但是，有些行业，比如汽车、重型机械设备生产、水泥等制造行业，钢铁、石化、有色金属等资本品行业，因为价格弹性很高，受到经济周期的很大影响，甚至有时还会夸大经济的周期性。

（2）行业生命周期。行业的生命周期指行业从出现到完全退出社会经济活动所经历的时间。行业的生命发展周期主要包括四个发展阶段：幼稚期，成长期，成熟期，衰退期。如图 8-2 所示，行业的生命周期曲线忽略了具体的产品型号、质量、规格等差异，仅仅从整个行业的角度考虑问题。行业生命周期的具体分类情况如表 8-6 所示。

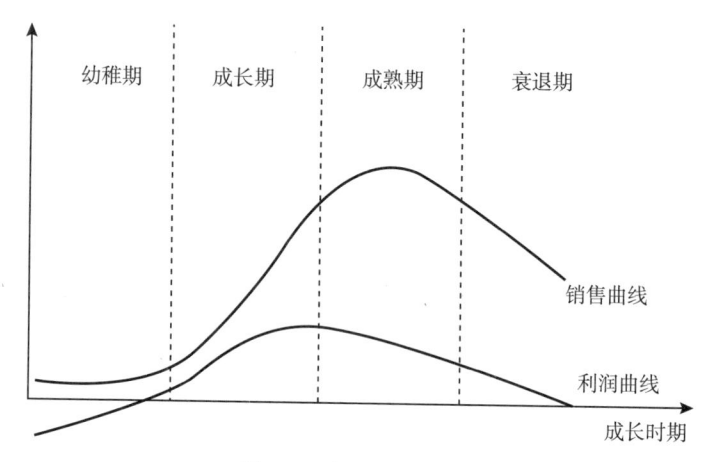

图 8-2 行业生命周期

表 8-6 行业生命周期分类

发展阶段	发展描述	市场情况
幼稚期	新产品试制成功，投放市场试销阶段	产品刚进入市场，尚未被客户所接受，销售额缓慢增长；生产批量很小，试制费用很大，产品成本较高；用户对产品不了解，广告等销售费用较高；产品在市场上一般没有同业竞争
成长期	新产品试销成功之后，转入批量生产并扩大市场销售的阶段	销售额迅速增长；产品设计和工艺基本定型，进入批量生产，产品成本显著下降；广告等销售费用大幅下降；企业开始转亏为盈，利润上升；其他企业开始进入市场，仿制产品、竞争逐步激烈
成熟期	产品进入大批量生产、市场竞争最激烈的阶段	市场需求逐渐饱和，销售量已达到最高点；销售增长缓慢；生产批量大，产品成本低，利润也将达到最高点；众多同类产品进入市场，竞争十分激烈
衰退期	产品已经逐渐老化，转入产品更新换代的阶段	除少数名牌产品外，市场销售量日益下降；市场竞争突出地表现为价格竞争；部分厂商开始退出竞争；新产品进入市场，代替老产品

识别行业生命周期所处阶段的主要指标有市场增长率、需求增长率、产品品种、竞争者数量、进入壁垒及退出壁垒、技术变革、用户购买行为等，具体生命周期如图 8-2 所示。

8.3.2 外部因素

外部因素是指行业自身难以把握和不可控的变化因素。它是一个复杂的、多层次的、多主体的立体结构系统。各行业的企业高层管理可以利用从外部环境获得的信息进行战略思考与决策。获得成功的公司往往能够按照环境大趋势，不断地评估行业内发生的各种变化，以便根据自身状况，对外部环境做出及时的反应。外部因素包括政治环境、社会环境、技术环境和经济环境。

（1）政治环境。政治环境对企业的影响具有直接性、难预测性和不可控制等特点，这些因素常常制约、影响企业的经营行为，尤其是影响行业中较长期的投资行为。除此之外，政府行为对行业的销售和盈利有直接的重大影响，新管理条例的颁布或旧法律的恢复都会对行业的销售和盈利产生冲击。在某些情况下，政府的政策还能促进新行业的形成。

（2）社会环境。社会环境是指人口、居民的收入或者购买力，居民的文化教育水平，等等。生活方式的改变使许多行业繁荣起来。比如，分析人员还密切关注人口结构变化，因为人口老龄化会给医疗服务行业股票以有力的支撑。

（3）技术环境。技术环境是要分析本行业内产品有关的科学技术的现有水平、发展趋势及发展速度，跟踪掌握新的技术、新材料、新工艺、新设备，分析对产品生命周期、生产成本以及竞争格局的影响。比如，成熟期行业会面临行业本身是否会因新技术的产生而趋于没落，而采用新技术的初创期行业面临的问题是该创新能否被市场所接受。

（4）经济环境。经济环境包括宏观经济形势、世界经济形势、行业在经济发展中的地位以及企业的直接市场等。其中，企业的直接市场是与企业关系最密切、影响最大的环境因素，具体包括销售市场、供应市场、资金市场和劳务市场等。

那么，具体应当如何进行外部因素分析呢？下面以医疗服务行业为例进行简单分析。

从技术上说，国内外医疗技术的进步延长了人类寿命，除此之外，中药行业正在积极地拓展国外市场,所以说,老年护理和医疗销售收入即将增加;从政策层面来说,随着国家的经济的发展,医疗保险的全面覆盖将可能增加看病的频率,行业市场变大;从社会和经济的层面来说,随着经济发展,人均GDP 也在不断提高,人们生活日渐富裕,生活需求已不再是单纯地追求温饱,而是更加注重运动健康和绿色食品,该社会倾向或会减少医疗行业的销售额。

8.3.3 需求分析

首先,找出影响行业销售的特定宏观经济变量,理想的情况是当收益与某一经济统计数字密切相关时,就不必再寻找多个作为预测的依据变量,如对水泥的需求和经济增长速度的关系。其次,将行业按照周期进行分类,给需求预测提供基本框架,如食品行业是"成熟期行业",因而单位销售额应与 GDP 和人口同步增长。互联网行业是"成长性行业",决定了其将超出一般水平的销售增长率。最后,再对外部因素进行把握。许多外部因素稳定,容易预测,但还有一些则不断变化,给分析带来不确定性,具体分析的时候要仔细区分,分别对待。

通过以上三个方面的研究,分析人员为行业确定未来的销售额。不过大多情况下,这一销售趋势由过去的历史趋势推断。预测行业的总需求是有裨益的,但要彻底了解主导行业收益的因素,只能通过对客户的详尽研究。一旦做出趋势预测,分析人员下一步就是研究行业产品的用户。需求从何而来?谁在购买行业产品?为什么购买?

以水泥行业为例,进行客户分析。

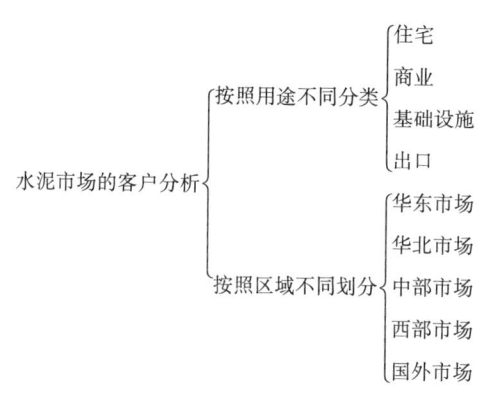

图 8-3 水泥行业客户分析

如图 8-3 所示，在行业分析时，分析人员把大部分时间花在研究需求趋势上，实际上，对供给端进行研究也可以得到好的信息。

从经济学的均衡角度来说，通常假设商品的供给方可以自动调节使供求均衡。该均衡模型长期看是正确的，只是在短期或中期的适用程度上随行业的不同存在差异。临时服务业与古典模型吻合，由于它主要使用低技术水平的工人，可以很快找到新员工，能够在短时间内增加供给。资本密集型行业恰好相反，钢铁工业和包装业需要花费 3~5 年的时间建立新工厂以扩大生产能力。软件业等使用高技术工人的行业，在短期内的生产能力受到限制。

供给由未利用的生产能力与增加新的生产能力共同决定，准确分析这两个变量并作出合理预测十分困难，这也是分析师很少会尝试的原因。如果供给预测与需求预测吻合，则分析师认为未来市场处于均衡状态。如果供给与需求不吻合，除非供给方及时调整自己的行为，否则这一行业产品的价格将发生变动。

当行业存在有限竞争者并以可计量的生产能力提供产品时，供给预测是最容易进行的。如果行业经济学显示进口成本过高，客观上限制了进口，则分析人员可以忽略国外生产能力，从而简化供给预测。

8.3.4 定价因素

大部分行业都在利用品牌、声誉或服务来区别不同的产品。集中程度高的行业很少出现价格波动。假设供求均衡，主要市场参与者有运用垄断能力的动机，那么则认为高价可以通过单一价格、秘密协议或其他途径实现。因此，进入行业的难易程度，是决定价格变动是否符合自由市场模型的关键变量。

除此之外，某些行业的生产依赖于一两种材料，这些原材料价格的变化会影响产品成本和公司的获利能力。在某些情况下，行业可以把增加的成本转化为更高的价格，以渡过难关。但在其他一些情况下，竞争的压力使企业不能这么做。所以，在这种情况下，原材料进价也会很大程度地影响产品定价。

8.3.5 竞争分析

竞争分析也称竞争战略分析，其主要目的在于了解竞争对手的经营状况，了解目标客户的未来需求以及发现新的消费点和新的客户群,最终实现在未来市场竞争活动中占据主导位置。通过竞争分析之后,才能制定竞争战略。"竞争战略"是由美国学者迈克尔·波特于1980年在其出版的《竞争战略》一书中提出的,属于企业战略的一种,它是指企业在同一使用价值的竞争上采取进攻或防守的长期行为。波特为商界人士提供了三种卓有成效的竞争战略,它们是总成本领先战略、差别化战略和专一化战略。

企业进行战略选择应当考虑企业所处产业的吸引力和决定企业在产业内竞争地位的主要因素这两个基本问题。目前最常用的分析模型是迈克尔·波特的五力分析模型。五力分析模型是由迈克尔·波特提出的,它可以有效地分析客户的竞争环境,对企业的战略制定产生全球性的深远影响。该模型分析的五个因素分别是:供应商的议价能力、购买者的议价能力、新进入者的威胁、替代品的威胁、同业竞争者的竞争程度。它们的不同组合与变化会导致行业利润潜力的变化,总体如图8-4所示。

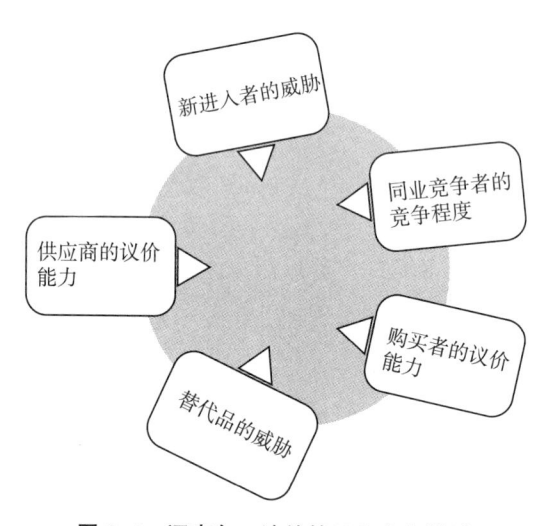

图8-4 迈克尔·波特的五力竞争模型

（1）供应商的议价能力。供方主要通过其提高投入要素价格与降低单位价值质量的能力,来影响行业中现有企业的盈利能力与产品竞争力。供方力量的强弱主要取决于其所提供的是什么投入要素,当供方所提供的投入要素占买方产品总成本的比例较大、对买方产品生产过程非常重要或者严重影响买方产品的质量时，供方对于买方的潜在讨价还价力量就大大增强。一般来说，满足如下条件的供方集团会具有比较强大的讨价还价力量：

- 供方行业为一些具有比较稳固的市场地位而不受市场激烈竞争困扰的企业所控制，其产品的买主很多，以至于每一个单个买方都不可能成为供方的重要客户。
- 供方各企业的产品各具有一定特色，以至于买方难以转换或转换成本太高，或者很难找到可与供方企业产品相竞争的替代品。
- 供方能够方便地实行前向联合或一体化（产业链纵向延伸的能力），而买方难以进行后向联合或一体化。

（2）购买者的议价能力。购买者主要通过压价与要求提供较高的产品或服务质量，来影响行业中现有企业的盈利能力。一般来说，满足如下条件的购买者可能具有较强的讨价还价力量：

- 购买者的总数较少，而每个购买者的购买量较大，占了卖方销售量的很大比例。
- 卖方行业由大量相对来说规模较小的企业所组成。
- 购买者所购买的基本上是一种标准化产品，同时向多个卖主购买产品在经济上也完全可行。
- 购买者有能力实现后向一体化，而卖主不可能前向一体化。

（3）新进入者的威胁。新进入者在给行业带来新生产能力、新资源的同时，将希望在已被现有企业瓜分完毕的市场中赢得一席之地，这就有可能会与现有企业发生原材料与市场份额的竞争，最终导致行业中现有企业盈利水平降低，严重的话还有可能危及这些企业的生存。新进入者威胁的严重程度取决于两方面的因素，即进入新领域的障碍大小与预期现有企业对于进入者的反应情况。

进入障碍主要包括规模经济、产品差异、资本需要、转换成本、销售渠道开拓、政府行为与政策、不受规模支配的成本劣势、自然资源、地理环境等方面，这其中有些障碍是很难借助复制或仿造的方式来突破的。预期现有企业对进入者的反应情况，主要是采取报复行动的可能性大小，其取决于有关厂商的财力情况、报复记录、固定资产规模、行业增长速度等。

总之，新企业进入一个行业的可能性大小，取决于进入者主观估计进入所能带来的潜在利益、所需花费的代价与所要承担的风险这三者的相对大小情况。

(4) 替代品的威胁。两个处于同行业或不同行业中的企业，可能会由于所生产的产品是互为替代品，从而在它们之间产生相互竞争行为，这种源自于替代品的竞争会以各种形式影响行业中现有企业的竞争战略。

第一，现有企业产品售价以及获利潜力的提高，将由于存在能被用户方便接受的替代品而受到限制；第二，由于替代品生产者的侵入，使得现有企业必须提高产品质量，或者通过降低成本来降低售价或者使其产品具有特色，否则其销量与利润增长的目标就有可能受挫；第三，源自替代品生产者的竞争强度受产品买主转换成本高低的影响。总之，替代品价格越低、质量越好，用户转换成本越低，其所能产生的竞争压力就越强；而这种来自替代品生产者的竞争压力的强度，可以具体通过考察替代品销售增长率、替代品厂家生产能力与盈利扩张情况来加以描述。

(5) 同业竞争者的竞争程度。大部分行业中的企业，相互之间的利益都是紧密联系在一起的，作为企业整体战略一部分的各企业竞争战略，其目标都在于使得自己的企业获得相对于竞争对手的优势，所以，在实施中就必然会产生冲突与对抗现象，这些冲突与对抗就构成了现有企业之间的竞争。现有企业之间的竞争常常表现在价格、广告、产品介绍、售后服务等方面，其竞争强度与许多因素有关。一般来说，当行业进入障碍较低，市场趋于成熟，用户需求增长缓慢，竞争者企图用降价等手段促销，以及退出障碍较高的时候就说明行业中现有企业之间竞争加剧。

8.4 上市公司分析

公司分析包含两个方面：业务分析和财务报表分析，它们一起组成了财务预测的基础。其中，业务分析是指对公司的经营业务和经营环境进行分析。财务报表分析是通过对公司报表的有关数据进行汇总、计算和对比，综合分析公司的财务状况和经营业绩。公司财务报表提供的仅仅是静态信息，分析者需要定期收集新的信息，更新分析结论。

（1）业务分析。分析师要分析一家公司怎样增加销售收入和获得利润，商业战略家称之为寻找这一公司的"持续竞争优势"（SCA）。没有SCA，公司的客户将会流失，竞争者将逼近，公司的最终生存将成问题。管理学者将SCA归于三个基本策略：成本领先战略、差异化战略和专一化战略。图8-5为一般的业务分析框架图。

业务分析框架

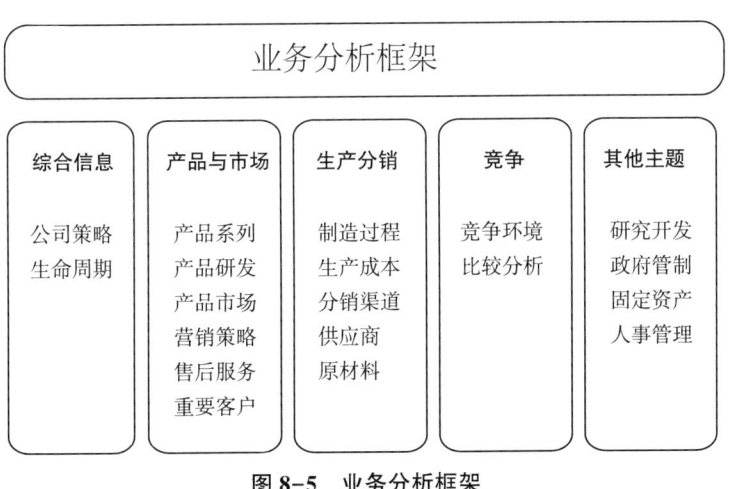

综合信息	产品与市场	生产分销	竞争	其他主题
公司策略 生命周期	产品系列 产品研发 产品市场 营销策略 售后服务 重要客户	制造过程 生产成本 分销渠道 供应商 原材料	竞争环境 比较分析	研究开发 政府管制 固定资产 人事管理

图8-5　业务分析框架

（2）财务报表分析。财务报表的分析方法一般有比率分析法、比较分析法和趋势分析法。其中，比率分析法是通过一些比率指标来反映公司的流动状况、营运效率、风险程度、成长率和盈利的能力等；比较分析法则是通过简单数值比较或者共同基准的方法来对公司数据来进行比较分析；趋势分析法则是通过一系列的分析手段，比如回归，来对具体项目或是财务比率进行趋势分析，得到数据的预测结果。

财务报表分析具有三大逻辑切入点，分别是：盈利质量、资产质量和现金流量。具体情况如图8-6所示。

收入质量分析侧重于观察企业收入的成长性和波动性。成长性越高，收入质量越好，说明企业通过主营业务创造现金流量的能力越强。相反地，波动性越大，收入质量越差，说明企业现金流量创造能力和核心竞争力越不稳定。分析成长性和波动性最有效的办法就是编制趋势报表。对于利润质量来说，成长性越高，波动性越小，利润质量也越好。除了利润之外，毛利率分析也十分重

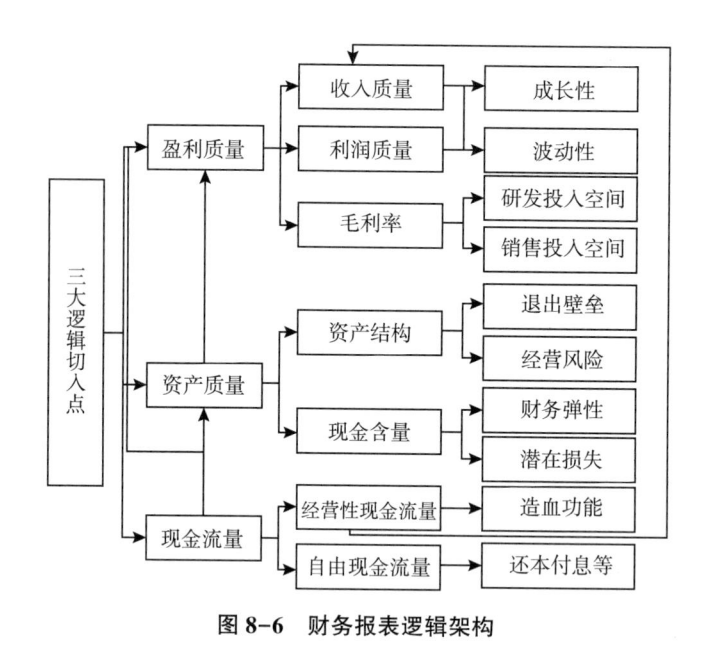

```
                            ┌─── 收入质量 ─── 成长性
              ┌── 盈利质量 ──┼─── 利润质量 ─── 波动性
              │              │                 ┌─ 研发投入空间
              │              └─── 毛利率 ──────┤
三大逻辑       │                                └─ 销售投入空间
  切入点 ──────┤              ┌── 资产结构 ────┬─ 退出壁垒
              │              │                 └─ 经营风险
              ├── 资产质量 ──┤
              │              └── 现金含量 ────┬─ 财务弹性
              │                                └─ 潜在损失
              │              ┌── 经营性现金流量 ─── 造血功能
              └── 现金流量 ──┤
                             └── 自由现金流量 ─── 还本付息等
```

图 8-6 财务报表逻辑架构

要，毛利率等于销售收入减去销售成本与销售税金之和。毛利率的高低不仅直接影响了销售收入的利润含量，而且决定了企业在研究开发和广告促销方面的投入空间。

资产质量分析可以从资产结构和现金含量这两个角度进行分析。资产结构是指各类资产占资产总额的比例。一般而言，固定资产和无形资产占资产总额的比例越高，企业的退出壁垒就越高，企业自由选择权就越小。资产是指企业因过去的交易、事项和情况而拥有或控制的增购带来未来现金流量的资源，所以，评价企业资产质量的方法之一就是分析资产的现金含量。资产现金含量越高，资产质量越好，反之亦然。

现金流量分析主要依靠的是现金流量表。现金流量表分为三大部分：经营活动产生的现金流量、投资活动产生的现金流量和筹资活动产生的现金流量。现金流量可以从经营性现金流量和自由现金流量两个角度进行分析。经营活动产生的现金流量相当于企业的"造血功能"，即不靠股东注资、银行贷款或是变卖非流动资产获得的现金流，企业通过其具有核心竞争力的主营业务就能够独立自主地创造企业生存和发展的现金流量。如果经营性现金流入显著大于现金流出，表明其"造血功能"较强，对股东和银行的依赖性较低，反之则说明依赖较高。从定量的角度看，自由现金流量等于经营活动产生的现金流量减去维持现有经营规模所必需的资本性支出（即更新改造固定资产的现金流出）。这是因为固定资产经过使用必然会陈旧老化，经营活动产生的现金流量首先必须满足更新改造固定资产的现金需求，剩余部分才可用于还本付息和支付股利。将自由现金流量与企业还本付息、支付股利所需的现金流出进行比较，就可评价企业创造现金流量的真正能力。

综上所述，从财务的角度看，盈利质量、资产质量和现金流量是系统有效地分析财务报表的三大逻辑切入点。任何财务报表，只有在这个逻辑框架中进行分析，才不会发生重大的遗漏和偏颇。除此之外，盈利质量、资产质量和现金流量是相互关联的。盈利质量的高低受资产质量和现金流量的直接影响。只有"真金白银"的利润流入，才能真正给企业带来价值的增长。

8.5 模拟实验

（1）根据本章内容，试从基本面表现（包括指标、消息等宏观经济分析、行业分析、上市公司财务指标等方面）构建自己的股票交易策略，并与大家进行分享。

（2）请选取自己喜欢的个股或者行业，撰写相应的个股或行业分析报告。要求要有基本面和技术面分析，要做出短期（3个月内）、中期（3个月至1年）和长期（1年以上）走势的判断。

（3）请根据本章内容对自选股中的两个股票进行简要点评，包括它的基本面和技术面情况，加深理解，培养市场敏感度。

9 投资者情绪分析

近年来,我国 GDP 持续增长,但我国股票市场却并非一路上扬,相反,大量的蓝筹股呈现低迷不振状态,投资者亏损较多,股市的回报与国际资本市场同类股票相比明显不佳。传统的金融理论对现有的金融现象解释无力要求我们寻求新的理论,学者们打破传统金融学理性人的假设束缚,开始从投资者心理及行为层面解释这些现象,为行为金融学的发展奠定了基础。经过近二十年的快速发展,行为金融学对现实金融市场的解释力越来越强。行为金融学研究的是人们在竞争市场中为何不能有效利用信息、持有何种信念和偏好以及如何做出非理性决策的理论,有两个理论基础:有限套利和投资者心态分析。投资者心态分析的主要对象就是投资者情绪。

衡量投资者情绪的常用方法是构建投资者情绪指数。投资者情绪指数分为直接指数和间接指数,大量实证结果表明直接指数的可靠性不足,而间接指数仅仅反映了一定视角下的投资者情绪。这些都表明了寻找合适的能全面衡量投资者情绪的投资者情绪综合指数是十分必要的,尤其是我国证券市场还处于发展阶段,在很多方面都还不成熟,投资者情绪对我国股市的影响更为显著。因此,对我国股票市场投资者情绪综合指数的设计与应用进行研究,具有重要的理论与现实意义。

9.1 投资者情绪的定义与度量

9.1.1 投资者情绪的定义

目前,关于投资者情绪还没有统一的定义。熊市情绪指数(The Bearish

Sentiment Index）于 1963 年在美国《投资者智慧》杂志上首次出现，投资者情绪（Sentiment Index）也被首次使用。此后，Zweig（1973）定义投资者情绪为投资者对于证券价值未来预期的偏差。Lee 等（1990）认为投资者情绪是投资者基于心理情感而产生的一种市场判断，这种判断的根源在于投资者心理因素的非理性导致的认知上的某种偏差。Wurgler（2012）指出以往关于投资者情绪的定义仅仅只是衍生与传统金融，其所指代的界限并不十分清晰。Bandopadhyaya（2016）用投资者情绪来分析短期资产价格的变化情况。

国内学者对投资者情绪研究较晚，对投资者情绪的定义一般沿用国外学者的定义，大多是从投资者的认知偏差出发。饶育蕾和刘达锋（2003）认为，投资者情绪是投资者对资产价格的某种带有偏差的预期，国内持相同或相似定义的还有李小哈、王宇（2012）等学者。胡昌生和池阳春（2012）认为，无论学者们从何种角度来定义投资者情绪，它最终都会反映到资产价格的变化上来，引起资产价格偏离其基本价值。高大良（2013）认为，投资者情绪本质上是投资者对资产价格的某种带有系统性偏差的预期。李昊洋等（2017）认为，投资者情绪本质上是投资者对资产价格的某种带有系统性偏差的预期。

综上所述，从国内外学者对投资者情绪的定义可以看出，投资者情绪的定义不管是从心理学出发还是从金融学出发，基本上大同小异。本书认为投资者每天都接受许多关于股票市场价值信息的刺激，由于投资者自身对市场的系统性认知偏差或信息处理能力的不同导致的对市场的不同理解，从而形成对股票市场的一种预期，这种看涨或看跌的预期就是投资者情绪。

9.1.2 投资者情绪的度量

目前对投资者情绪的研究基本上是利用代理变量表征投资者情绪，从而可以量化投资者情绪，进而分析情绪与股票市场间的相互关系。不同的研究者通常选择不同的市场变量作为投资者情绪的代理变量，对于这些变量，目前没有统一的分类。本书将其分为三类：第一类是投资者情绪的主观指标，多是机构采用问卷调查这种比较直接的方式获取并统计编制投资者情绪。这类方法能够直接反映投资者对市场未来的态度是乐观还是悲观，还能够针对不同的投资者群体编制不同的投资者情绪指标，如调查对象为机构投资者则为机构投资者情绪；调查对象为个人投资者则为个人投资者情绪；调查对象为市场整体投资者则为综合投资者情绪。该类指标的特点是具有较强的预测性和直观性，但主观性太强，属于事前指标。第二类是投资者情绪的客观指标，这类指标一般选用证券市场上的公开交易数据等，然后运用一定的统计方法计算得出投资者情绪指标，同样的，该类投资者指标也可以分为机构投资者情绪指标、个人投资者情绪指标以及综合投资者情绪指标，该类指标的特点比较客观，需要进行一定的统计分析，属于事后指标。第三类是影响情绪的其他非经济变量的隐形指标，任何影响人的情绪的事情或者影响投资者当时的决策指标都属于此类，比较常用的有天气类的变量如气温、气压、云量、降雨、降雪、湿度等，还有其他的如噪声、日照时间长短和体育比赛等。这类指标的特点是与金融市场相关程度不大，内在的影响机制难以阐述。常用的各类型指标具体如表9-1所示。

表9-1 常见的投资者情绪度量指标

指标类型	国外常用的指标	国内常用的指标
主观指标	（1）投资者智能指数：发起者对超过百家报纸的股评者进行对市场看涨、看跌和看平三种市场预期的问卷调查，得到可以在一定程度上反映投资者情绪的指数，进行相关研究的学者有 Fisher 和 Statman（2000）、Lee 和 Indro（2002）、Brown 和 Cliff（2004）等 （2）华尔街分析家指数：该指数以股票在卖方分析师所推荐的资产配置中占的比例来作为投资者情绪的度量指标，进行相关研究的学者有 Bernstein 和 Pradhuman（1994）、Fisher 和 Statman（2000）等 （3）友好指数：由哈达迪公司根据主要报刊、基金及投资者机构每周的买卖建议，通过打分评估它们的乐观或悲观程度。进行相关研究的学者有 Solt 和 Statman（1998）、Sander，Irwin 和 Leuthold（1997）等 （4）美国个体投资者协会指数：美国个体投资者协会每月采用问卷调查投资者对未来六个月行情的判断，主要反映的是个体投资者情绪的变化，进行相关研究的学者有 Fisher 和 Statman（2000）、Brown 和 liff（2004）	（1）央视看盘指数：由中央电视台的"央视看盘"栏目对我国60家券商和咨询机构对后市的看法进行问卷调查，该指数有日数据和周数据两种。进行相关研究的学者有饶育蕾和刘达峰（2003）、刘超和韩泽县（2006）、杨阳和万迪昉（2010）、王一茸和刘善存（2013）等 （2）华鼎多空民意调查数据：该指数由《中国证券报》公布的对大中小型投资者的仓位情况以及对未来走势的涨跌看法进行调查，并进行分析处理得出，涉及该指数的国内学者有王美今和孙建军（2007）、余佩琨和钟瑞军（2009）、晏艳阳等（2010）、方勇（2012）等 （3）好淡指数：是国内最早连续公布投资者情绪的调查指数，由《股市动态分析》杂志社每周五通过对机构投资者对市场后期走势的看法，并分为短期好淡指数和中期好淡指数，运用或涉及该指数研究的学者有王朝阵和李心丹（2008）、陆江川和陈军（2013）、汤益成（2015）等

续表

指标类型	国外常用的指标	国内常用的指标
客观指标	(1) 封闭式基金折价率：由于封闭式基金无法在一级市场进行申购和赎回等特征，出现了所谓的"封闭式基金折价之谜"，即封闭式基金的价格与其净资产值长期处于背离状态，价格低于净资产值这种情况经常出现，Lee 等（1990）最早采用投资者情绪理论来解释封闭式基金折价之谜，认为封闭式基金折价率能够表征个人投资者情绪的学者还有 Swaminathan（1996）、Neal 和 Wheatley（1998）、Baker 和 Wurgler（2006）。然而，也有学者如 Elton、Ruber 和 Busse（1998）、Brown 和 Cliff（2005）认为封闭式基金折价率不能够表征个人投资者情绪 (2) 换手率：股票的成交量与其流通市值的比值，通常会反映出股票流动性的高低以及投资者参与投资交易的活跃程度。Jones（2002）研究发现换手率能用来预测一年或者更长区间的股市收益，高的换手率预示着未来的低收益。Baker 和 Wurgler（2006）指出换手率指标反映市场上股票流动性的强弱及投资者参与交易的意愿强烈程度，是度量投资者情绪的有效指标 (3) IPO 数量：IPO 市场的火热程度往往能够反映出整个股票市场投资者情绪的乐观程度。不过该指标具有争议，Bayless 和 Chapllinsky（1996）认为其不能表征投资者情绪，但 Brown 和 Cliff（2005）、Baker 和 Wurgler（2006）却认为其可以表征投资者情绪 (4) 腾落指标（ADL）：该指标反映了股票市场上人气的盛衰，以股票每天上涨或下跌的家数为基础编制而成。Brown 和 Cliff（2004）对该指标进行了研究，他们发现月度 ADL 指标可以很好地预测小市值股票的未来收益，且显著性水平非常高，但是该指标对大市值股票却没有预测作用	(1) 封闭式基金折价率：在我国，自 2000 年之后，保险公司等机构占据封闭式基金的份额比例较大，与国外基金大多由个人持有不一样，所以能否代表个人投资者情绪还需进一步的实证研究。研究该指标的相关学者包括顾娟（2001）、张俊喜和张华（2002）、刘煌辉和熊鹏（2004），黄少安和刘达（2005）、朱伟骅和张宗新（2008）、杨元泽（2010）等。伍燕然和韩立岩（2007）利用投资者情绪解释了封闭式基金折价之谜，并且论证了投资者情绪是资产定价的重要因素。王春峰等（2007）结合现代市场微观结构理论，建立了非对称信息环境下投资者情绪与新股价格的行为关系模型 (2) 换手率：国内学者很少单独采用该指标进行研究，一般跟其他代理变量结合并构建综合投资者情绪指数进行研究，如杨阳和万迪昉（2010）、方援（2014）、易志高和茅宁（2009）等学者在研究中把换手率指标作为反映投资者情绪指数的一个因素 (3) IPO 首日收益率：IPO 首日收益率即股票上市第一天的涨跌幅。一般情况下，当投资者情绪高涨时，股票价格相对较高，上市公司选择此时发行新股，会给公司带来更大的利益。运用或涉及该指数研究的学者有韩立岩和伍燕然（2007）、周孝华（2008）等 (4) 新增开户数或开户增长率：代表未进入市场人士对股市未来的看法，若新增开户数或开户增长率增加，表示投资者对市场后市看涨，反之则不然。进行相关研究的学者有张强和杨淑娥（2009）、李学峰和曹晨旭（2010）等

续表

指标类型	国外常用的指标	国内常用的指标
隐形指标	（1）Hirshleifer 和 Shumway（2003）研究了天气晴朗与否和股票收益之间的相关关系，研究表明两者之间有很强的正相关关系 （2）Kamstra 等（2000）将日照时间长短跟股票收益联系起来，结果表明两者之间存在较高的正相关关系。另外他们（2003）采用季节性情绪失调（SAD）来表征投资者情绪，研究表明该指标与股票收益存在显著的相关关系 （3）Cao 和 Wei（2005）将气温高低和股票收益联系起来，结果表明两者之间存在负相关关系，气温越低，股票收益率较高 （4）体育比赛的输赢也会影响股票的收益，如 Edmans 等（2007）的研究表明两者存在相关关系	（1）韩泽县（2005）研究了沪、深两市1997~2002年天气与股指日收益率之间的关系，研究表明两者之间存在稳定且显著的相关性 （2）李小晗（2009）采用月相变化来表征投资者情绪的周期性波动，研究表明投资者情绪会随着月相变化呈现周期性波动，导致其投资决策行为模式的变化，进而影响股票价格的运行轨迹，发现股票价格运行轨迹与投资者情绪周期波动轨迹相同

9.1.3 投资者情绪与市场的关系

投资者情绪对股市的影响主要体现在两个方面：先导作用与放大作用。

投资者情绪与股市运行趋势之间是一个相互促进的交互过程，两者之间形成一种反馈环机制。索罗斯提出的著名"反射理论"可以很好地描述这种反馈环现象，展示两者的相互作用机制。反射理论简单来说，指的是投资者与金融市场的互动关系。在股市中，首先投资者会根据自身掌握的相关信息（投资者不可能获得所有信息）和对市场的认知（投资者之间会存在认知差异）形成对市场的预期，当投资者认为自己的这种预期能够实现的时候，他会付诸行动。而投资者的这种行动将会对市场原有发展趋势产生影响，市场形态会有所改变，也就是说投资者的行为反射出了一种新的市场形态，从而形成新的信息。这种新的信息又会让投资者产生新的投资信念，并继续改变金融市场的走向。两者在这种相互影响的过程中不断强化自身趋势，当投资者中偏见的力量越来越大，并在群体中产生影响时就会产生"蝴蝶效应"，市场此时将无法支撑原有状态，股市就会开始调整，股市将会偏离均衡状态。

国外学者在对股市的研究中发现这种正反馈交易特征还是比较明显的。当这种偏见的趋势很大时，会导致股票价格偏离其价值。投资者情绪正向作用的时候可能加长牛市的持续时间，即对牛市有一种支撑作用；但是当投资者情绪反向作用时，将会扩大市场的下跌幅度，对股市造成灾难性影响。

投资者情绪的放大作用体现在市场趋势的形成过程中，虽然投资者情绪从来都不是主要因素，但是它对市场趋势有着另外一方面的影响，投资者情绪会强化原有的市场趋势，使市场趋势的波动幅度和持续时间加长。当市场出现触底反弹之后，投资者受市场上涨趋势的影响，在财富效应的作用下，他们会产生新的投资冲动，为市场注入新的活力，当"羊群效应"出现的时候，会推动股市进一步上涨。反之，会推动股市进一步下跌。

9.2 媒体报道对投资者情绪的影响

媒体是提供新闻信息的重要途径。证券市场是一个高度信息不对称的市场，投资者所需的资讯大部分是从金融媒体获得。媒体可以是信息的公开者，可以是市场变化的预测者，可以是重大事件的调查者，可以是公司丑闻的揭露者，还可以是某种观点的支持者。它是一个信息媒介，大大降低了公众搜索信息的成本，但它又不仅仅是信息媒介，媒体信息同样左右着人们的投资决策判断。

股票收益的变动必然是来自于投资者的行为，媒体影响股票收益率也是媒体作用在投资者身上使投资者行为发生了变化。行为金融学认为媒体通过引起投资者关注和改变投资者情绪，改变了投资者的投资行为，如投资者的参与程度、投资类型以及收益预期等，最终反映到资产价格中。投资者注意力是引起一系列投资行为的触发点，而投资者情绪是决定投资者行为决策的基础和前提。因此，我们接下来研究媒体报道对投资者情绪的影响。

投资者情绪是指投资者给予对资产未来的现金流和投资风险的预期形成的一种信念，但这一信念并不能完全反映当前已有事实。简单来说，投资者情绪是投资者对未来市场情况乐观或悲观的判断，具有不确定性。鉴于投资者自身的知识经历、社会背景、投资经验、相关信息、自身个性、风险偏好等方面的限制，不同的投资者对同一资产会有不同的"情绪"，是投资者基于主观信念和客观条件的综合评估。

9.2.1 投资者情绪综合指数构建

由于我国证券市场情况和统计数据不同于国外市场，本书主要借鉴国内研究成果，选取个股换手率、个股交易金额增长率、调整后的买卖不均衡指数以及上涨下跌平均天数指标RFR（Rise-Fall Ratio）来描述个股投资者情绪。

（1）个股换手率（TR）。换手率（Turnover Rate）为当期成交股数与市场流通总股数的比值。买方市场的乐观和卖方市场的悲观都会导致较高的换手率，也就是说高换手率不一定代表投资者持看涨态度。因此本书使用当月个股开收盘价对换手率的正负作出定义：如果当月末收盘价大于月初开盘价，则换手率为正，反之为负。

（2）个股交易金额增长率（AGR）。投资者情绪变化不仅反映在交易量上，还带来交易价格的变化，也就是引起个股交易金额的变化，用个股交易金额增长率（Amount Growth Rate）来表示，计算公式为：

$$AGR_{i,t} = \frac{A_{i,t} - A_{i,t-1}}{A_{i,t-1}} \qquad (9-1)$$

其中，$A_{i,t}$指股票i在t时期的个股交易金额，$A_{i,t-1}$指股票i在t时期的滞后一期个股交易金额。同样，大量的买入与卖出反映到市场上都是较高的交易金额。因此本书对个股交易金额增长率也做出调整，即月末收盘价大于月初开盘价增长率为正，反之为负。此时，AGR数值越大，则说明投资者情绪越高涨。

（3）调整后的买卖不均衡指标（BSI）。传统的买卖不均衡指标是通过主动买入量和主动卖出量来构建，反映投资者对某只股票的需求程度，但主动买入量和主动卖出量需要使用分笔成交金额的高频数据。由于数据获取比较复杂，本书利用资金流入量和资金流出量构建该指标，计算公式为：

$$BSI_{i,t} = \frac{INFLO_{i,t} - OUTFLO_{i,t}}{INFLO_{i,t} + OUTFLO_{i,t}} \qquad (9-2)$$

其中，$INFLO_{i,t}$指股票i在t时期的区间资金流入量，$OUTFLO_{i,t}$指股票i在t时期的区间资金流出量。$BSI_{i,t}$大于0则说明股票i在t时期的资金流入量大于资金流出量，代表投资者情绪高涨；$BSI_{i,t}$小于0则说明投资者情绪低迷。

（4）上涨下跌平均天数比指标（RFR）。股票投资者情绪可以通过股票价格的上涨和下跌直观体现。当投资者对某只股票普遍看涨时，该股票价格偏向于上涨；反之亦然。因此，本书借鉴其他指标的计算方法，利用交易期间内个股股票价格上涨和下跌的波动变化构造了 RFR 指标，计算公式为：

$$\text{RFR}_{i,t} = \frac{\text{RD}_{i,t} - \text{FD}_{i,t}}{\text{RD}_{i,t} + \text{FD}_{i,t}} \quad (9-3)$$

其中，$\text{RD}_{i,t}$ 指股票 i 在 t 时期内的上涨天数，$\text{FD}_{i,t}$ 指股票 i 在 t 时期内的下跌天数。$\text{RFR}_{i,t}$ 大于 0 表示投资者对股票 i 在 t 时期内是看涨的，反之为看跌。

9.2.2 投资者情绪影响股票收益率分析

从经济意义上来讲，情绪水平以及情绪的变化都有可能会影响股票收益，但是可能在影响的大小及方式上存在差异。得到每只样本股票的综合情绪指标后，建立投资者情绪与股票收益之间的模型。为了尽可能全面地刻画股票收益率，本书以 CAPM 模型为基础，在回归分析中包含市场风险（$R_{m,t} - R_{f,t}$）、公司规模 [$\ln(\text{MV}_{i,t})$]、账面市值比（$\text{BM}_{i,t}$）、流动因子（$\text{LI}_{i,t}$）作为解释变量，股票收益率（R_i）作为因变量。

$$R_{i,t} - R_{f,t} = \alpha_{i,t} + \beta_1(R_{m,t} - R_{f,t}) + \beta_2\ln(\text{MV}_{i,t}) + \beta_3\text{BM}_{i,t} + \beta_4\text{LI}_{i,t} + \beta_5\text{SENT}_{i,t-n} + e_{i,t} \quad (9-4)$$

$$R_{i,t} - R_{f,t} = \alpha_{i,t} + \beta_1(R_{m,t} - R_{f,t}) + \beta_2\ln(\text{MV}_{i,t}) + \beta_3\text{BM}_{i,t} + \beta_4\text{LI}_{i,t} + \beta_5\Delta\text{SENT}_{i,t} + e_{i,t} \quad (9-5)$$

其中，$R_{i,t}$ 表示股票 i 在 t 时期的收益率；$R_{f,t}$ 表示 t 时期的无风险收益率，本书选用中国人民银行公布的 3 个月定期存款基准利率折算出的月利率；$R_{m,t}$ 表示 t 时期的市场收益率，本书选用沪深 300 指数月收益率进行描述；$\ln(\text{MV}_{i,t})$ 表示股票 i 在 t 时期取自然对数的总市值；$\text{BM}_{i,t}$ 表示股票 i 在 t 时期的账面市值比；$\text{LI}_{i,t}$ 表示股票 i 在 t 时期的流动性，本书采用个股月换手率进行衡量，即月成交股数与月个股流通股数的比值；$\text{SENT}_{i,t-n}$ 为股票 i 滞后 n 期的个股投资者情绪，因为本期媒体报道可只对下一期个股收益率产生影响，为了研究时期的一致性，在此只研究当期以及上期个股投资者情绪对本期股票收益率的影响，故 n 取值为 0，1；$\Delta\text{SENT}_{i,t}$ 表示股票 i 在 t 时期的个股投资者情绪变化值，即 $\Delta\text{SENT}_{i,t} = \text{SENT}_{i,t-1} - \text{SENT}_{i,t}$；$\alpha_{i,t}$ 是截距项；$\beta_1 \sim \beta_5$ 分别表示对应变量的系数；$e_{i,t}$ 表示随机误差项。本书利用最小二乘法对两个模型进行回归，结果如表 9-2 所示。

表 9-2 个股投资者情绪与股票收益率

Variable	SENT Coefficient	SENT t-Statistic	SENT1 Coefficient	SENT1 t-Statistic	dSENT Coefficient	dSENT t-Statistic
X1	−0.911	−18.738***	−0.905	−18.130***	−0.899	−18.606***
MV	0.113	3.985***	0.110	3.615***	0.125	4.247***
BM	−0.224	−3.635***	−0.272	−4.418***	−0.260	−4.292***
LI	0.001	12.173***	0.001	21.005***	0.001	15.695***
SENT	0.019	5.769***				
SENT1			−0.003	−1.093		
DSENT					0.008	4.090***
R-squared	0.813		0.802		0.811	
Adjusted R-squared	0.784		0.771		0.781	
F-statistic	27.998		26.048		27.523	
Prob.	0.000		0.000		0.000	
D.W.	2.040		1.951		1.956	

注：*** 表示在 1% 的统计水平上显著。

SENT 表示本期投资者情绪对股票收益率的回归结果，SENT1 表示上一期投资者情绪对股票收益率的回归结果，dSENT 表示本期投资者情绪变化量对股票收益率的回归结果。结果表明，在 1% 显著性水平上，本期个股投资者情绪水平和本期个股投资者情绪变化量显著影响个股投资者收益，上期个股投资者情绪影响不是十分显著，说明投资者情绪在短期内没有延续性，即上一期投资者情绪不会影响到本期股票收益率，但随后的情绪改变量和本期投资者情绪会影响本期股票收益率。因此，可以认为投资者是"健忘"的，他们会根据当期情绪的转变及当期情绪买卖股票而非考虑到上一期情绪，情绪具有一定的时效性。本期投资者情绪水平和本期投资者情绪变化量与个股收益率呈正相关，上期个股投资者情绪水平负向影响本期股票收益，即上期投资者情绪的高涨会引起本期股票的低收益，本期投资者情绪的高涨会引起股票的高收益。这与 Chan 的结论一致，即投资者情绪高涨买入股票，推高股价，相应的股票收益增加，但接下来股票价格会向其基本面价值回归,从而使股票收益率下降。本期投资者情绪变化量与个股收益率之间的系数为正,说明当投资者情绪由高到低或由低到高时,相应的股票收益率会下降或上升,这也是符合股票市场规律的。

9.3 基于直觉模糊网络分析法的投资者情绪综合指数

9.3.1 情绪指标的选择与处理

上节讨论了媒体报道对投资者情绪的影响,本节拟考虑影响投资者情绪的全部因素,来构建投资者情绪综合指数。本书选取反映市场状况和符合中国证券市场特征的客观数据来构建投资者情绪综合指数。共选取13个客观指标的代理变量,剔除了主观指标的代理变量,原因主要有以下两点:第一,主观变量往往采取调查问卷的形式,得出投资者对未来一段时间市场的情绪,然而随着网络的发展,信息更新的速度日新月异,各种噪音信息时刻在影响投资者对市场的判断,投资者认知上的偏差和心理活动影响投资者情绪进而影响到最终的买卖决策,投资者很有可能不会按照其调查时的看法进行投资,尤其是在波动剧烈的情况下,市场更流传着"一根阳线改变情绪,二根阳线改变预期,三根阳线改变理念"的说法。第二,调查样本选取的时效性随着时间也可能渐渐减弱,如央视看盘指数选择市场上50家证券机构对未来的看法,即使50家证券机构不存在第一点的问题,随着中国资本市场的发展,私募基金以及外资机构的不断增加,这50家证券机构对市场的影响也会逐渐减弱。因此,本书认为金融市场的客观交易数据已经包含了市场所有投资者的特征,用这些客观交易数据来表征投资者情绪更加准确。将13个指标分成4类,分别为市场活跃度指标、盈利能力指标、市场表现指标和市场扩容指标。

(1) 市场活跃度指标。市场活跃度与投资者情绪相互影响,成正相关关系。当市场非常活跃时,投资者情绪也越发高涨;反之,市场低迷时,投资者情绪低落。反映市场活跃程度的指标主要有成交量、换手率、融资余额、银行间同业拆借利率等。投资者情绪高涨时,市场一般买卖比较活跃,成交量和换手率也较高;反之,成交量和换手率就比较低。因此,市场换手率表示一定时间内市场转手买卖的频率，一定程度上反映了市场流动性和市场人气。换手率越高，说明市场参与股票交易越热情，可以较好地反映投资者对后市的一种态度。市场成交量反映的是投资者股票的买卖数量。成交量越大，表示投资者的认可程度越大。

融资余额指投资者每日融资买进与归还借款间的差额的累积，即银行等机构通过融通资金方式带来的资金融通的数量。当融资余额在一定时期内呈现上升情况时，此时市场中的投资者对于证券市场后市持乐观态度，证券的整体交易状况也呈现出一片繁荣之景，称为强势市场；而当融资余额在一段时间内处于下降状态时，市场中多呈现出一片看空的景象，投资者买入股票的意愿降低，整个证券市场称为弱势市场。融资余额的变化，反映着证券市场中的投资者对于市场后市变化的预期，在市场上涨初期，若出现融资余额的快速上涨，则体现着投资者高涨的投资兴趣，大量资金涌入市场也将助力股票市场的抬升；当证券市场到达一定高位时，融资余额不再增加甚至下降，表明了投资者对后市的悲观情绪，预示着股票市场可能迎来下跌。

银行间同业拆借利率：利率的变化也会影响投资者对股市的预期。理论上讲，利率变化与股价涨跌成反比，即利率上升，股价下跌。银行间同业拆借利率的变化，反映了短期资金面的紧张程度。同业拆借利率升高，短期资金成本增加，会引发投资者对市场的流动性担忧，对投资者来说是利空信号，特别是在行情不好的时候，会增加投资者的恐慌情绪；同业拆借利率降低，短期资金成本减少，市场流动性充裕，对投资者来说是利好信号。本书采用7天银行间同业拆借利率。

（2）盈利能力指标。盈利能力是指企业在一定时期内赚取利润的能力。利润率越高，盈利能力就越强。对于经营者来讲，通过对盈利能力的分析，可以发现经营管理环节出现的问题。对于投资者来说，通过对盈利能力的分析，可以提高投资回报率。能够反映盈利能力的指标主要包括营业利润率、成本费用利润率、盈余现金保障倍数、总资产报酬率、净资产收益率和资本收益率六项。一般而言，经常采用市盈率、市净率、每股净资产等指标评价上市公司的盈利能力。

市盈率表示股票价格除以每股年化收益。市盈率高的股票说明市场对公司未来收益增长期望很高，但过高的市盈率也意味着市场中投机性较高。我国股票市场市盈率的水平与其他成熟市场相比明显偏高，市场中投机行为较多，因此我国股票市场风险相对较大。投资者偏向于投资高市盈率的公司，因为相对较高的市盈率说明市场对该股票具备投资热情，可能短期内该股票的价格能够上涨，给投资者带来投资收益。

市净率是指股票市场价值除以股票的账面价值。市净率是衡量股票成长性或财务状况是否良好的指标。较高的市净率一般来自企业的高成长性和高盈利能力。市净率高说明企业成长性和盈利能力高，因此投资者也会通过观察市净率的高低来判断企业的经营状况和未来发展能力。但如果企业成长或盈利没有达到投资者的预期水平，投资者对该企业的信心就会相应打折扣而变得悲观，转而抛售持有的股票，股票价格就会下跌。

IPO首日溢价率=（首日收盘价-发行价）÷发行价。周孝华（2017）分析投资者情绪对IPO价格形成机理的影响并进行了数值分析。当投资者很乐观时投资者的情绪是比较稳定的，发行人和承销商通常都会提高IPO的发行价格，也会有更多的公司通过IPO来募集资金，这就会形成"热市"。当投资者很悲观时，发行人和承销商会降低IPO的发行价格来吸引投资者，这就形成了"冷市"。"热市"和"冷市"是IPO的时机选择问题。

（3）市场表现指标。市场表现主要指股市每日收盘后的具体情况，如市场的涨跌、涨跌的幅度等。目前市场的具体情况会影响投资者的情绪，从而改变其对未来的预期，做出卖出、买入或持续持有的决策。

涨跌比是计算股市一段时间内的涨跌股票数量比例，涨跌比=上涨股票数÷下跌股票数。主要推断股票市场多空双方力量的对比，用来反映市场人气的盛衰，进而判断出股票市场实际的总体情况。

相对强弱指标是根据股票市场上供求关系平衡的原理，相对强弱指标=上涨3%的股票数÷下跌3%的股票数，通过比较一段时期内相对强弱指标来分析判断市场上多空双方买卖力量的强弱程度，也在一定程度上反映了投资者的情绪。

流入资金减去流出资金，如果是正值表示资金净流入，是负值则表示资金净流出，用来描述资金流向。指数处于上升状态时产生的成交额是推动指数上涨的力量，这部分成交额被定义为资金流入；指数下跌时的成交额是推动指数下跌的力量，这部分成交额被定义为资金流出；当天两者的差额即当天两种力量相抵之后剩下的推动指数上升的净力，也就是该板块当天的资金净流入。资金流向测算的是推动指数涨跌的力量强弱,反映了人们对该板块看空或看多的程度到底有多大。刘晓星(2016)指出投资者情绪对市场流动性的影响是正向的,投资者情绪越高,市场流动性越强。

(4) 市场扩容指标。市场扩容指标反映股票市场是否扩张,不仅指股票市场中的股票数量是否增多,还考察股市参与者即投资者是否增加,这里的投资者包括个人投资者和机构投资者。

每周 IPO 数量是指每周新上市的股票数量。新股上市通常会引起投资者的购买欲望,进而对新股收益率产生重要影响,因此每周 IPO 数量能够反映投资者的情绪变化。

发行新股比例是指在每周市场上新发行股权募集的资金与市场上新发行公司债的发行金额的比值,新股发行比例=每周新发行股票募集资金总额÷每周公司债的发行金额,因为股权类证券有高风险高收益性质,因此这个比例越高,说明投资者情绪越乐观。

每周新开交易账户数指每周新增的股票交易账户数。其数量的变化能直接反映投资者的投资意愿及对股市的预期。当投资者预期股市继续上涨时,投资者情绪乐观,此时会有更多新的投资者涌入市场,导致新开交易账户激增;反之则减少。鲁训法(2015)使用每周新开交易账户数的增长比率为代理变量构建投资者情绪指数。

(5) 数据提取与处理。本书选取 2015 年 5 月至 2017 年 12 月全部 A 股数据(由于新增投资者开户数量是从 2015 年 5 月开始统计),提取上述 13 个指标的相关数据,数据来源是锐思数据库和 Wind 数据库。本书选取的时间段中 IPO 有几次暂停,为了使分析结果更贴近市场真实情况,暂停期间的相关数据用零填充。由于不同指标的统计口径不同,其计量单位也有所不同,故所得的数据不具备可比性,同时数值的大小也往往存在较大差距,为了便于比较,采用标准化方法将指标值变换到 0~1 之间。本书将指标数据分为成本型和效益型指标,效益型指标的数值越大越好,成本型则是越小越好,标准化的公式如下:

若指标 i 是成本型指标,$z_{ij} = \dfrac{x_i^{max} - x_{ij}}{x_i^{max} - x_i^{min}}$;

若指标 i 是效益型指标,$z_{ij} = \dfrac{x_{ij} - x_i^{min}}{x_i^{max} - x_i^{min}}$。

其中，x_i^{max}和x_i^{min}分别代表数据的最大值和最小值。本书除银行间同业拆借利率是成本性指标，其余12个基础指标均为效益性指标。

9.3.2 基于直觉模糊网络分析法的综合情绪指数构建

（1）构建ANP网络结构。本书考虑了各指标之间以及指标与准则之间的相互作用和相互影响关系，构建了投资者情绪的网络指标体系，如图9-1所示。例如，平均换手率（u_{11}）不光影响市场的活跃度（U_1），还会影响市场的成交量（u_{13}），等等。以往的研究没有考虑这些指标之间的相互关系，显然不符合实际情况。

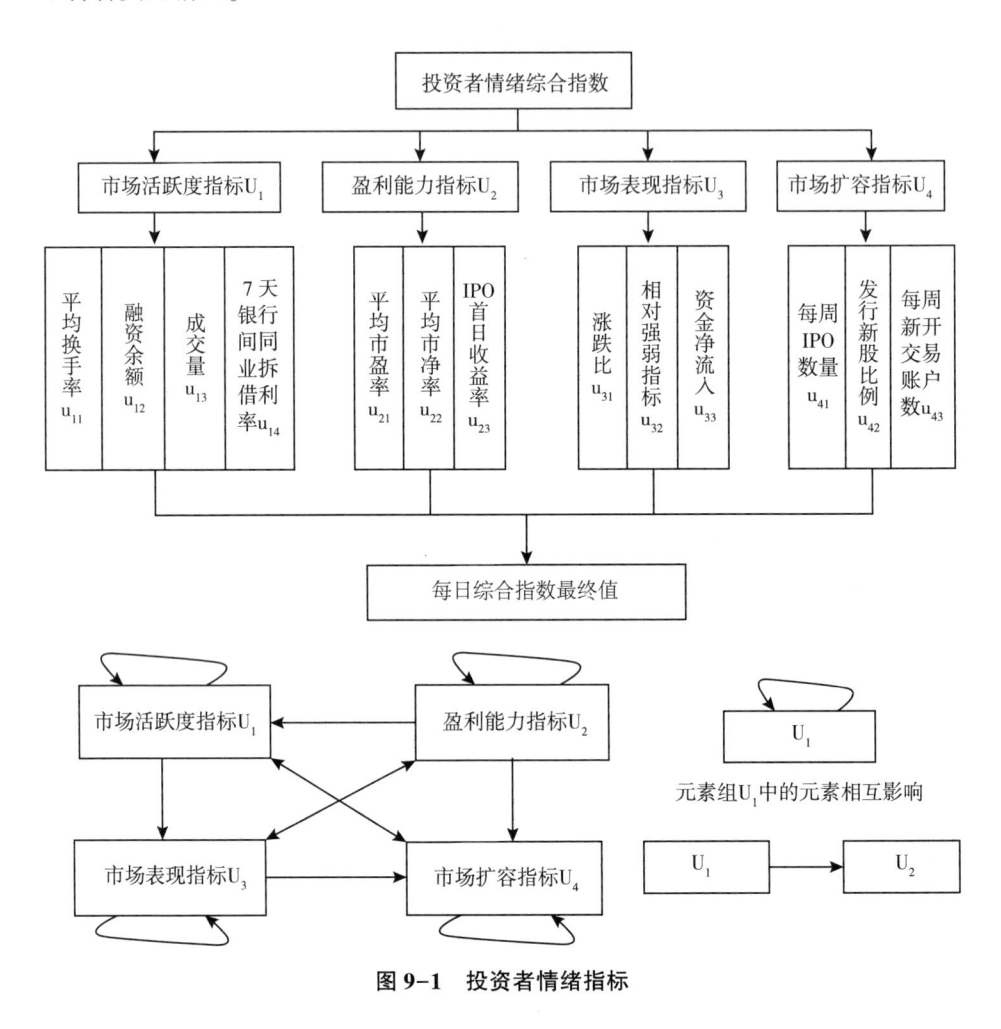

图9-1 投资者情绪指标

(2) 建立直觉模糊偏好关系。由于决策过程中的不确定性和模糊性,在建立投资者情绪综合指数时很难用一个精确的数字来表示决策者的偏好。由于直觉模糊集能从支持、反对和弃权三个方面表示决策者的偏好信息,本书采用直觉模糊偏好关系来表示决策的偏好。将评语集分为九个等级,如表9-3所示。需要指出的是,根据实际情况可以分为不同的级别,如五级、七级、十一级等。在进行相对重要度评价时,还有一种方法就是投票制,与直觉模糊集的投票模型解释相一致。在人员较多且不便于统一意见的情况下,可以采用投票制。在对元素进行两两比较时,统计投票人支持、反对和弃权的票数,然后除以投票总人数,即可得到一个直觉模糊集 A = (μ_A, ν_A, π_A),其中,μ_A = 支持票数÷总票数,ν_A = 反对票数÷总票数,π_A = 弃权票数÷总票数。

表9-3 语言变量与直觉模糊集转换对应表

语言变量	数字标度	直觉模糊集	犹豫度
绝对不重要(v_1)	1	(0, 1, 0)	0
非常不重要(v_2)	2	(0.1, 0.8, 0.1)	0.1
不重要(v_3)	3	(0.2, 0.6, 0.2)	0.2
较不重要(v_4)	4	(0.35, 0.55, 0.1)	0.1
同等重要(v_5)	5	(0.5, 0.5, 0)	0
较重要(v_6)	6	(0.55, 0.35, 0.1)	0.1
重要(v_7)	7	(0.6, 0.2, 0.2)	0.2
非常重要(v_8)	8	(0.8, 0.1, 0.1)	0.1
绝对重要(v_9)	9	(1, 0, 0)	0

假设在总目标下,分别对指标 U_1、U_2、U_3 和 U_4 进行两两比较,如 U_1 比 U_2 重要,U_1 比 U_3 较重要,以此类推,两两比较后可以得到一个用语言变量表示的判断矩阵。接着根据表9-3,将语言变量转换为对应的直觉模糊偏好关系,得到如下直觉模糊判断矩阵。

$$R = \begin{bmatrix} (0.5, 0.5) & (0.6, 0.2) & (0.55, 0.35) & (0.8, 0.1) \\ (0.2, 0.6) & (0.5, 0.5) & (0.2, 0.6) & (0.55, 0.35) \\ (0.35, 0.55) & (0.6, 0.2) & (0.5, 0.5) & (0.6, 0.2) \\ (0.1, 0.8) & (0.35, 0.55) & (0.2, 0.6) & (0.5, 0.5) \end{bmatrix}$$

根据图 9-1 所示指标之间的相互关系，共得到 45 个直觉模糊偏好关系矩阵。

（3）计算指标权重。根据直觉模糊偏好矩阵计算指标的权重可以分为三步。

第一步：计算未加权超矩阵 W。对基于直觉模糊偏好关系的权重计算方法，目前已有最小二乘法、目标线性规划法等。本书采用 Liao（2017）等提出的 OPO 模型，并使用 Matlab 软件编程计算。OPO 模型如下：

$$\text{Max } \tau$$

$$\text{s.t.} \begin{cases} 1 - \dfrac{p_l w}{t_l} \geq \tau, \ l = 1, 2, \cdots, m \\ m = n(n-1) \\ 0 \leq w_i \leq 1, \ i = 1, 2, \cdots, n \\ \sum_{i=1}^{n} w_i = 1 \end{cases}$$

OPO 模型得到的最佳解 w^* 为基于直觉模糊偏好关系下的局部权重，τ^* 是最优目标函数值，可以看作测量决策者评估的一致性指标。当 $\tau^* \geq 1$ 时，IFPR 满足一致性要求，当 $0 < \tau^* < 1$ 时，不满足一致性要求。如果不满足一致性要求，可参考 Xu 和 Liao（2014）提出的公式对其进行修正。求出所有直觉模糊判断矩阵的局部权重之后，根据指标间的网络结构构造未加权超矩阵 W，如表 9-4 所示。

表 9-4　未加权超矩阵

	u_{11}	u_{12}	u_{13}	u_{14}	u_{21}	u_{22}	u_{23}	u_{31}	u_{32}	u_{33}	u_{41}	u_{42}	u_{43}
u_{11}	0	0.6618	0.8068	0.4578	0.2395	0.2338	0.4673	0	0	0	0.5133	0.1407	0.4716
u_{12}	0.2593	0	0.1594	0.2169	0.3605	0.4293	0.1611	0	0	0	0.1773	0.576	0.1529
u_{13}	0.6296	0.3043	0	0.3253	0.2395	0.2226	0.2683	0	0	0	0.0932	0.1511	0.2735
u_{14}	0.1111	0.0338	0.0338	0	0.1606	0.1143	0.1033	0	0	0	0.2162	0.1322	0.102
u_{21}	0	0	0	0	0	0.85	0.6	0.3253	0.3253	0.2105	0	0	0
u_{22}	0	0	0	0	0.6	0	0.4	0.2169	0.2169	0.1403	0	0	0
u_{23}	0	0	0	0	0.4	0.15	0	0.4578	0.4578	0.6491	0	0	0
u_{31}	0.5601	0.3012	0.4578	0.5601	0.2105	0.2921	0.4578	0	0.85	0.6	0	0	0
u_{32}	0.2921	0.2452	0.3253	0.2921	0.1403	0.1478	0.3253	0.6	0	0.4	0	0	0
u_{33}	0.1478	0.4535	0.2169	0.1478	0.6491	0.5601	0.2169	0.4	0.15	0	0	0	0
u_{41}	0.5601	0.4578	0.4578	0.5601	0.5601	0.5601	0.4578	0.4578	0.4578	0.5601	0.4	0.6	0.85
u_{42}	0.1478	0.2169	0.2169	0.1478	0.1478	0.1478	0.2169	0.2169	0.2169	0.1478	0.6	0	0.5
u_{43}	0.2921	0.3253	0.3253	0.2921	0.2921	0.2921	0.3253	0.3253	0.3253	0.2921	0	0.4	0

第二步：计算加权超矩阵$\overline{W}$。未加权超矩阵仅考虑了元素和元素之间的关系。因此，将总目标下的各准则（即 U_1、U_2、U_3、U_4）间的相对重要性组成加权矩阵 a_{ij}，与未加权超矩阵相乘得到加权超矩阵$\overline{W}$，如下式所示：

$$\overline{W} = (a_{ij} \times W)_{m \times n}，其中，i,j = 1,2,\cdots,n$$

第三步：计算极限超矩阵 W^{∞}。在加权超矩阵中，每一列都要进行归一化处理，即它的每一列的和都为 1。为了使加权超矩阵 W 保持稳定，可通过计算加权超矩阵的极限得到，即极限超矩阵。极限超矩阵的任一行元素值都相同，因此可以任取一列作为基础指标的最终权重。结果如表 9-5 所示。

$$W^{\infty} = \lim_{k \to \infty} \frac{1}{N} \sum_{k=1}^{N} \overline{W}^k$$

表 9-5 超极限矩阵

	u_{11}	u_{12}	u_{13}	u_{14}	u_{21}	u_{22}	u_{23}	u_{31}	u_{32}	u_{33}	u_{41}	u_{42}	u_{43}
u_{11}	0.1628	0.1628	0.1628	0.1628	0.1628	0.1628	0.1628	0.1628	0.1628	0.1628	0.1628	0.1628	0.1628
u_{12}	0.0857	0.0857	0.0857	0.0857	0.0857	0.0857	0.0857	0.0857	0.0857	0.0857	0.0857	0.0857	0.0857
u_{13}	0.1117	0.1117	0.1117	0.1117	0.1117	0.1117	0.1117	0.1117	0.1117	0.1117	0.1117	0.1117	0.1117
u_{14}	0.0411	0.0411	0.0411	0.0411	0.0411	0.0411	0.0411	0.0411	0.0411	0.0411	0.0411	0.0411	0.0411
u_{21}	0.0367	0.0367	0.0367	0.0367	0.0367	0.0367	0.0367	0.0367	0.0367	0.0367	0.0367	0.0367	0.0367
u_{22}	0.0256	0.0256	0.0256	0.0256	0.0256	0.0256	0.0256	0.0256	0.0256	0.0256	0.0256	0.0256	0.0256
u_{23}	0.0515	0.0515	0.0515	0.0515	0.0515	0.0515	0.0515	0.0515	0.0515	0.0515	0.0515	0.0515	0.0515
u_{31}	0.1447	0.1447	0.1447	0.1447	0.1447	0.1447	0.1447	0.1447	0.1447	0.1447	0.1447	0.1447	0.1447
u_{32}	0.1067	0.1067	0.1067	0.1067	0.1067	0.1067	0.1067	0.1067	0.1067	0.1067	0.1067	0.1067	0.1067
u_{33}	0.0818	0.0818	0.0818	0.0818	0.0818	0.0818	0.0818	0.0818	0.0818	0.0818	0.0818	0.0818	0.0818
u_{41}	0.0769	0.0769	0.0769	0.0769	0.0769	0.0769	0.0769	0.0769	0.0769	0.0769	0.0769	0.0769	0.0769
u_{42}	0.0330	0.0330	0.0330	0.0330	0.0330	0.0330	0.0330	0.0330	0.0330	0.0330	0.0330	0.0330	0.0330
u_{43}	0.0412	0.0412	0.0412	0.0412	0.0412	0.0412	0.0412	0.0412	0.0412	0.0412	0.0412	0.0412	0.0412

综合计算后得到各指标的全局权重 ω_i，ω = （0.3447，0.0626，0.1357，0.0193，0.011，0.0302，0.0112，0.213，0.0819，0.0318，0.0422，0.0048，0.0118）。

9.3.3 投资者情绪综合指数与上证指数对比分析

本节先选取2017年5~9月的上证指数数据来确定投资者情绪综合指数的参数。选取这段时间相关数据的原因：一方面，这段时间的数据相对平稳，没有太大的波动；另一方面，这一时间段是离目前较近的时间段，具有代表性。应用 Matlab 软件编写相关程序，使用线性回归和最小二乘曲线拟合（lsqcurvefit）方法来求解拟合函数的参数，函数如下：

$$fun = x_{1j} \times beta(1) \times w(1) + x_{2j} \times beta(2) \times w(2) + \cdots + x_{ij} \times beta(i) \times w(i) + \cdots + x_{13j} \times beta(13) \times w(13) + beta(14)$$

$$beta = lsqcurvefit(fun, beta0, x); \quad x = x_1, \cdots, x_{13}$$

其中，x_{ij} 表示第 i 个指标在 j 日的标准化值，$w(i)$ 表示第 i 个指标的权重，$beta(i)$ 表示第 i 个指标的参数，$beta(14)$ 是常数项。

计算出 [beta(1), beta(2), ···, beta(14)] = [2.22E-14, 2.22E-14, 535.40, -926.78, 16972.13, 3263.53, 2.09E-05, 1.44E-10, 442.25, 410.82, 2.26E-14, 364.17, 2.22E-14, 3049.37]，数值的正负反映指标与投资者综合情绪的相关性，正数表示正相关，负数表示负相关。

将2015年5月至2017年12月的全部13个指标数据带入参数确定的函数，求解出的结果就是本书构建的投资者情绪综合指数，其与上证指数的对比如图9-2所示。

由图9-2可知，投资者情绪综合指数与上证指数走势基本一致，存在着显著的正相关关系。2015年6月12日，投资者情绪综合指数从样本空间内的最高点迅速下降至3175点左右的位置，投资者情绪低落，与此同时，上证指数在冲到5166.35点的高位后也开始回落，之后尽管投资者情绪有增有减，但始终没有高过前期的高点，与之相对应的，上证指数也没有能够创出新高，随着投资者情绪的波动而同方向波动。另外，从图中可以明显地看出投资者情绪较上证指数变化更敏感，说明投资者情绪对于股市的变化较上证指数反应更强烈，同时说明了投资者情绪对于股票收益具有一定的参考作用。

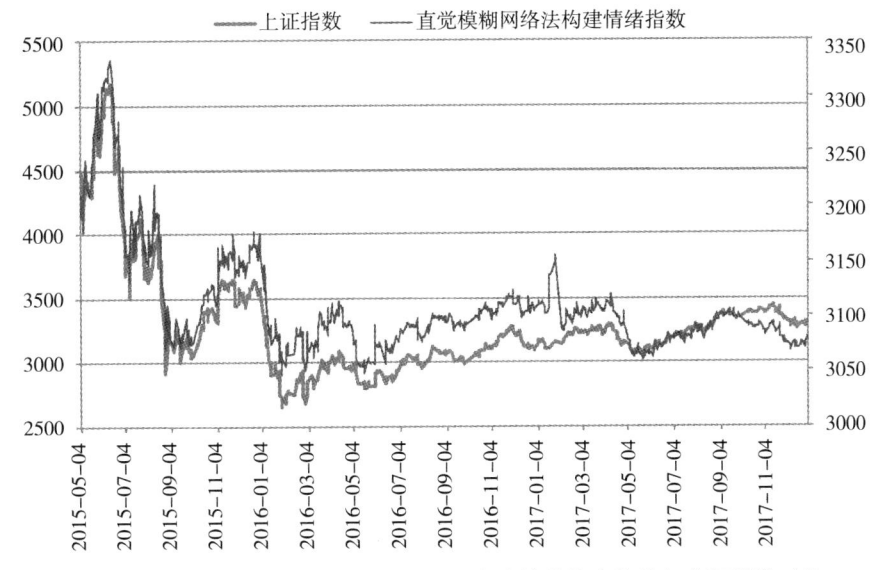

图 9-2　2015 年 5 月至 2017 年 12 月投资者情绪综合指数与上证指数对比

9.4　模拟实验

总结分析在股市操作过程中，你是否能按计划进行？有哪些因素会影响你的实际操作，其中包括哪些情绪因素？

10 构建投资组合

本章将介绍投资组合基本理论,以及如何构建投资组合。

投资组合(Portfolio)是由投资者或金融机构所持有的股票、债券、衍生金融产品等按照比例组成的集合。投资组合的目的在于分散风险,投资组合按粗略的分类有三种不同的模式,即积极的、中庸的和保守的。为了保障广大投资者的利益,基金投资都必须遵守组合投资的原则,即使是单一市场基金也不能只购买一两种证券。

为什么我们要构建投资组合呢?其含义正如俗语所说,"不要把鸡蛋放在一个篮子里"。假如我们只投资一只股票,那么当这只股票下跌时,我们将遭受巨大的损失;但是假如我们投资了一系列彼此关系不大的股票,这些股票一起下跌的概率总要比单独的一只下跌的概率小。构建投资组合是一件费时费力的事情,但是对于大资金来说,投资单独的一只股票是不可想象的。假如你是一只股票型基金的基金经理,你管理着一百亿元的资金,如果你只投资一只股票,一旦这只股票下跌10%,那么你的账面亏损就达到了十亿元,此时的你要如何面对来自投资者的怒火?但是这并非说资金小就不需要构建投资组合了。

那么我们应该如何构建投资组合?我们的投资组合中应该包括哪些投资产品?对于这些投资者产品我们又该分别投资多少比例呢?投资组合理论就是在回答这一系列问题。

广义来说,投资组合中可以包括一切可投资的东西:艺术品、房子、地契、股票、债券等。

建立投资组合时,有一个很流行的公式,"一百减去当前年龄"。这个公式的意思是,如果你现在60岁,至少应将资金的40%投资在股票市场或股票基金；如果你现在 30 岁，那么至少要将 70% 的资金投进股市。这是因为股市是一个风险较高的投资市场，在这里你辛苦工作十年攒下来的积蓄可能只要半年就可以翻倍，当然也可能被腰斩。对于人来说，越年轻显然是越适合"冒险"的，因为高风险也意味着高收益，所以投资高风险资产的比例应该大一些。就算年轻时遭受了巨大的损失，也依然有东山再起的机会。但是当你已经老去，财产已经经受不住波动和损失，这个时候就需要大量配置风险较小的资产，甚至是无风险的政府债券，比如国债。

基于风险分散的原理，需要将资金分散投资到不同的投资项目上，这样将大大降低你可能遭受的损失。在具体的投资项目上，还需要就该项资产做多样化的分配，使投资比重恰到好处。切记，任何最佳的投资组合，都必须做到分散风险。如果你是投资新手，手中只有几千元钱，这个原则或许一时还无法适用；但随着年龄增长，你的收入越来越多时，将手中的资金分散到不同领域绝对是明智之举。这时，"一百减去目前年龄"公式将会非常实用。

选择采用哪一种模式，年龄是很重要的影响因素。每个人的需要不尽相同，所以并没有一成不变的投资组合，投资者应该依个人的情况设计。

在 20~30 岁时，由于距离退休的日子还远，风险承受能力是最强的，可以采用积极成长型的投资模式。尽管这时期由于准备结婚、买房、置办耐用生活必需品，要有余钱投资并不容易，但你仍需要尽可能投资。按照"一百减去目前年龄"的公式，你可以将 70%~80% 的资金投入各种证券。在这部分投资中可以再进行组合，例如，以 20% 投资普通股票，20% 投资基金，余下的资金存放定期存款或购买债券。

在 30~50 岁时，这期间家庭成员逐渐增多，承担风险的程度需要比上一段期间相对保守，但仍以让本金迅速成长为目标。这期间至少应将资金的 50%~60% 投在证券方面，剩下的 40% 投在有固定收益的投资标的。投在证券方面的资金可分配为 40% 投资股票，10% 购买基金，10% 购买国债。投资在固定收益投资标的的资产也应分散。这种投资组合的目的是保住本金之余还有收益，也可留一些现金供家庭日常生活之用。

在 50~60 岁时，孩子已经成年，是赚钱的高峰期，但需要控制风险，应集中精力大力储蓄。但"100 减去年龄"的投资法则仍然适用，至少将 40% 的资金投在证券方面，60% 的资金则投于有固定收益的投资标的。此种投资组合的目标是维持保本功能,并留些现金供退休前的不时之需。

到了65岁以上,多数投资者在这段时间会将大部分资金存在比较安全的固定收益投资标的上,只将少量的资金投在股票上,以抵御通货膨胀,保持资金的购买力。因此,可以将60%的资金投资债券或固定收益型基金,30%购买股票,10%投于银行储蓄或其他标的。

本章节内容包含有较多的数理模型和推导过程,如果读者只想知道如何运用,可以略过推导和模型部分,直接看结论即可。

10.1 马科维茨投资组合理论

下面介绍经典的投资组合理论:马科维茨均方模型。

1952年,马科维茨提出投资组合选择(Portfolio Selection)理论。1990年,他因此获得诺贝尔经济学奖。他的主要贡献是提出了在不确定条件下可操作的选择资产组合理论:均值方差方法(Mean-Variance Methodology)。

马科维茨投资组合理论的主要思想是把投资组合的价格变化视为随机变量,以它的数学期望来衡量收益,以它的方差来衡量风险(因此马科维茨理论又称为均值—方差分析);把投资组合中各种证券之间的比例作为变量,那么求收益一定的风险最小的投资组合问题就被归结为一个线性约束下的二次规划问题。再根据投资者的偏好,由此就可以进行投资决策。

我们都知道,股票未来的价格是不确定的,我们最多只能确定各种可能发生的概率。所以,我们用未来可能收益的平均值来衡量这只股票的收益(数学期望),用这只股票收益率的波动来衡量风险(方差或者标准差)。也就是说一只股票的收益的数学期望越大,我们认为它未来能带给我们的收益就越大,一只股票的方差(标准差)越大,它的风险也就越大。

市场上的股票数量是有限的,如果我们可以确定每只股票未来收益的数学期望和方差,我们就可以选出一些好的股票,以最好的比例投资它们,从而构建出一种最优的投资组合,使得我们的投资收益最大化、遭受的风险最小化。

这里读者需要明白一件事:风险代表的是不确定性,而非遭受的损失。换句话来说,一只股票的风险越高,代表的不仅仅是它可能使你遭受更大的损失，也代表着你可能获得更大的收益。假设有两只股票，股票 A 未来有 50% 的概率获利 20 元，有 50% 的概率亏损 10 元，那么 A 的期望收益是 5 元。股票 B 未来有 50% 的概率获利 200 元，有 50% 的概率亏损 190 元，那么 B 的期望收益也是 5 元。但是显然，B 的风险更大，虽然投资 B 可能获得更多收益，但是也将遭受更大的损失。这就是盈亏同源的原理。

10.1.1 基本假设

马科维茨投资组合理论有一些基本假设，这些假设的成立确保了结论的可靠性。这些基本假设如下：

（1）所有投资都是完全可分的。每一个人可以根据自己的意愿（和支出能力）选择尽可能多的或尽可能少的投资。

（2）投资者愿意仅在收益率的期望值和方差（标准差）这两个测度指标的基础上选择投资组合。

（3）E_p 为对一个投资组合的预期收益率。

（4）σ_p 为对一个投资组合的收益率的标准差（不确定性）。

（5）投资者事先知道投资收益率的概率分布，并且收益率满足正态分布的条件。

一个投资者如何在不同的投资组合中选择遵循以下规则：

- 如果两个投资组合有相同的收益的标准差和不同的预期收益，高的预期收益的投资组合会更为可取。
- 如果两个投资组合有相同的收益的预期收益和不同的标准差，小的标准差的组合更为可取。
- 如果一个组合比另外一个有更小的收益标准差和更高的预期收益，它更为可取。

读者可能认为假设（4）没有什么意义，因为正常人都会按照假设（4）中的规则选择股票。这个假设的意义在于，我们认为投资者都是理性的。然而在现实世界中，谁又敢说自己时时刻刻都是理性的呢？有一些投资者就对名字有偏爱，他们更喜欢名字中带有"牛""发"之类看似吉利的股票，事实上这些股票的表现和其他股票并没有任何区别。

10.1.2 单一证券的收益和风险

对于单一证券而言，特定期限内的投资收益等于收到的红利加上相应的价格变化，因此，特定期限内的投资收益为：

$$r = \frac{价格变化 + 现金流（如果有）}{持有期开始时的价格} = \frac{P_t - P_{t-1} + CF}{P_{t-1}}$$

假定投资者在期初已经获知了该投资期限内的投资收益的概率分布，将投资收益看成是随机变量。任何资产的预期收益率都是加权平均的收益率，用各个收益发生的概率 p 进行加权。预期收益率等于各个收益率和对应的概率的乘积之和。

$$E(r) = \sum_{i=1}^{n} p_i r_i = p_1 r_1 + p_2 r_2 + \cdots + p_n r_n$$

其中，P_i 为第 i 个收益率的概率；r_i 为可能的收益率。

资产的风险用资产收益率的方差和标准差来度量。

资产的风险来源有：市场风险，利息率风险，购买力风险，管理风险，信用风险，流动性风险，保证金风险，可赎回风险，可转换风险，国内政治风险，行业风险，等等。

通常说投资组合由证券构成，一种证券是一个影响未来的决策，这类决策的整体构成一个投资组合。

10.1.3 投资组合的收益和风险

（1）投资组合的收益率。投资组合的收益是构成组合的证券收益率的加权平均数，以投资比例作为权数。

假定投资者 k 第 t 期投资于 n 种证券的权重向量 $\omega_t = (\omega_1, \omega_2, \cdots, \omega_n)^T$，$\omega_i$ 是组合中第 i 种证券的当前价值在其中所占的比例（即投资在第 i 中资产上的财富的份额），且有

$$\omega_1 + \omega_2 + \cdots + \omega_n = 1$$

（2）马科维茨组合收益率集。设 r_1，r_2，…，r_n 为 n 个方差有限的随机变量，它们称为 n 种证券的收益率。下列集合 R_1 中的元素称为这 n 种证券的组合的收益率：

$$R_1 = \{r = \omega_1 r_1 + \omega_2 r_2 + \cdots + \omega_n r_n | r_i \in \mathbb{R}, i = 1, 2, \cdots, n; \sum_{i=1}^{n} \omega_i = 1\}$$

(3) 资产组合的风险度量。资产组合的方差包括每个资产的方差和资产间的协方差。证券收益率之间的关系可以用相关系数、决定系数或协方差来表示。风险用过收益率的方差或标准差来刻画，如果 $V_{ij} = \text{Cov}[r_i, r_j]$ 是 r_i 和 r_j 之间的协方差，那么：

$$V = \begin{vmatrix} \text{Var}(r_1) & \text{Cov}(r_1, r_2) & \cdots & \text{Cov}(r_1, r_n) \\ \text{Cov}(r_2, r_1) & \text{Var}(r_2) & \cdots & \text{Cov}(r_2, r_n) \\ \cdots & \cdots & \cdots & \cdots \\ \text{Cov}(r_n, r_1) & \text{Cov}(r_n, r_2) & \cdots & \text{Var}(r_n) \end{vmatrix} = \begin{vmatrix} \sigma_{11} & \sigma_{12} & \cdots & \sigma_{1n} \\ \sigma_{21} & \sigma_{22} & \cdots & \sigma_{1n} \\ \cdots & \cdots & \cdots & \cdots \\ \sigma_{n1} & \sigma_{n2} & \cdots & \sigma_{nn} \end{vmatrix}$$

投资组合的标准差应该满足下列公式：

$$\sigma_p^2 = E\{[\sum_{i=1}^{n} \omega_i r_i - \sum_{i=1}^{n} \omega_i E(r_i)]^2\}$$

$$= \sum_{i,j=1}^{n} \omega_i \omega_j E\{[r_i - E(r_i)][r_j - E(r_j)]\} = \sum_{i,j=1}^{n} V_{i,j} \omega_i \omega_j$$

马科维茨考虑的问题是如何确定 ω_i，使得证券组合在期望收益率一定时，风险最小。

我们使用下列矩阵表示：

$$\omega = (\omega_1, \omega_2, \cdots, \omega_n)^T, \quad e = (1, 1, \cdots, 1)^T$$

$$\mu = (\mu_1, \mu_2, \cdots, \mu_n)^T, \quad \mu_i = E(r_i), \quad i = 1, 2, \cdots, n$$

$$V = (V_{ij})_{i,j=1,2,\cdots,n} = [\text{Cov}(r_i, r_j)]_{i,j=1,2,\cdots,n}$$

式中称 ω 为组合，$\mu_\omega = \omega^T \mu$ 为组合的收益，$\sigma_\omega = (\omega^T V \omega)^{1/2}$ 为组合的风险，这样均值—方差证券组合选择问题为：

$$\min \sigma_\omega^2 = w^T V w = \sum_{i=1}^{n} V_{ij} \omega_i \omega_j$$

$$\text{s.t.} \begin{cases} w^T e = \omega_1 + \omega_2 + \cdots + \omega_n = 1 \\ \mu_\omega = w^T \mu = \omega_1 \mu_1 + \omega_2 \mu_2 + \cdots + \omega_n \mu_n = \bar{\mu} \end{cases}$$

这一问题的解，$\bar{\omega}$ 称为对应收益 $\bar{\mu}$ 的极小风险组合。

这是个二次规划问题，即它是在两个线性等式约束条件下的二次函数求最小值的问题。即对于任何 n 维向量 ω，它必然有 $\sigma_\omega^2 = w^T V w \geq 0$。

投资组合收益率的标准差：一个投资组合收益率的标准差取决于构成它的证券收益的标准差、相关系数以及投资比例。

$$\sigma_p^2 = \sum_{i=1}^{n}\sum_{j=1}^{n} \omega_i \omega_j \rho_{ij} \sigma_i \sigma_j = \sum_{i=1}^{n}\sum_{j=1}^{n} \omega_i \omega_j \text{Cov}(r_i, r_j)$$

投资组合收益的标准差与构成组合的证券的收益标准差相联系。投资组合的风险分散功能：构成组合的证券收益率之间的相关度越小，投资组合的风险越小。

（4）无差异曲线。投资组合理论的主要结果直接源于投资者喜欢 E_p 而不喜欢 σ_p 的假定，某一个投资者这种偏好的程度通常由一簇无差异曲线表示（刻画了投资者对收益和风险的偏好特征）。

风险的偏好特征：不畏风险，极端畏惧，风险厌恶，风险喜好。

10.1.4 发现有效投资组合的集合

可行集：任何一种证券可以被 E_p 和 σ_p 图形上的一个点所描述。任何一个组合也是如此。取决于理论假设的限制条件，只有某些组合是可行的。

N 个证券可以形成无穷多个组合，由 N 种证券中任意 k 种证券所形成的所有预期收益率和方差的组合的集合就是可行集。

它包括了现实生活中所有可能的组合，也就是说，所有可能的证券投资组合将位于可行集的内部或边界上。任何两个可行组合的结合也将是可行的。可行集将沿着它的上（有效）边界凸出。

可得的 E_p 和 σ_p 结合的区域上边界被称为有效边界或有效前沿（Efficient Frontier）。E_p 和 σ_p 的值位于有效边界上的组合构成有效组合集（Efficient Set）。

有效集：有效集描绘了投资组合的风险与收益的最优配置。

有效集是一条向西北方倾斜的曲线，它反映了"高收益、高风险"的原则。

有效集是一条向左凸的曲线。有效集上的任意两点所代表的两个组合再组合起来得到的新的点（代表一个新的组合）一定落在原来两个点的连线的左侧，这是因为新的组合能进一步起到分散风险的作用，所以曲线是向左凸的；有效集曲线上不可能有凹陷的地方。

最优投资组合：同时考虑投资者的偏好特征（无差异曲线）和有效集。有效集向上凸的特性和无差异曲线向下凹的特性决定了有效集和无差异曲线的相切点只有一个，最优投资组合是唯一的。

对投资者而言，有效集是客观存在的，而无差异曲线则是主观的，它是由自己的风险—收益偏好决定的。

有效集的推导：所有可能的点（E_p，σ_p）构成了（E_p，σ_p）平面上的可行区域，对于给定的 E_p，使组合的方差越小越好，即求解下列二次规划。

只有两种资产的情况时，上述所示在数学上被称为"二次规划模型"，可以直接运用拉格朗日乘数法求解。

设 σ_p 是有效组合的标准差，μ 是有效组合的预期收益，σ_1、σ_2 和 σ_{12} 分别是两种资产的方差和协方差，x_1 和 x_2 是两种资产的投资比例，$\overline{R_1}$ 和 $\overline{R_2}$ 是两种资产的预期收益，有以下条件成立：

$$\sigma_p^2 = x_1^2 \sigma_1^2 + x_2^2 \sigma_2^2 + 2x_1 x_2 \sigma_{12}$$

$$s.t. \begin{cases} x_1 + x_2 = 1 \\ x_1 \overline{R_1} + x_2 \overline{R_2} = \mu \end{cases}$$

构造拉格朗日函数 L，令偏导为 0：

$$L = \sum_{i=1}^{n} \sum_{j=1}^{n} x_i x_j \sigma_{ij} - \lambda_1 (\mu - \sum_{i=1}^{n} x_i \overline{R_i}) - \lambda_2 (1 - \sum_{i=1}^{n} x_i)$$

$$\frac{\partial L}{\partial x_i} = 0 \quad (i = 1, 2, \cdots, n); \quad \frac{\partial L}{\partial \lambda_1} = 0; \quad \frac{\partial L}{\partial \lambda_2} = 0$$

资产数 n 显然为 2，求解后可得到投资比例 x_1 和 x_2。

如图 10-1 所示，最后我们画出了有效边界线的形状：

（1）是双曲线的一支，向右上方倾斜的曲线，反映"高风险，高收益"。

（2）是一条上凸的曲线。

（3）构成组合的证券间的相关系数越小，投资的有效边界就弯曲得越厉害。

从有效前沿可以看出，给定股票以及投资组合的期望收益率或波动率中的一个，就可以确定所有股票的权重，从而得到一个最优组合。举个例子：

假设三项互不相关的资产，其期望收益率分别为 100%、200%、300%，

10 构建投资组合

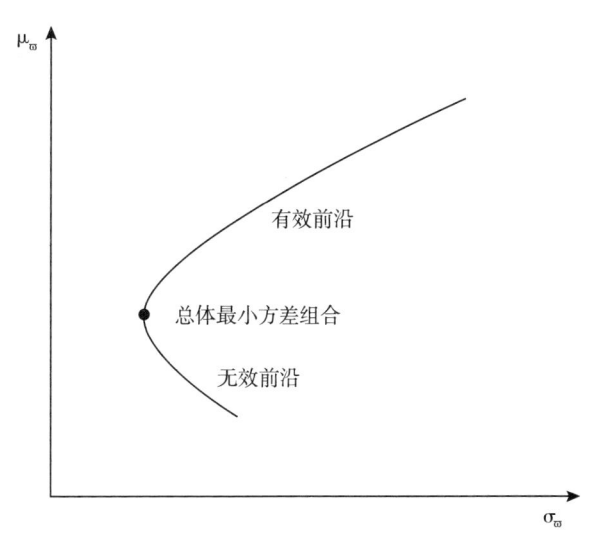

图 10-1 有效边界线

方差都为100%,若要求三项资产构成的组合期望收益为200%,求解最优投资组合。

方差协方差矩阵 $\Sigma = \begin{bmatrix} 1 & 0 & 0 \\ 0 & 1 & 0 \\ 0 & 0 & 1 \end{bmatrix}$,期望收益向量 $\bar{r} = (1, 2, 3)$,预期收益 $c=2$。接下来,由拉格朗日乘数法可得:

$$\begin{cases} \dfrac{\partial L}{\partial w_1} = \sum_{j=1}^{3} w_j \sigma_{1j} - \lambda \bar{r}_1 - \mu = w_1 - \lambda - \mu = 0 \\ \dfrac{\partial L}{\partial w_2} = \sum_{j=1}^{3} w_j \sigma_{2j} - \lambda \bar{r}_2 - \mu = w_2 - 2\lambda - \mu = 0 \\ \dfrac{\partial L}{\partial w_3} = \sum_{j=1}^{3} w_j \sigma_{3j} - \lambda \bar{r}_3 - \mu = w_2 - 3\lambda - \mu = 0 \\ \sum_{i=1}^{3} w_i \bar{r}_i = w_1 + 2w_2 + 3w_3 = 2 \\ \sum_{i=1}^{3} w_i = w_1 + w_2 + w_3 = 1 \end{cases}$$

解得:$\lambda = 0$,$\mu = \dfrac{1}{3}$,$w_1 = \dfrac{1}{3}$,$w_2 = \dfrac{1}{3}$,$w_3 = \dfrac{1}{3}$。得到的投资组合方差为

$\sigma^2 = \frac{1}{3}$。

这里给出的例子已经十分简单，但是计算过程也不轻松。如果想在 A 股市场上应用马科维茨理论，计算量是难以想象的。因此，手工计算最优组合是不可能的，必须要使用一些软件求解。

很多软件都拥有自动求解有效组合的功能，例如，Matlab、Python、R 等编程语言都拥有专门处理金融问题的工具箱，在这些工具箱中就有求解有效组合的功能，感兴趣的读者可以自行学习。

10.2 其他投资组合理论

马科维茨投资组合理论标志着现代金融学理论的开端，但是该理论最早发表于 1952 年，随着金融学理论的发展，马科维茨组合理论的弊病逐渐显现出来。

第一，马科维茨组合理论需要计算所有资产的方差和协方差，当可供投资的资产数量过多时，就将产生巨大的估计量和计算量。

第二，马科维茨模型中需要用到资产的期望收益率，但是期望收益率是我们无法精确得知，只能估计的，因此这将带来一定的误差。

第三，马科维茨模型得到的解的稳定性很差，输入参数的微小改变就将得到完全不同的结果，这会导致配置投资组合时的风险增大。

第四，当市场发生变化时，模型给出的最优组合会有很大变化，这将带来巨大的重新配置资产成本。

10.2.1 Black-Litterman 模型

Black-Litterman 模型是由 Fisher Black 和 Robert Litterman 在 1992 年首先提出的，是在金融行业对马科维茨（Markowitz）模型数十年的研究和应用的基础上的优化。

该模型使用贝叶斯方法，将投资者对于一个或多个资产的预期收益的主观观点与先验分布下预期收益的市场均衡向量相结合，形成关于预期收益的新的估计。这个基于后验分布的新的收益向量，可以看成是投资者观点和市场均衡收益的加权平均。

马克维兹理论得出的组合会出现不合情理的配置：无限制条件下，会出现对某些资产的强烈卖空，当有卖空限制时，某些资产的配置为零，同时在某些小市值资产配有较大的权重。出现以上问题的原因有：

- 期望收益非常难以估计，一个标准的优化模型，需要对所有资产都有收益估计，因此投资者就会基于他们常用的历史收益和一系列假设条件进行估计，导致不正确估计的产生。
- 组合权重对收益估计的变动非常敏感。
- 传统模型无法区分不同可信度的观点，观点不能很好地被模型所表达。

Black-Litterman 模型在均衡收益基础上通过投资者观点修正了期望收益，使得马科维茨组合优化中的期望收益更为合理，还将投资者观点融入进了模型，在一定程度上是对马克维兹组合理论的改进。

Black-Litterman 模型的重点就在于如何用个人观点修正期望收益。加入个人观点之前，求预测收益率的先验分布。现在有 n 种资产，其收益率为 R = (R_1, R_2, ⋯, R_n)，假设 R 服从联合正态分布，R~N(μ, Σ)，其中，μ、Σ 为各资产收益率和协方差的估计值。现在假设向量 μ 本身也是随机的，且服从正态分布：

$$\mu \sim N(\pi, \tau\Sigma)$$

其中，τ 是一个标量，π 是先验分布预期收益率的期望。

个人主观观点使用收益率的线性方程组来代表，如某条观点用一个方差来表示：

$$p_{i1}\mu_1 + p_{i2}\mu_2 + \cdots + p_{in}\mu_n = q_i + \varepsilon_i$$

其中，ε_i 为该观点的误差项，$\varepsilon_i \sim N(q, \sigma_i^2)$，$\sigma_i^2$ 受投资者对该观点信心水平的影响。投资者的总体观点可用 $P\mu \sim N(q, \Omega)$ 来表达，其中，P 为 k×n 阶矩阵，代表对 n 个资产有 k 个观点；q 为看法向量（k×1 阶），Ω 为看法向量 q 的误差项协方差矩阵，代表的是投资者观点与真实误差的区别。

具体的推导求解步骤较为复杂，我们这里直接给出结果，预期收益率：

$$E(r) = [(\tau\Sigma)^{-1} + P^T\Omega^{-1}P]^{-1}[(\tau\Sigma)^{-1}\Pi + P^T\Omega^{-1}Q]$$

其中，Π 为隐含均衡收益率，由马科维茨模型求解得到。

10.2.2 模糊投资组合理论

前面所提到的马科维茨投资组合理论和 Black-Litterman 模型，都是数量化的投资组合理论。在求解求优的投资组合过程中，需要很多确定性的条件。但是在实际投资过程中，我们所面对的金融市场是瞬息万变、包含着大量的不确定性的。这里的不确定性不仅仅是指随机性，还有模糊性。模糊性是与随机性不同的一个概念。在经典的集合论中，元素和集合只有属于与不属于两种关系，但是在现实世界里，这两种关系不足以描述所有的客观现象。例如，某证券分析师给出建议"明天早盘大盘走弱即清仓"，那么大盘到底要怎样才算"走弱"？因此，如何解决投资决策中的模糊性就成为了一个重要问题，而解决这个问题的，就是模糊投资组合理论。

马科维茨投资组合理论在实际应用中会遇到大量的模糊问题，而这些问题都可以用模糊投资组合理论来解决。在模糊环境下，我们可以利用隶属函数将模糊规划问题转化为带二次约束的线性优化问题，再通过割平面法把非线性规划问题转化为线性规划问题进行求解；对于收益率为模糊数的投资组合问题，我们可以用模糊约束简化方差约束，建立模糊线性规划模型，再用模糊期望把模糊线性规划问题转化为普通线性规划问题求解；当预期收益率为模糊数时，我们同样建立一个模糊线性规划问题，再把其转化为多目标线性规划问题，再用模糊两阶段法求解。

模糊投资组合理论是目前投资组合理论中最前沿和高深的部分，需要用到模糊数学和最优线性规划的知识，囿于篇幅限制此处不做详细的介绍，感兴趣的读者可以自行查找文献学习。

10.3 投资组合的收益与风险

这一节主要介绍 β 系数。β 系数是一种风险指数，用来衡量个别股票或股票基金相对于整个股市的价格波动情况。我们都知道，个股和大盘之间具有相关性，大盘走弱，原本强势的个股也会受到影响开始下挫；大盘走强，原本走势平淡的个股也会开始上攻。但是不同的个股和大盘的相关性也是不同的，有些个股走势几乎和大盘一样，而有一些个股能够脱离大盘影响走出独立行情，β系数就是衡量个股与大盘相关性的指标。

要更好地理解β系数，首先需要了解资本资产定价模型。资本资产定价模型（Capital Asset Pricing Model，CAPM）是由美国学者夏普（William Sharpe）、林特尔（John Lintner）、特里诺（Jack Treynor）和莫辛（Jan Mossin）等于1964年在资产组合理论和资本市场理论的基础上构建的，主要研究证券市场中资产的预期收益率与风险资产之间的关系，以及均衡价格是如何形成的，是现代金融市场价格理论的支柱，广泛应用于投资决策和公司理财领域。

资本资产定价模型假设所有投资者都按马克维茨的资产选择理论进行投资，对期望收益、方差和协方差等的估计完全相同，投资人可以自由借贷。基于这样的假设，资本资产定价模型研究的重点在于探求风险资产收益与风险的数量关系，即为了补偿某一特定程度的风险，投资者应该获得多少的报酬率。

该模型建立在马科维茨投资组合理论之上，因此马科维茨投资组合理论的假设也是CAPM模型的假设，除此之外，还有其他假设：

- 可以在无风险折现率R的水平下无限制地借入或贷出资金。
- 所有投资者对证券收益率概率分布的看法一致，因此市场上的效率边界只有一条。
- 所有投资者具有相同的投资期限，而且只有一期。
- 所有的证券投资可以无限制地细分，在任何一个投资组合里可以含有非整数股份。
- 税收和交易费用可以忽略不计。
- 所有投资者可以及时免费获得充分的市场信息。
- 不存在通货膨胀，且折现率不变。
- 投资者具有相同预期，即他们对预期收益率、标准差和证券之间的协方差具有相同的预期值。

当然，以上假设过于完美，在实际情况中往往是难以满足的，不过瑕不掩瑜。

模型详细的推导过程此处就不再介绍了，感兴趣的读者可以参阅投资学相关书籍，CAPM模型最后的结果十分简洁：

$$R_i = R_f + \beta_i(R_m - R_f)$$

其中，R_i是股票i的预期收益率，R_f是无风险收益率，β_i就是股票i的β系数，R_m是市场平均收益率，$R_m - R_f$是市场风险溢价。

无风险收益率R_f指的是没有任何风险的资产的收益率，一般我们使用国债收益率作为无风险收益率，当然银行的定期存款利率也是可以的。

市场平均收益率R_m指的是资本市场上所有资产的平均收益率，一般我们使用指数收益率作为市场平均收益率。

从CAPM公式可以看出，股票的收益率主要是由该股票与指数的相关性，即β系数所影响的。β系数衡量的是资产的系统性风险。所谓系统性风险，指的是整个金融系统都会受到冲击而剧烈波动的风险，任何股票和金融机构不能完全消除系统性风险。

β系数越高，资产与市场的相关性越高，系统性风险就越大，与此同时，预期收益也会越高。

当$\beta = 1$时，说明该资产与指数走势同步，收益率完全一样。

当$\beta > 1$时，说明该资产的波动大于指数，收益率也大于指数。

当$\beta < 1$时，说明该资产的波动小于指数，收益率也小于指数。

β系数一定为正数吗？事实上，的确存在β系数为负的资产，这代表着该资产的收益情况与大盘是相反的，大盘越好，该资产收益越差，大盘越差，该资产收益越好。例如，当我们融券做空指数时，β系数就是负的。

读到这里读者可能会想，股票的收益率仅取决于β系数和指数收益率，那么证券分析师的工作岂不是非常轻松简单？

这里要注意一点，CAPM模型是在严格的假设之下推导出来的，事实上目前没有任何证据表明任何一个资本市场满足了CAPM模型的假设，也就是说该模型的结果与实际情况是会有较大差异的。

之前我们提过"盈亏同源"的理念，即任何一部分收益都有着相应的风险，收益越高，风险就越大。想要获得更高的收益，就需要承担额外的风险。在CAPM模型中，投资股票仅承担系统性风险，即所有股票都具有的风险，那么事实果真如此？

假设有两只股票A和B，其中，A公司的主营业务是药品和医疗器械的研制，B公司的主营业务是建筑材料、家具装饰的售卖。这两家公司都承担系统性风险，即受到宏观经济面、经济周期和经济危机的影响。但是显然，A公司、B 公司的其他风险是不尽相同的。例如，A 公司要承担新药品、新医疗器械研发失败导致利润减少甚至亏损的风险，而 B 公司没有这种风险；B 公司要承担房地产行业不景气、原材料上涨等导致利润减少甚至亏损的风险，而 A 公司没有这种风险。

由此可以看出，公司还拥有与其本身相关的独特的风险——系统性风险。既然公司拥有非系统性风险，那么也必然有相对应的收益。

假设 CAPM 模型所刻画的，资产预期收益率与市场收益率存在的线性关系成立，真实的市场中完整的公式应该是：

$$R_i = \alpha + R_f + \beta(R_m - R_f) + \varepsilon$$

式中，ε 表示的就是公司的非系统性风险，通常我们认为其是一个不可观测的随机项。根据马科维茨投资组合理论，投资组合中的资产数目越多，投资组合的非系统性风险就越低。因此，买进市场上所有的股票并按照市值配置权重的组合，是非系统性风险最小的组合，该组合也被称为指数组合或市场组合。指数组合的 β 系数为 1，其收益就是指数的收益 R_m。

常数项 α 在真实市场满足假设的情况下应该等于 0。但是由于真实市场的复杂性和不完美，导致 α 往往不等于 0。当 α 不等于 0 时，我们就可以获得额外的收益。

当 $\alpha>0$ 时，我们买入该股票就能额外获得 α 的收益。当 $\alpha<0$ 时，我们卖空该股票就能额外获得 α 的收益。

所以，实际上证券分析师的工作主要是在市场中寻找 α 不为 0 的股票。

10.4 模拟实验

（1）分析自选股中若干个股和板块之间的相关性、不同板块之间的相关性、板块和大盘指数的相关性、个股和大盘指数的相关性。

（2）根据最近一年的日收盘价数据，估计上证 50 成份股的收益率、波动率和协方差，并且构建一个由上证 50 成份股构成的最优投资组合。

（3）求解上证 50 成份股的 β 系数，写出其 CAPM 模型，观察其 α 是否为 0。

11 风险管理

金融的核心特性就是不确定性,所以,对金融的研究,实际上就是对不确定性的研究。投资,作为一项重要的投资活动,也需要管理其不确定性,即管理风险。对投资者来说,诚然,可以获得高额收益十分重要,但实际上,很多投资高手更注重的是稳定的收益,如此复利下来,也可以获得很好的收益。所以,风险管理是投资者不可错过的必修课。

11.1 收益和风险

11.1.1 收益

从历史上看,收益概念最早出现在经济学中。亚当·斯密在《国富论》中,将收益定义为"那部分不侵蚀资本的可予消费的数额",把收益看作是财富的增加。收益获得的方法与产生的形式有很多种,本书主要讨论的收益是股票收益。

股票收益是指投资者从购入股票开始到出售股票为止整个持有期间的收入,包括股利、资产增值、认股权证价值和市价盈利四项内容。

(1) 股利。股利指投资者以股东身份,按照持股数量,从公司的盈利分配中获得的收益,具体包括股息和红利两部分。

股利收益高低与公司盈利状况紧密相关,如果公司经营亏损就不存在股利分配。此外,股利收益高低也与公司分配政策及公司发展所处阶段有关。例如,公司发展处在高速成长期,可能更注重积累与资本扩张,因此即使盈利率很高,也未必发放很高的股利;反之,公司发展处在稳定阶段(成熟期)时,即使盈利能力一般,也可能维持较高的股利支付率。红利发放的形式主要有三种:一是现金红利,即以现金形式支付的红利。二是股票红利,即以股票方式派发的红利。股票红利分配通常是按公司现有股东持股比例进行的,是一种留存收益的资本化现象。三是财产股息,即公司用现金以外的其他财产向股东分派红利。此外,红利发放形式还有负债红利、建业红利等。前两种股利发放形式更为常见。

(2)资产增值。股票投资报酬不仅只有股利,股利仅是公司税后利润的一部分。公司税后利润除支付股息和红利外,还留一部分作为资本公积金和未分配利润,股东对其拥有所有权,作为公司资产的增值部分,它也应属于股票收益。

资产增值带来的收益又称为资本扩张收益,它主要是由公司送配后股价填权带来的收益。公司的股本扩张主要是通过送股与配股实现的。送股又称为无偿增资扩股,它是一种投资者不必缴现金就可获取收益的一种扩股形式。它有两种类型:一是将盈余公积金中本可发放现金红利部分转为股票赠送给股东(也称红利发放);二是将资本公积金(包括盈余结存及资产重估增值等)转入股本金,股东无偿取得新发股票。配股又称为有偿增资扩股,即公司按老股东持股比例配售新股的扩股形式。配售扩股的价格一般低于市场价,以作为对老股东的优惠。经过送配,股价将除权。若除完权后,实际价格回升到理论除权价之上为填权,投资者获得资本扩张收益;反之为贴权,投资者受损。

(3)认证权证价值。认股权证价值,简称"权值",普通股股东有优先认购新股的特权,赋予这个特权的证明被称为认股权证。在认股权证的有效期内,股东可以优先低价认购股票;如果放弃优先认股权,则可以将认股权证出售,认股权证实际上代表一种期权,它具有一定的价值。

(4)市价盈利。市价盈利,又称"资本利得",是指股票持有者持股票到市场上进行交易,当股票的市场价格高于买入价格时,卖出股票就可以赚取差价收益。在投机性较强的不成熟的市场中,这一收益十分可观,当然也包含着很大风险。它是股票市场中最常见的盈利方式。

11.1.2 风险

风险是指在某一特定环境下,在某一特定时间段内,某种损失发生的可能性。风险是由风险因素、风险事故和风险损失等要素组成。换句话说，是在某一个特定时间段里，人们所期望达到的目标与实际出现的结果之间产生的距离被称为风险。

风险有两种定义：一种定义强调了风险表现为不确定性，而另一种定义则强调风险表现为损失的不确定性。风险表现为不确定性，说明风险产生的结果可能带来损失、获利或是无损失也无获利，属于广义风险，金融风险属于此类。而风险表现为损失的不确定性，说明风险只能表现出损失，没有从风险中获利的可能性，属于狭义风险。第二种风险大多应用在保险学的研究中，在投资分析领域里，我们说的风险都是第一种风险。

在投资过程中，风险管理一直以来都是一个非常重要的课题，而进行风险管理的前提就是先对风险进行有效的度量。传统的 ALM（Asset-Liability Management，资产负债管理）过于依赖报表分析，缺乏时效性；而利用方差及贝塔系数来衡量风险又太过于抽象，不直观，而且反映的只是市场（或资产）的波动幅度；CAPM（资本资产定价模型）又无法糅合金融衍生品种。在上述传统的几种方法都无法准确定义和度量金融风险时，G30 集团在研究衍生品种的基础上，于 1993 年发表了题为《衍生产品的实践和规则》的报告，提出了度量市场风险的 VaR（Value at Risk，风险价值）方法，并已成为目前金融界测量市场风险的主流方法。稍后由 J.P. Morgan 推出的用于计算 VaR 的 Risk Metrics 风险控制模型更被众多金融机构广泛采用。目前国外一些大型金融机构已将其所持资产的 VaR 风险值作为其定期公布的会计报表的一项重要内容加以列示。

VaR 的解释就是"在险价值"，其含义指在市场正常波动下，某一金融资产或证券组合的最大可能损失。更为确切的是指，在一定概率水平（置信度）下，某一金融资产或证券组合价值在未来特定时期内的最大可能损失。

$$P(\Delta P_{\Delta t} \leq \text{VaR}) = a$$

其中，P 是资产价值损失小于可能损失上限的概率；$\Delta P_{\Delta t}$ 是某一金融资产在一定持有期 Δt 时间内的价值损失额；VaR 是在给定置信水平 a 和一定的持有期限内，预期的损失上限。

具体 VaR 的计算方法有历史模拟法、蒙特卡洛模拟法、模型构建法等。

11.1.3 收益与风险的关系

在证券投资中，收益和风险形影相随，收益以风险为代价，风险用收益来补偿。投资者投资的目的是为了得到收益，与此同时，又不可避免地面临着风险，证券投资的理论和实战技巧都围绕着如何处理这两者的关系而展开。

收益与风险的基本关系是收益与风险相对应。也就是说，风险较大的证券，其要求的收益率相对较高；反之，收益率较低的投资对象，风险相对较小。但是，绝不能因为风险与收益有着这样的基本关系，就盲目地认为风险越大，收益就一定越高。风险与收益相对应的原理只是揭示风险与收益的这种内在本质关系——风险与收益共生共存，承担风险是获取收益的前提；收益是风险的成本和报酬。风险和收益的上述本质联系可以表述为下面的公式：

$$预期收益率 = 无风险收益率 + 风险溢价$$

预期收益率是投资者预期获得的收益率。无风险收益率是指把资金投资于某一没有任何风险的投资对象而能得到的收益率，这是一种理想的投资收益，我们把这种收益率作为一种基本收益，再考虑各种可能出现的风险，使投资者得到应有的补偿。现实生活中不可能存在没有任何风险的理想证券，但可以找到某种收益变动小的证券来代替，在我国，一般将一年期国债的收益率作为无风险收益率。

一般来说，证券投资分析的目的就是在降低投资组合风险的同时，使得投资组合的收益最大化。

11.2 仓位与资金管理

11.2.1 仓位管理

所谓仓位管理，绝非平常我们说的是满仓还是 70% 仓位。通俗一点说，仓位管理就是在你决定做多某个投资对象时，决定如何分批入场，又如何止盈/止损离场的技术。

在制定仓位管理的策略时，首先，需要有好的心态，不能一味地追求卖在最高点或者买在最低点，只要能够获取波段中大部分利润就可以了，并且，也不能因为太过在意某一次操作的盈亏得失而将决策变得更加情绪化，急于追回损失而时时满仓操作，这样会有很高的风险。其次，还应当学会适时空仓，耐心等待回调机会买入，这样的策略有时会比满仓要有更好的收益。最后，要有意识地多看股市相关消息，培养市场的敏锐嗅觉，在察觉到危险的时候，能够有决断，及时减仓乃至空仓，懂得适可而止。

在仓位的资产配置问题中，根据以往经验来看，熊市应当持有30%，震荡市应当持有50%，牛市可以持有70%。为了分散风险，还应该多样化选股，同一板块的股票只买一只，可以持有不同板块的多只股票。具体购买股票的数量，依投资者的持有资金数量而定。一般来说，资金在10万元以下，购买1~2只股票足矣；资金在50万元左右，可以买2~4只股票；资金在100万元左右时，买3~5只即可，做主观股票分析时，建议集中精力操作有限只股票。

市面上较为常用的经典仓位管理有以下几种方法：

（1）漏斗型仓位管理法。初始进场资金量比较小，仓位比较轻，如果行情按相反方向运行，后市逐步加仓，进而摊薄成本，加仓比例越来越大。这种方法，仓位控制呈下方小、上方大的一种形态，很像一个漏斗，所以称为漏斗形的仓位管理方法。

该方法的优点是初始风险比较小，漏斗越高，盈利越客观。缺点是该方法需要对市场趋势有一个比较准确的预测，如果方向判断错误，或者方向的走势不能越过总成本位，将陷于无法获利出局的局面。

（2）矩形仓位管理法。初始进场的资金量占总资金的固定比例，如果行情按相反方向发展，以后逐步加仓，降低成本，以后的加仓都遵循一个固定比例，形态像一个矩形，所以称为矩形仓位管理方法。

该方法的优点是每次只增加一定比例的仓位，持仓成本逐步抬高，对风险进行平均分摊，平均化管理，在持仓可以控制，并且后市方向和判断一致的情况下，会获得丰厚的收益。缺点是初始阶段，平均抬高较快，容易很快陷入被动局面，价格不能越过盈亏平衡点，处于被套局面。

（3）金字塔形仓位管理法。初始进场的资金量比较大，后市如果行情按相反方向运行，则不再加仓，如果方向一致，逐步加仓，加仓比例越来越小。

仓位控制呈下方大、上方小的形态，像一个金字塔，所以叫金字塔形的仓位管理方法。

该方法的优点是按照报酬率进行仓位控制，利用趋势的持续性来增加仓位，胜率越高动用的仓位就越高。在趋势中，会获得很高的收益，风险率较低。缺点是在震荡市中，较难获得收益。初始仓位较重，对于第一次入场的要求比较高。

对三种仓位管理方法进行一下比较可以发现，漏斗形仓位管理法和矩形仓位管理法都是在第一次入场之后，行情按相反方向运行，但仍确信后期走势会按照自己的判断运行，进行仓位管理。金字塔形仓位管理方法是在进场后，若行情按相反方向运行，则不进行加仓操作，如果到达止损，则进行止损。前两种方法属于逆市操作方法，后者则是顺势操作方法。对于投资者来说，前两种的风险更大。金字塔形仓位管理方法，至多是损失第一次入场资金的一定亏损比例，而不是全部资金的风险，所以，金字塔形仓位管理方法承担的风险更小。

通过以上的分析比较可知，金字塔仓位管理方法比其他两种方法更有优势，是一种科学的仓位管理方法。金字塔仓位管理一般基于支撑线和阻力线进行操作。进场后，根据市场的发展，即相应的风险报酬结构变化，采用跟进止损的方式来改变仓位管理。当如假定那样继续前进，每突破一道阻力线并上升一段距离后，或者回踩确认压力线已经成为有效支撑线后，可以将止损移动到该支撑线下方。

另外需要说明的是，金字塔形仓位管理法在单边行情中能带来巨大的盈利，而在震荡行情中会出现次数较多的触发止损现象，造成小幅亏损或者盈利能力偏低。但是，在单边行情中的盈利能力足以令其在震荡行情中的缺点显得微不足道，所以，非常适合大、中机构投资者或者有条件盯盘的投资者使用。

11.2.2 资金管理

股票市场是高风险投资市场，确定资金投入必须考虑安全性问题，在保障原始投入资金的安全性的情况下，获得投资利润才是科学稳健的投资策略。所以说，资金管理非常重要。

根据经验来说，投资者一般都会把资金分成相等的几份，相比于重仓某一只股票，这样更有利于分散风险。具体来说，建仓的行为分为三个主要资金投资方式，分别是简单投资模式、复合投资模式和组合资金投资模式。

(1) 简单投资模式。简单投资模式一般来讲是"二二"配置（也称为二分制），就是资金的投入始终是半仓操作，对于任何行情下的投入都保持必要的、最大限度的警惕，始终坚持半仓行为，对于股票市场的风险投资首先要力争做到立于不败之地，始终坚持资金使用的积极主动的权利，在投资一旦出现亏损的情况下，如果需要补仓，则所保留资金的投资行为也是"二二"配置，而不是一次性补仓，"二二"配置是简单投入法的基础模式，简单但具有一定的安全性和可靠性。但"二二"配置的缺点在于投资行为在一定程度上缺少积极性。

(2) 复合投资模式。复合投资模式比较复杂，严格来说具有多种层次划分，但主要为三分制和六分制。

三分制主要将资金划分为三等份，建仓的行为始终是分三次完成，逐次介入，对于大资金来讲建仓是在某个区域内完成的，因此建仓是一个具有一定周期性的行为。三分制的建仓行为一般也保留 1/3 的风险资金，相对二分制来讲，三分制的建仓行为更积极一些，在三分制已投入的 2/3 的资金建仓完毕并获得一定利润的情况下，剩余的 1/3 的资金可以有比较积极的投资态度。三分制的投资模式并不复杂，在投资态度上比二分制更具积极性，但这种积极的建仓行为必须是建立在投资的主体资金获得一定利润的前提下，其缺点在于风险控制相对二分制来讲要低于二分制的风险控制能力。

六分制则是结合二分制和三分制的基本特点，积极发挥两种模式的优点而形成的。它将资金划分为三个阶梯：A 阶梯占总资金的 1/6，B 阶梯占总资金的 1/3，C 阶梯占总资金的 1/2，三个阶梯的顺序可以根据具体股票行情自行调整。但在使用过程中不论哪一种组合，最后的一组都是风险资金，同时不论在哪个阶梯上，资金的介入必须是以每个单位逐次递进。在使用 A、B、C 三种阶梯的资金的同时也可以在使用 B 阶的资金用二分制，使用 C 阶的资金用三分制，这样就更全面。六分制是一个相对灵活机动、安全可靠的资金投入模式，在投资行为上结合了上面两种方法的优点，但缺点是在使用过程中的程序有些复杂。

(3) 组合投资模式。组合投资模式不同于前面两种模式，它不是按照资金量而是按照投资周期进行资金划分的，主要分为长、中、短周期三种投资模式来决定资金的划分模式，一般将总体资金划分为四等份。即长、中、短三种资金以及风险控制资金四部分。

周期的划分以股票趋势为标准，如果观察到 K 线有向上趋势，成交量放量，均线多头排列，五日多空资金流入，长阳线或是长阴线等现象，那么就说明该股票最近有趋势行情，可以考虑做中长线，直至这一轮趋势行情结束。对于趋势没有确立或者趋势误判的股票，应该用短期资金做短线交易，建议在三个交易日内逢高卖出，及时止损。

11.3 止损与止盈

止损与止盈不仅仅是一种技术，更大程度上是一种艺术。完全因人而异，因投资者的交易风格而异，因投资者的交易系统而异，是控制风险的措施，是个性化的行为。因此，不存在完美的止损或止盈策略。

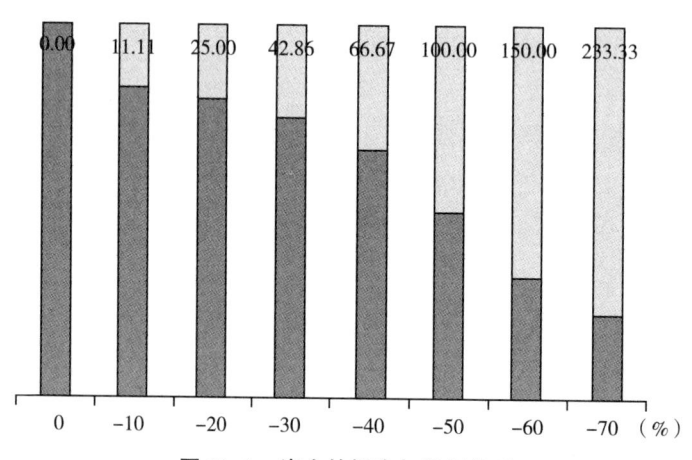

图 11-1 资金的损失与修复关系

如图 11-1 所示，资金损失过后，想要再恢复回来遵循以下量化关系，下跌 10%，解套需要上涨 11.11%；下跌 20%，解套需要上涨 25%；下跌 30%，解套需要上涨 42.86%；以此类推，如果亏损 70%，需要上涨 233.33% 才能解套。由此可见止损的重要性。

成熟的投资者都有自己的交易模式，相对应的，也有与此交易模式相匹配的止损方式，不能把止损同交易模式割裂开来单独使用，止损无法独立存在，独立存在的止损不具保护价值。止损关乎进场信号，而止盈关乎出场信号，进场信号出现误判时，运用止损方法可以避免损失失控；而止盈则关乎出场信号，正确运用止盈信号能够保住胜利果实，所以说，止盈与止损是同一事物的一体两面，反向运用进场信号，即是止盈信号。

11.3.1 止盈

止盈是指当投资者买进股票。股价如期上涨，投资者应该有意识地确定一个盈利价格，当股价上涨到这一价格或从高点跌破这一价格时，将手中的股票卖出以获得利润。投资者设定的这个价位就叫作止盈位或止盈点。常用的止盈位设置方法可以划分为静态止盈法、动态止盈法。

（1）静态止盈法。静态止盈法是指设立具体的盈利目标位，一旦到达盈利目标时，要坚决止盈，这是克服贪心的重要手段。虽然，卖出后可能会失去后市行情中更高的价格，但是，追求这种可能性会伴随着更高的风险。投资者想要赚取每一分利润的想法是非常不切实际的，也违背了风险管理的初衷。

静态止盈位就是设定股票盈利的心理目标价位，其设置的方法主要依赖于投资者对形势理解和对个股的长期观察，所确定的止盈位基本上是静止不变的。这种止盈方法适合于中长线投资者，即投资风格稳健的投资者。对于刚刚进入股市的新手而言，通常要适当降低止盈位的标准以提高操作的安全性。

（2）动态止盈法。动态止盈法是指当投资的股票已有盈利的时候，由于股价的上升形态完好或题材未尽等原因，投资者认为个股还有继续上涨的动力，因为继续持股一直等到股价出现回落，当达到某一标准时，投资者采取获利卖出的操作。

动态止盈法的设置标准一般有如下几种：第一种是价格回落幅度。价格与最高价相比，减少5%~10%时止盈卖出。当然，如果投资者发现股价确已见顶，即便没有跌到5%，也应当坚决卖出。第二种是均线破位止盈。在上升行情中，均线是尾随股价上升的，一旦股价掉头击穿均线，将意味着趋势转弱，投资者要立即止盈，保住胜利果实。第三种是技术形态止盈。当股价上升到一定阶段，出现滞涨并且构建各种头部形态的时候，要坚决止盈。

11.3.2 止损

因为人类损失厌恶的天性，要将理论中的止损化为现实中的事情非常困难，所以只有学会止损，善于止损才能在股市中活得更加长久。实战中止损的方法有很多，归纳后可以分为三种：定额止损法、技术止损法和无条件止损法。

（1）定额止损法。这是一种最简单的止损方法，它将亏损额设置为一个固定的比例，一旦亏损大于该比例就及时平仓。一般适用于刚入市的投资者和在风险较大市场（如期货市场）中交易的投资者。定额止损的强制作用使得投资者无须过分依赖对行情的判断。

止损比例的设定是定额止损的关键，它主要有两个关键影响因素：一是投资者能够承受的最大亏损，该因素受到投资者的心态、经济承受能力、盈利预期等影响；二是交易品种的随机波动，市场价格经常会因为受到全体交易行为的共同影响而导致无序波动，交易者可以根据经验来设定这个比率，从而避免被无谓的随机波动震荡出局。

（2）技术止损法。技术止损法是一种较为复杂的止损方法，它是将止损与技术分析相结合，剔除市场的随机波动之后，在关键的技术位设置止损位，来避免亏损的进一步扩大。这一方法要求投资者有较强的技术分析能力和自制力，很难找到一个固定的模式来进行止损。

一般技术止损法有以下几种：一是趋势止损法，以上升通道或均线系统等作为判断依据，一旦价格明显跌破就立即止损；二是形态止损法，它是根据K线理论中各种技术形态作为依据，一旦价格跌破形态中的关键位置就进行止损操作；三是压力和支撑止损法，以K线中明显的压力位和支撑位作为依据，一旦价格跌破或者突破支撑位和阻力位就立即止损；四是技术指标止损法，以常用的各种技术指标为依据，在技术指标出现明显卖出信号时进行止损，相对比较常用的有抛物线转向指标SAR和宝塔线等。

（3）无条件止损法。当市场基本面发生了根本性转折的时候，投资者应当尽快出场，保存实力，择机再战。因为基本面的变化往往是难以扭转的，所以此时投资者应当果断斩仓出局。

11.4 自我评价

为了使得以后可以做出更好的投资决策,投资者应当经常复盘,评价自己的投资能力,总结不足,才能持续不断地进步与成长。股票投资的绩效评价应当从三个方面进行测量:组合的平均获利能力、组合的风险与投资者的证券选择能力和时机选择能力。而且,在进行投资组合绩效评价时,还应考虑市场的综合因素,比如证券市场的平均收益水平(一般指证券市场综合指数的收益率),整个市场的系统风险等因素。

11.4.1 收益率评价法

$$R_{\Delta t} = \frac{NAV_{t1} - NAV_{t0}}{NAV_{t0}}$$

其中,NAV_{t1}是指资金t_1日的价值,$R_{\Delta t}$是指资金在$t_0 \sim t_1$日的收益率。一般来说,还会将$R_{\Delta t}$转化为年化收益率。

$$R = \frac{R_{\Delta t}}{\Delta t} \times 360$$

其中,R 为年化收益率,Δt 是 $t_0 \sim t_1$ 日所经过的天数。

11.4.2 风险调整收益的评价方法

一般来说,相比于纯收益率的评价方法,为了平衡收益与风险的关系,风险调整收益的方法具有更好的参考价值。经典方法有三种,即夏普(Shape)方法、特雷诺(Treynor)方法、评估比例(Appraisal Ratio)。

(1)夏普方法。夏普指数的理论依据是资产定价模型,以资本市场线为评价的基准,如果投资组合的夏普指数大于市场证券组合的夏普指数,则该投资组合就位于资本市场线之上,表明其表现好于市场。反之,则说明该组合的表现比市场差。

夏普指数等于一定评价期内基金投资组合的平均收益率超过无风险收益率

部分与该基金收益率的标准差之比,计算公式如下:

$$S_p = \frac{R_p - R_f}{\sigma_p}$$

其中,S_p 为夏普指数,R_p 为组合的平均收益率,R_f 为无风险收益率,σ_p 为标准差。

夏普指数的含义是每单位总风险资产获得的超额收益。S_p 值越大,投资组合表现越好。

(2)特雷诺方法。特雷诺指数是采用组合收益与证券市场的系统风险对比的方法来评价投资基金的绩效,其计算公式是:

$$T_p = \frac{R_p - R_f}{\beta_p}$$

其中,T_p 为特雷诺指数,β_p 为系统风险。

特雷诺指数 T_p 越大,说明投资组合的表现越好。若 T_p 大于证券市场线的斜率,则该组合就位于证券市场线之上,其业绩优于市场表现,反之,则不如市场表现。

(3)评估比例。评估比例是资产组合的超额收益率与其非系统风险波动率的比值,它测算的是每单位的非系统风险所带来的超额收益。计算公式如下:

$$AR = \frac{\alpha_p}{\sigma_p}$$

其中,AR 是评估比例,α_p 是组合的超额收益率,σ_p 是组合的非系统风险波动率。

11.4.3 选股和择时能力评价

投资者在购买股票的时候,概括地说,就是回答两个问题:一个是买什么,另一个则是什么时候买。其中,买什么体现了投资者的资产选择能力,表现在选择价值被低估的资产以获取较高的资本利得;什么时候买则体现了投资者的择时能力,即预测到股票市场的发展趋势,特别是高点与低点的位置,并能够主动地调整投资组合,且进行合适的资产配置的能力。

(1)趋势把握评价。单次股票交易后,投资者希望了解自己购买的价格的位置和趋势把握情况，可以有如下方法进行自我评价。

$$P = （买入价 - 最低价）\div （最高价 - 最低价）$$

其中，P 是买入时期评价指标，买入价指的是购买股票时的成交价格，最低价和最高价都指的是股票持有期间的最高价和最低价。可见，P 是一个随着股价实时变化的指标。

如果 P≥50% 则说明，目前买在平均价以下。

$$Q = （卖出价 - 最低价）\div （最高价 - 最低价）$$

其中，Q 是卖出时机把握的评价指标，卖出价是指卖出股票时的成交价格，最低价和最高价都指的是股票持有期间的最高价和最低价。

如果 Q≥50% 则说明，目前卖在平均价以下。

$$T = （卖出价 - 买入价）\div （最高价 - 最低价）$$

其中，T 是总体趋势把握的评价指标，买入价指的是买入股票时的成交价格，买入卖出价是指卖出股票时的成交价格，最低价和最高价都指的是股票持有期间的最高价和最低价。

如果 T≥50% 则说明，此次抓住了 50% 以上的趋势行情。

（2）T-M 模型。美国著名财务学者特雷诺和玛泽假设基金经理具备择时能力后会产生折线与弧线两种特征线，在特征线为弧线的情况下，他们建立了 T-M 模型。

$$R_{p,t} - R_{f,t} = \alpha + \beta_1(R_{m,t} - R_{f,t}) + \beta_2(R_{m,t} - R_{f,t})^2 + \varepsilon_{p,t}$$

其中，α 为选股能力，β_1 为基金所承担的系统风险，β_2 为择时能力指标。当 α 为正值时，表明投资者具有选股能力，且 α 越大，选股能力越强。

（3）H-M 模型。美国学者亨里克森和莫顿在 T-M 的基础上进一步展开深入研究后建立了 H-M 模型。

$$R_{p,t} - R_{f,t} = \alpha + \beta_1(R_{m,t} - R_{f,t}) + \beta_2 D(R_{m,t} - R_{f,t}) + \varepsilon_{p,t}$$

其中，D 是一个虚拟变量，当 $R_m \geq R_f$ 时，D=1，否则 D=0。

如果得到显著的正 β_2 值检验，则判定投资者具备市场择时能力，且 α 值越大，选股能力越强。

（4）C-L 模型。Change 和 Lewellen（1984）对 H-M 模型加以改进，得到 C-L 模型。

$$R_{p,t} - R_{f,t} = \alpha_{p,t} + \beta_1 \min[0, (R_{m,t} - R_{f,t})] + \beta_2 \max[0, (R_{m,t} - R_{f,t})] + \varepsilon_{p,t}$$

如果$\beta_2-\beta_1>0$，则表明投资者具有时机选择能力。

C-L模型具有较强的适用性。模型的优点在于能够分别得出基金在空头和多头的贝塔值，即使在基金不具有择时能力时（$\beta_2-\beta_1<0$），我们也能够通过β_1和β_2的值分析基金的特点，而对T-M模型和H-M模型的分析结果通常都不显著，这与模型的自身因素有关。

11.5　模拟实验

（1）试着用自己的话说明风险与收益的关系，并在股票市场中找到相应的例子加以验证。

（2）根据自有资金数量和自身风险承受能力，构建自己的仓位管理策略，并进行模拟操作。

（3）比较不同止盈止损策略的优缺点，并选择适合自己的止盈止损策略，进行实际操作。

（4）对自己过去的股票操作进行自我评价，总结经验。

参 考 文 献

[1] 翟伟丽, 何基报, 周晖, 才静涵. 中国股票市场投资者交易偏好及其对股价波动的影响 [J]. 金融评论, 2010 (3): 53-124.

[2] 金融帝国. 走出幻觉 走向成熟 [M]. 北京: 中国经济出版社, 2012.

[3] 戴建兵, 杨兆廷. 股票投资分析 [M]. 北京: 中国金融出版社, 2000.

[4] 张文义, 杨逸. 两把直尺赢天下: 象限四度交易法 [M]. 北京: 经济管理出版社, 2013.

[5] 刘川. 超短线交易细节 [M]. 北京: 中国经济出版社, 2014.

[6] 华投. 看盘方法与技巧大全 [M]. 北京: 中国华侨出版社, 2012.

[7] 杨婧. 猎庄 [M]. 北京: 中国华侨出版社, 2013.

[8] Kalay A, Kronlund M. The Market Reaction to Stock Split Announcements: Earnings Information after All [DB/OL]. http://dx.doi.org/10.2139/ssrn.1027543.

[9] Baker M R, Greenwood Wurgler J. Catering through Nominal Share Prices [J]. Journal of Finance, 2009, 64: 2559-2590.

[10] Baker M R, Greenwood Wurgler J. Behavioral Corporate Finance: An Updated Survey [J]. Handbook of the Economics of Finance, 2013, 2: 357-424.

[11] Neves E D, García J Pindado, Torre C D L. New Evidence on the Catering Theory [R]. Working Paper, 2011.

[12] Chan Wesley. Stock Price Reaction to News and No-news: Drift and Reversal after Headlines [J]. Journal of Financial Economics, 2003, 70 (2): 223-260.

[13] 陈浪南, 姚正春. 我国股利政策信号传递作用的实证研究 [J]. 金融

研究, 2000 (10): 69-77.

[14] 钱智通, 孔刘柳. 我国 A 股上市公司高送转行为的市场表现及其具体成因研究 [J]. 南方经济, 2016 (12): 26-42.

[15] 翟伟丽, 何基报, 周晖, 才静涵. 中国股票市场投资者交易偏好及其对股价波动的影响 [J]. 金融评论, 2010 (3): 53-124.

[16] 李心丹, 俞红海, 陆蓉, 徐龙炳. 中国股票市场"高送转"现象研究 [J]. 管理世界, 2014 (11): 133-145.

[17] 何涛, 陈小悦. 中国上市公司送股、转增行为动机初探 [J]. 金融研究, 2003 (9): 44-56.

[18] 薛祖云, 刘万丽. 中国上市公司送转股行为动因的实证研究 [J]. 厦门大学学报, 2009 (5): 114-121.

[19] 熊义明, 陈欣, 陈普, 许红伟. 中国上市公司送转行为动因研究 [J]. 经济与管理研究, 2012 (5): 81-88.

[20] 朱红军, 何贤杰, 陈信元. 定向增发"盛宴"背后的利益输送: 现象、理论根源与制度成因——基于驰宏锌锗的案例研究 [J]. 管理世界, 2008 (6): 136-147.

[21] 曾庆生, 张耀中. 信息不对称、交易窗口与上市公司内部人交易回报 [J]. 金融研究, 2012 (12): 151-164.

[22] 谢德仁, 崔宸瑜, 廖珂. 上市公司"高送转"与内部人股票减持: "谋定后动"还是"顺水推舟"？ [J]. 金融研究, 2016 (11): 158-173.

[23] 宋元东. 借助年报行情托股价 拟增发公司频现高送转 [N]. 上海证券报, 2012-02-17.

[24] Saaty T L. Decision Making with Dependence and Feedback: The Analytic Network Process [M]. RWS Publications, Pittsburgh, PA, 1996.

[25] Zweig M E. An Investor Expectations Stock Price Predictive Model Using Closed-end Fund Premiums. Journal of Finance [J]. 1973, 28 (1): 67-78.

[26] Lee C M C, Shleifer A, Richard H T. Investor Sentiment and the Closed-end Fund Puzzle [J]. Journal of Finance, 1990, 46 (1): 75-109.

[27] Wurgler J. Introduction: A Special Issue on Investor Sentiment [J]. Journal of Financial Economics, 2012, 104 (2): 227.

［28］Bandopadhyaya A，Jones A L．Measuring Investor Sentiment in Equity Markets［M］．Springer International Publishing，2016.

［29］李昊洋，程小可，郑立东．投资者情绪对股价崩盘风险的影响研究［J］．软科学，2017，31（7）：98-102.

［30］胡昌生，池阳春．反馈交易、投资者情绪与波动性之谜［J］．南方经济，2012，30（3）：37-48.

［31］孙博宇．基于客观指标的投资者情绪指数构建及其影响研究［D］．南京大学，2012.

［32］鲁训法，黎建强．中国股市指数与投资者情绪指数的相互关系［J］．系统工程理论与实践，2015，32（3）：621-629.

［33］周孝华，陈鹏程．锁定制度、投资者情绪与IPO定价：基于承销商视角的理论与数值分析［J］．管理工程学报，2017，31（2）：84-90.

［34］刘晓星，张旭，顾笑贤等．投资者行为如何影响股票市场流动性——基于投资者情绪、信息认知和卖空约束的分析［J］．管理科学学报，2016，19（10）：87-100.

［35］贺琴．基于直觉模糊网络分析法的投资者情绪指数构建及实证分析［D］．北京科技大学，2018.

［36］Xu Ze-Shui．Approaches to Multiple Attribute Decision Making with Intuitionistic Fuzzy Preference Information［J］．Systems Engineering-Theory & Practice，2007，27（11）：62-71.

［37］Xu Z S，Liao H C．Intuitionistic Fuzzy Analytic Hierarchy Process［J］．IEEE Transactions on Fuzzy Systems，2014，22（4）：749-761.

［38］Dimitrov D．The Paretian Liberal with Intuitionistic Fuzzy Preferences：A Result［J］．Social Choice & Welfare，2004，23（1）：149-156.

［39］Li D F．Multiattribute Decision Making Models and Methods Using Intuitionistic Fuzzy Sets［J］．Journal of Computer & Systemences，2005，70（1）：73-85.

［40］Liao T．L．，Huang C．J．，Wu C．Y．Do Fund Managers Herd to Counter Investor Sentiment［J］．Journal of Business Research，2011，64（2）：207-212.

［41］Liao H．，Mi X．，Xu Z．，Xu J．，Herrera F．Intuitionistic Fuzzy Analytic

Network Process [J]. IEEE Transactions on Fuzzy Systems, 2018 (99): 1-13.

[42] 杨元泽. 封闭式基金的折价能否作为投资者情绪有效衡量——基于深圳股票市场的实证研究 [J]. 中央财经大学学报, 2010 (5): 26-31.

[43] 易志高, 茅宁. 中国股市投资者情绪测量研究: CICSI 的构建 [J]. 金融研究, 2009 (11): 174-184.

[44] 陈浩. 筹码分布 [M]. 北京: 中国商业出版社, 2002.

[45] 费雷德·R. 戴维. 战略管理 (第13版·全球版) [M]. 徐飞译. 北京: 中国人民大学出版社, 2012.

[46] 黄世忠. 财务报表分析的逻辑框架 [J]. 财务与会计 (综合版), 2007 (10): 14-19.

[47] (加) 约翰·赫尔. 风险管理与金融市场 (原书第二版) [M]. (加) 王勇译. 北京: 机械工业出版社, 2010.

[48] 哈姆·勒威, 马歇尔·萨纳特. 证券投资组合与选择 [M]. 陈云贤, 朱敢林译. 广州: 广州中山大学出版社, 1997.

[49] 赵锡君, 魏建华. 投资学 [M]. 北京: 北京师范大学出版社, 2009.

[50] 杨健. 证券投资基金指南 [M]. 北京: 中国宇航出版社, 2007.

[51] 埃德温·勒菲弗. 股票大作手回忆录 [M]. 丁圣元译. 南京: 凤凰出版社, 2016.